The
Garland Library
of
War and Peace

The
Garland Library
of
War and Peace

Under the General Editorship of

Blanche Wiesen Cook, *John Jay College, C.U.N.Y.*

Sandi E. Cooper, *Richmond College, C.U.N.Y.*

Charles Chatfield, *Wittenberg University*

Sur
l'internationalisme

Libres Entretiens
Deuxième Série
1905-1906

(Union pour la vérité)

with a new introduction
for the Garland Edition by

Sandi E. Cooper

Garland Publishing, Inc., New York & London
1971

Library of Congress Cataloging in Publication Data

Libres entretiens, 2d, Paris? 1905-1906.
    Sur l'internationalisme.

    (The Garland library of war and peace)
    "Proceedings of ten meetings held from November 19,
1905 through May 20, 1906."
    Reprint of the 1906 ed.
    Includes bibliographical references.
    1. International relations. 2. Internationalism.
I. Union pour la vérité, Paris. II. Title.
III. Series.
JX1395.L47 1906   327   74-147593
ISBN 0-8240-0354-3

Introduction

The creation of l'Union pour la Vérité by a group of Parisian intellectuals at the opening of the twentieth century exemplified the great faith in the healing properties of free speech and open exchange of ideas which nineteenth century minds held. For a decade before the First World War, the Union sponsored a number of informal discussions entitled "Libres Entretiens," which brought together men and women of diverse backgrounds, perspectives and public careers to confront each other's opinions on contemporary social and political issues. Topics such as the separation of church and state or problems of colonization and imperialism were selected as the theme of the Libres Entretiens when these were the foremost issues in the public mind. In 1905-1906, the choice fell upon the problem of internationalism. This reprinting of Sur l'internationalisme, *the proceedings of ten meetings held from November 19, 1905 through May 20, 1906, provides us with a remarkable summary of pre-1914 thinking of a topic which remains entirely relevant for the 1970's.*

The list of participants in the Libres Entretiens on internationalism is a roster of eminent personages in French public and intellectual life. The discussion leader, Paul Desjardins, who served as secretary and

5

coordinator of the Libres Entretiens, was well known in educational circles. Émile Durkheim, theorist of the new sociology, is highly visible in these pages and his cool intelligence frequently set the tone of the discussions. Historians of politics and culture, including Charles Seignobos, Charles Andler, Daniel Halévy, James Guillaume and Paul Sabatier contributed in the discussions and provided written memoranda published along with the proceedings. Economic analysts such as Anatole Leroy-Beaulieu, socialist leaders such as Émile Pouget and Hubert Lagardelle, along with experts on international law and high ranking officials of the civil service, participated. The organizers of the meeting worked to bring together a wide spectrum of expertise and opinion, and, to a large degree, they succeeded.

In the first discussion, an attempt was made to define basic terms. The effort to establish a common understanding and meaning for words and concepts such as "state," "nation," "nationality," "patriotism," and "people" provoked a lively debate and occasional dispute. Amid this discussion, the participants were forced to draw a distinct line between the idea of internationalism and the idea of antipatriotism, and confusion which was, and continues to be, deliberately fostered by all manner of superpatriots and chauvinists. Indeed, one of the main reasons for choosing the topic of internationalism for the 1905-06 Libres Entretiens *was the immense public stir created by the militant socialist, Gustave*

INTRODUCTION

Hervé, author of Leur Patrie, *who was on trial for his refusal to be conscripted into the army. Less immediate but almost equally pressing, was the development of workers' internationalism expressed most vividly in the continuous growth of the Second International, founded in 1889. Finally, in France at least, the informal coalition of socialists and left radicals in the Chambre des Députés who echoed the sentiments of Jean Jaurès on questions of national defense and the military, brought immediacy to issues of nationalism and internationalism. The subject was a living and vital question for the nation which was slowly emerging from the emotional and political civil war occasioned by the Dreyfus affair.*

In the first discussion, Émile Durkheim undertook a historical description of the development of internationalism in the nineteenth century which clearly divided it from the ideas of anti-patriotism symbolized by Hervé and others who attacked nationalism and militarism. Durkheim's description closely paralleled the ideas propounded by legal internationalists and peace advocates at the opening of the century. In brief, he sought to locate the transnational liaisons which were institutionally and morally drawing peoples closer together who had previously been limited by provincial-national considerations. Yet, despite Durkheim's effort to provide a definition of internationalism, the problems associated with concepts such as patriotism and nationality remained unresolved for the discussants. Far too many exceptions to every potential single analysis of such charged ideas as patriotism could — and can still — be found. At one point, Arthur Fontaine of the Ministry of Commerce suggested that the participants avoid using the word "patrie" in order to avoid a stalemate in the discussion.

Charles Seignobos, whose writings on French and European history are classics, contributed to the analysis by way of locating the origin of modern nationalism. He described the breakdown of the supposed unity of the Christian world in the fifteenth and sixteenth centuries. While modern scholars might disagree with all or part of his observations, the idea that the early nation-state evolved around the person of a monarch is hard to dispute. The authority of dynastic rulers over their subjects, at least in western Europe, was the ancestor of modern patriotism. When the ruler declined in power, the attachment of the subject, now citizen, to the territory remained. Seignobos' analysis, of course, was largely based on English and French history. These two nations emerged as the models of the nation-state. The new variety, typified by Germany of 1870-71, would not be a "real state." In subsequent discussions, particularly through the contributions of Charles Andler, the notions of nation-state, nationalism and patriotism arising from other sources, from linguistic, religious and cultural bases, was adumbrated. Nonetheless, the varieties of nationalisms made it impossible for the discussants to devise a single definition to cover the

INTRODUCTION

European world of the late nineteenth century.

Most of the discussions were devoted to describing and locating those forces which transcended nationalist boundaries, particularly the growing common economic and cultural experiences which were binding modern Europeans together. In this connection, considerable time was devoted to examining the impact of freemasonry in fostering trans-national ideas and contexts. The intriguing role of the Jewish people as a factor in international life was raised with the help of the expert, Théodore Reinach. But perhaps most fascinating of all were the meetings of March 11 (the seventh) and April 1, 1906 (the eighth) which were devoted to the charged issues of patriotism, the class struggle and class consciousness. In the seventh meeting, the major exchanges on class struggle and antipatriotism took place between Durkheim and Hubert Lagardelle, editor of Mouvement Socialiste *with useful contributions from Émile Pouget of the Confédération Générale du Travail, the militant syndicalist labor organization. In this, as well as in the subsequent meeting, the confrontation between liberal and socialist ideals was clear, direct and valid. Any student of the period or of social and intellectual history in general will immediately sense the importance and the drama of the dialogue.*

Sur l'internationalisme *is a remarkable, quickly read book and a rich documentary source. The conversational style, even in printed form, enlivened the exchange and forced speakers to present ideas in*

9

INTRODUCTION

brief, even terse, form. After ten sessions, the discussants covered the topic of internationalism and almost all its ramifications, comprehensively, judiciously, and rationally. What emerges is an assessment of the possibilities of internationalism in Europe balanced against clear recognition of the magnetic forces of nationalism.

Sandi E. Cooper
Division of Social Sciences
Richmond College — C.U.N.Y.

Union

pour la  vérité

Libres Entretiens

LIBRES ENTRETIENS

DEUXIÈME SÉRIE

1905-1906

SUR L'INTERNATIONALISME

AUX BUREAUX

DES " LIBRES ENTRETIENS "

(Union pour la vérité)

6, Impasse Ronsin, 152, Rue de Vaugirard

PARIS XVᵉ

Ont pris part aux Entretiens qui suivent :

MM.

F. BUISSON, député ;

VANDERVELDE, membre de la Chambre Belge ;

ANDLER, DENIS, DERKHEIM, CHARLES GIDE, LANSON, LÉVY-BRÜHL, H. LICHTENBERGER, PFISTER, SALEILLES, SEIGNOBOS, VIDAL DE LA BLACHE, professeurs à l'Université de Paris ;

DARLU, inspecteur général de l'Université ;

FRIEDEL, secrétaire de l'*Office d'Informations et d'Études ;*

BELOT, BRUNSCHVICG, PAUL DESJARDINS, GLOTZ, LALANDE, PARODI, P.-F. PÉCAUT, professeurs d'enseignement secondaire ;

DEVINAT, directeur de l'École normale primaire de la Seine ;

ÉLIE HALÉVY, ANATOLE LEROY-BEAULIEU, professeurs à l'École des Sciences politiques ;

MÉTIN, professeur à l'École Coloniale ;

PAUL BOYER, professeur à l'École des Langues Orientales vivantes ;

T. JORAN, L. LETELLIER, professeurs libres ;

PAUL BUREAU, professeur à l'Institut Catholique ;

PAUL ERREBA, professeur à l'Université nouvelle de Bruxelles;

ANDRÉ MICHEL, conservateur au Louvre ;

ARTHUR FONTAINE, directeur du Travail au Ministère du Commerce ;

LECLERC DE PULLIGNY, ingénieur en chef des Ponts et Chaussées ;

FAGNOT, de l'Office du Travail ;

ÉM. POUGET, de la *Confédération générale du Travail ;*

LAGARDELLE, directeur du *Mouvement socialiste ;*

JAMES GUILLAUME, historien de l'*Internationale ;*

L. DOR, du *Labour party* anglais ;

DANIEL HALÉVY, THÉODORE REINACH, PAUL SABATIER, historiens ;

Les abbés HEMMER, HOUTIN, KLEIN et JEAN VIOLLET ;

A. FABRY, conseiller à la Cour de Paris ;

J. BARDOUX, J. BONZON, JULES DIETZ, H. HAYEM, DE MARMANDE, avocats à la Cour d'Appel ;

DU BREUIL DE SAINT-GERMAIN, H. GÉRARD, officiers ;

L. BOLLACK, LUTOSLAWSKI, publicistes ;

MADAME L. COMPAIN, inspectrice du *Sauvetage de l'Enfance.*

Esprit de ces Entretiens ;

Programme ;

Définition des termes.

Ont pris part à cet Entretien :

MM. Gustave BELOT.

Léon BRUNSCHVICG.

Ferdinand BUISSON,

Paul BUREAU,

E. DEVINAT (1),

Emile DURKHEIM.

Arthur FONTAINE,

Henri HAYEM,

André LALANDE (2),

Lucien LÉVY-BRUHL (3),

Albert MÉTIN (4),

Pierre-Félix PÉCAUT,

Frédéric RAUH,

P. VIDAL DE LA BLACHE (5),

& Paul DESJARDINS, *Secrétaire des Entretiens.*

---

(1) Directeur de l'Ecole normale primaire de la Seine, directeur de la revue : *L'Ecole nouvelle,* etc.

(2) Professeur au Lycée Michelet ; secrétaire de la *Société française de philosophie* ; rédacteur du *Vocabulaire philosophique,* etc.

(3) Professeur adjoint à l'Université de Paris pour l'*Histoire de la Philosophie moderne,* professeur à l'*Ecole libre des Sciences politiques,* auteur de l'*Allemagne depuis Leibnitz, essai sur le développement de la conscience nationale en Allemagne,* etc.

(4) Agrégé d'histoire, professeur à l'Ecole coloniale, auteur de l'*Inde d'aujourd'hui,* etc.

(5) Professeur de géographie à l'Université de Paris, auteur du *Tableau de la Géographie de la France,* etc.

Pour la profession des autres interlocuteurs, se reporter à la première série des *Libres Entretiens.*

M. Paul Desjardins. — Dans ce même atelier tranquille, nous nous sommes réunis déjà, neuf fois depuis un an, pour nous entretenir franchement, méthodiquement, de la grosse question de *la Séparation des Eglises et de l'Etat,* posée d'abord aux assemblées françaises, mais aussi, par delà ces assemblées, à la conscience juridique du peuple entier. De ces Entretiens, il est sorti plus d'intelligence réciproque, un jugement plus libre et plus ferme.

Nous avons donc désiré les continuer, prolonger le contact entre nous. Outre le plaisir que nous y avons trouvé, que nous en espérons encore, qui sait si nous ne reverrons pas de ces temps troubles où il sera bon et salutaire d'avoir maintenu ouvert, ne fût-ce que dans un petit coin, à la liberté d'esprit un asile ?

Dans cette pensée, nous donnons aux *Libres Entretiens* pour support durable une Association déclarée, du type fixé par l'article 5 de la loi du 1er juillet 1901 (1), et nous appelons cette Association d'un titre qui traduit aussi simplement que possible le fait que nous nous associons, et l'objet unique en vue duquel nous nous associons : UNION POUR LA VÉRITÉ. Voici, défini dans les Statuts, l'objet de cette Association :

*M. Desjardins donne lecture des articles I, II et III des Statuts de l'*Union pour la vérité (2).

Les Entretiens libres que nous recommençons aujourd'hui sont un des moyens d'action de l'*Union pour la vérité* (il y en aura d'autres, *Correspondance, Publications* de diverse forme). C'est donc cette Association qui vous reçoit ici : vous êtes chez elle. Ou plutôt, je puis dire, en anticipant sur l'adhésion que vous y ferez sans

----

(1) Voy. le texte de cet article, 1re série des *Libres Entretiens*, p. 254.

(2) Ces Statuts, encartés dans le compte-rendu de ce 1er Entretien, seront reproduits encore une fois à la fin de la série.

doute : Mes chers co-associés, vous êtes chez vous.

Quel « problème posé par la vie publique (1) » devions-nous mettre à l'ordre du jour de cette deuxième série ? Il en est un auquel j'aurais, quant à moi, donné la priorité. C'est celui des rapports de l'institution judiciaire avec le pouvoir politique. Il n'en est pas de plus pressant, aux yeux de ceux qui veulent la République et ne la croient pas encore venue. (*Assentiment*). M. Brieux avait posé la question en 1900 dans sa très forte comédie de *la Robe rouge;* et la question a été reprise, non plus sur un théâtre, mais là où elle doit l'être, à la Chambre, la semaine dernière, à propos du budget de la justice, avec une acuité qui annonce qu'elle ne sera pas ajournée indéfiniment... Nous la signalons, nous désirons (sans beaucoup l'espérer) que les oreilles et la conscience du public en soient obsédées, et nous la réservons pour nos Entretiens de l'an prochain, peut-être.

Cette année-ci, nous ne pouvions éviter une autre question, qui ne s'offre pas, qui s'impose : celle de l'*Internationalisme*. Elle en est à la

---

(1) L'objet des *Libres Entretiens* est ainsi défini par les Statuts de l'Association.

période aiguë, suraiguë. Il n'est pas besoin, là-
dessus, d'exciter l'opinion, mais plutôt de la
ramener au sens froid. Elle est saisie de l'affaire
depuis quatre ou cinq ans déjà, et depuis deux
ans avec une particulière insistance. Déjà en
janvier 1904, la *Revue* (1) avait ouvert une
enquête *internationale* sur ce qu'on appelait déjà
la *crise du patriotisme*. Dans cette enquête, parmi
beaucoup de consultations autorisées, j'ai retenu
celle-ci, du vieux Mommsen, que vous trouverez
assez à propos, au commencement de nos *Entretiens* :

L'humanité ne peut se passer ni du patriotisme, ni
de l'internationalisme (pardonnez le terme); pour
fixer les limites entre les deux, il faut être dieu ou
diable, et, comme je ne suis ni l'un ni l'autre, je
m'abstiens. Du reste, entrer dans le détail de cette
question épineuse dans un débat international serait,
à mon avis, non sans danger ; pour la bonne entente,
il faut se tenir aux généralités.

Nous allons essayer, quant à nous, de percer
au delà des généralités, et de fixer, selon notre
vue, qui n'est pas davantage diabolique ni divine,

---

(1) Anciennement *Revue des Revues* ; 12, avenue de
l'Opéra. L'enquête « Le Patriotisme est-il incompatible avec
l'amour de l'humanité ? » a été publiée dans les numéros des
15 janvier et 1er février 1904.

ces limites que Mommsen conseille de laisser
vagues... Beaucoup de nos contemporains, dans
ces derniers mois, se sont attaqués à la même
difficulté. Vous avez suivi, je suppose, le débat
retentissant de M. Jaurès et de M. Clemenceau
sur ce point de doctrine dans l'*Humanité* et dans
l'*Aurore* (1). Vous avez lu le discours-manifeste que
Jaurès a prononcé à l'Elysée-Montmartre le
27 mai dernier (2). Tout récemment encore le
Mouvement socialiste (3) nous a donné une
Enquête sur l'idée de patrie et la classe ouvrière,
dont M. Lagardelle avait formulé le question-
naire en ces termes, d'une franchise encore iné-
dite :

. . . . , .

II. — *L'internationalisme ouvrier* connaît-il
d'autres frontières que celles qui séparent les classes,
et n'a-t-il pas pour but, au-dessus des divisions géographiques ou politiques, d'organiser *la guerre* des
travailleurs de tous les pays contre les capitalistes de
tous les pays ?

III. — L'*internationalisme ouvrier* ne se confond-
il pas, non seulement avec l'organisation internatio-

---

(1) La collection de ces deux journaux est à compulser de
juin à novembre 1905.

(2) Reproduit dans l'*Humanité* du 29 mai 1905.

(3) *Le Mouvement socialiste*, (Paris, Cornély) ; nᵒˢ d'août, de
septembre et d'octobre 1905.

nale des travailleurs, mais encore avec *l'antimilita-*
risme et *l'antipatriotisme?* Ses progrès réels ne sont-
ils pas en raison directe des progrès des idées antimilitaristes et des sentiments anti-patriotiques dans
les masses ouvrières? (1)

Les réponses à cette Enquête, publiées dans
les trois derniers numéros du *Mouvement,* sont
toutes dans le sens que M. Lagardelle anticipe
avec ses « n'est-ce pas? » — Elles éclairent pour
nous, sinon la question même, du moins l'état
de conscience des militants ouvriers à cette heure.
Mais c'est dans l'enseignement populaire, sus-
pendu par un fil extrêmement sensible à l'opinion populaire générale, que la question exige
une solution nette, et qui ne tarde pas.

La propagande anti-nationale travaille, paraît-il,
le personnel enseignant primaire. Quelques livres,
manifestes ou conférences ont entrepris de lui
barrer la route. Vous connaissez les efforts, dans
ce sens, de M. Bocquillon et de René Goblet (2),
ceux de M. Hauser (3), ceux de M. Goyau (4) et

---

(1) *Mouvement socialiste* du 1er-15 août 1905, p. 436.
(2) *La Crise du Patriotisme à l'Ecole,* par Em. Bocquillon,
instituteur public à Paris, préface de René Goblet. (Paris,
Vuibert et Nony, 1905).
(3) *La Patrie, la Guerre et la Paix à l'Ecole,* par
H. Hauser (Cornély, 1905).
(4) *L'idée de Patrie et l'Humanitarisme, Essai d'Histoire
française,* par G. Goyau. (4e éd. Perrin 1903); *L'Ecole d'aujourd'hui,* par le même (3e éd. 1906).

de M. Grosjean (1). La question du *nationalisme*, de l'*anti-nationalisme* et de l'*inter-nationalisme* à l'école, commande en réalité les Entretiens que nous commençons. Elle est au départ. Il faut en dire un mot... Je vois ici M. Devinat, directeur de l'Ecole normale de la Seine, je m'adresse à lui... Pensez-vous, cher monsieur, qu'une discussion comme celle que nous projetons puisse avoir quelque efficacité parmi les instituteurs, soit réclamée d'eux, ou du moins ait chance de leur être utile ?...

M. Devinat. — Je suis très embarrassé pour vous répondre. Il est difficile de savoir exactement dans quel état d'esprit les instituteurs se trouvent en ce moment. —J'ai quelques documents qui pourraient peut-être bien éclairer les personnes présentes, et M. Buisson que j'aperçois, doit avoir, lui aussi, des documents qu'il pourrait nous communiquer. Mais je ne puis parler de l'état d'esprit général des instituteurs qu'avec une extrême timidité, j'ai peur de me tromper.

J'ai appris quelques faits par contact avec les personnes, par correspondance, ou encore par le congrès de Lille (et vous savez que les insti-

---

(1) *L'Ecole et la Patrie. La leçon de l'Etranger,* par G. Grosjean. député (2e éd. Perrin, 1906).

tuteurs qui viennent aux congrès sont ceux qui
ont les idées les plus avancées). Des faits que je
connais il résulterait ceci : La propagande
antinationale de M. Hervé n'aurait gagné qu'un
fort petit nombre d'instituteurs. Je n'en connais
personnellement qu'un seul. D'une façon générale, Hervé n'est pas suivi. Je ne dis pas cela
pour cacher un mal; cette dissimulation ne
conviendrait pas dans une réunion comme
celle-ci, où l'on parle « pour la vérité » ; j'expose simplement ce que j'ai observé.

Il y a sans doute des instituteurs qui sont
entrés dans le socialisme, sans bien savoir ce
qu'est le socialisme ni où il va, et qui, comme
socialistes, ont pu juger, un moment, la lutte des
classes plus nécessaire, plus obligatoire que la
défense nationale. Je connais aussi des instituteurs qui ont fait le souhait qu'on supprimât
les frontières afin de donner carrière à la fraternité universelle. J'ai même rencontré, je dois
l'avouer, un ou deux jeunes gens qui semblaient
animés d'une pensée moins généreuse et désiraient
s'affranchir de la charge que la défense de la
patrie aujourd'hui leur impose. Ceux chez qui
l'on découvre ces idées extrêmes sont très rares.

D'autres, en bien plus grand nombre, sont
patriotes, mais, croyant la paix assurée désormais, jugeaient, il y a six mois, qu'il fallait

parler de la patrie avec mesure et du devoir militaire sans insister. Au congrès de Lille, les instituteurs présents ont proclamé le devoir de défendre la patrie. Ils avaient un ressentiment vif contre ceux qui les avaient dénoncés, et ce ressentiment s'est montré dans la forme de leurs déclarations; mais ils ont fait entendre, au total, qu'ils sont disposés à s'acquitter du devoir national et à l'enseigner à leurs écoliers.

En somme, oui, je crois que nos Entretiens sur l'Internationalisme seront utiles au personnel enseignant primaire. Bien des instituteurs ne voient, dans les journaux ou les revues auxquels ils sont abonnés, qu'un seul des multiples aspects de la grande question que pose, aujourd'hui, la relation de notre patrie avec la patrie des autres : il me semble nécessaire qu'elle leur soit présentée totalement, afin qu'ils en aperçoivent la complexité, la difficulté.

M. Paul Desjardins. — Je ne vous demandais pas si l'anti-patriotisme absolu de M. Gustave Hervé est répandu parmi les instituteurs. Pour M. Hervé et pour les esprits dont il est le type, tout ce que nous pouvons dire ici ne servirait pas à grand chose.

M. Pécaut. — Je ne vois pas bien ce que vous entendez par là.

M. Paul Desjardins. — Je dis qu'il est superflu

d'entamer une discussion sur ce sujet avec un interlocuteur dont la conviction, en quelque sens que ce soit, est faite.

M. Arthur Fontaine. — Pas du tout ! Nous n'avons aucune raison de croire que ceux qui ne pensent pas comme nous n'ont pas étudié les motifs de leur opinion. Ils nous les donneront.

M. Paul Desjardins. — Nous croyons ici avoir quelque chose à chercher ; nous abordons le sujet de l'Internationalisme comme un problème. Ce problème ne nous paraît pas comporter une solution unilatérale simple. Nous apercevons qu'il faut concilier...

M. Arthur Fontaine. — Non, nous ne cherchons à établir aucune thèse, fût-ce celle d'une conciliation. Nous voulons simplement nous informer, rien de plus.

M. Paul Desjardins. — Allons ! je me fais bien mal entendre, à ce qu'il paraît.

Je ne prétends pas, mon cher ami, que nous ayons à concilier deux thèses contraires, celle du patriotisme national et celle de l'humanitarisme antipatriote. Je ne prétends pas que nous devions, en commençant, nous interdire d'embrasser l'une des deux, si absolue qu'elle soit, une fois qu'elle nous aura été prouvée raisonnable. Je dis seulement qu'il faut que cette thèse raisonnable que nous embrasserons concilié des

nécessités de fait qui sont antagoniques, ou le
paraissent. Ces nécessités antagoniques, il n'est
au pouvoir de personne de les faire ployer ou de
les esquiver. Ce sont les données rigides, inélu-
dables du problème. Nous ne les accommoderons
pas à nous ; il faut nous accommoder à elles. Vous
me direz qu'on nous montrera peut-être que dans
ces nécessités alléguées, il en est d'illusoires, qui
s'évanouissent. Je vous attends ici. Ou plutôt la
réalité vous y attend. Sans en chercher loin la
preuve, avez-vous lu, compris, saisi le compte
rendu exact de la discussion qui s'est poursuivie
à la Chambre avant-hier, 17 novembre, sur la
grève des ouvriers des arsenaux ? Nous ne trouverions pas, pour manifester l'acuité de la question, une introduction plus...

M. Buisson. — ...plus obscure (*Rires*).

M. Paul Desjardins. — Plus obscure pour les
acteurs peut-être, mais plus démonstrative pour
l'historien. C'est là qu'on a vu le heurt des deux
nécessités, dont je parle. Humanitarisme et patriotisme, c'est un débat abstrait : le droit des
ouvriers des arsenaux à la cessation concertée du
travail, c'est la même question, mais traduite en
réalité concrète. On a bien vu là s'entrechoquer,
non deux discours d'orateurs, mais deux *il faut*,
plus durs que le fer. D'une part le chef du gouvernement a parlé comme il était inévitable que

parlât un chef de gouvernement : « Périssent
toutes les considérations que vous pouvez invo-
quer, mais que la France demeure libre et indépendante ! » (1) Par cette formule confuse « périssent les considérations... », il signifiait que les
droits des ouvriers, comme des autres individus,
doivent céder à l'intérêt national, dont il a, lui
chef du gouvernement, la garde. Et c'est tout à
fait ce que M. de Bülow a dit naguère au Reichstag (en termes un peu plus prussiens peut-
être). Et c'est encore ce qu'un démocrate défen-
seur des ouvriers, mais qui s'est trouvé chef de
la marine, M. Camille Pelletan, avait dû dire
dans une dépêche catégorique citée à la tribune
par son successeur : « Gouvernement ne tolèrera
jamais grève dans préparation défense nationale..
Mesures définitives pour éviter pareils périls
s'imposeront; probablement militarisation ouvriers arsenaux... » (2) Il n'y a pas deux doctrines
là-dessus chez les gouvernants, de quelque parti
qu'ils soient issus. Il n'y a point doctrine, il y a
nécessité de fait. Et cette nécessité commande
même les intérêts qu'on lui oppose : « Vous savez
bien, disait M. Rouvier, que la pierre angulaire
de toutes les améliorations sociales et de toutes

---

(1) *Journal officiel* du 18 novembre, p. 3348.
(2) *Ibid*, p. 3346.

les libertés, c'est le maintien absolu de l'indépendance du pays. » (1) A quoi il est difficile au bon
sens des contradicteurs de rien opposer. Mais les
nécessités antagoniques ne sont pas davantage
contestables. Et que peuvent répondre ceux qui
font de la défense de la nation l'intérêt suprême,
lorsque M. Marcel Sembat leur remontre qu'à
étouffer les droits des ouvriers ils compromettent
cette défense qu'ils prétendent assurer ? « Vous
vous tournerez vers les ouvriers et vous leur direz : « Voilà le péril, voilà l'étranger, volons à la
frontière ; réunissons-nous ! » Et ils vous répon-
drons : Mais hier, est-ce que nous étions réunis ?
Aujourd'hui vous nous prêchez la lutte contre
l'envahisseur étranger pour défendre nos droits ;
mais vous avez commencé par nous en dépouiller vous-mêmes ! » (2) Ceci est de bon sens également, et constatation d'une nécessité. Voilà
l'aigu de la question, et pourquoi il vaut la peine
que nous y essayions tout notre effort. On peut
simplifier, supprimer les nécessités d'un ordre ou
les nécessités de l'autre ordre. Mais alors on se
dérobe à la réalité ; on n'a que faire de l'interroger avec scrupule intègre, comme nous allons le
tenter ici. Voilà ce que je voulais dire en parlant

(1) *Journal officiel* du 18 novembre, p. 3348.
(2) *Ibid*, p. 3349.

de concilier des nécessités. Je ne mettais pas
hors du jeu les affirmations tranchées. Je décli-
nais seulement la discussion avec les abstracteurs.

M. ARTHUR FONTAINE. — Je crois que les gens
qui ne pensent pas comme moi ont réfléchi aux raisons de leur détermination. Et il me paraît utile de
les entendre, tout comme ceux qui cherchent et
qui s'informent.

M. G. BELOT. — Dans ce qu'a dit M. Desjardins, j'ai entrevu seulement cette idée que la
question que nous voulons étudier n'est pas une
question théorique, mais une question réelle posée par la vie sociale. Il faut considérer l'internationalisme et le nationalisme non pas comme des
thèses, mais comme des faits donnés. Ces faits
ont assurément des causes ; voilà ce que nous
pouvons poser dès avant que nous n'en commen-
cions l'examen. Alors l'attitude à prendre est bien
celle que M. Desjardins indique. Il faut avoir le
sens du réel. Et d'autre part, comme le veut M.
Fontaine, nous ne préjugeons aucune solution
par avance. Je ne vois donc pas de contradiction
entre ce que dit M. Desjardins et ce que dit M.
Fontaine.

M. ARTHUR FONTAINE. — Je ne vois pas de contradiction. Je vois seulement un léger angle entre
les deux directions initiales, et comme en partant

du même point avec deux directions légèrement différentes on peut aboutir à deux points infiniment éloignés l'un de l'autre, il n'est pas inutile de se mettre d'accord dès le début.

M. Durkheim. — Est-ce que le mieux n'est pas d'ignorer les positions prises par d'autres et de ne pas faire intervenir les qualifications de *nationalistes* ou *d'internationalistes*, souvent si confuses ? Si nous nous en tenons aux manifestes, nous savons souvent bien mal qui est internationaliste, qui est nationaliste (*Rires*). Une fois en présence du problème, on peut écarter ces opinions.

M. Paul Desjardins. — En effet, il ne s'agit pas de parier pour l'internationalisme ou pour le nationalisme, ou d'opter entre l'un et l'autre, mais de regarder les faits, de les réfléchir, et, si nous pouvons, de conclure. Ainsi, nous voulons examiner ici, ensemble, les faits, — non pas les faits permanents, sans âge, mais les faits nouveaux, — qui modifient à présent les relations anciennes entre nations. La différenciation de nation à nation, la cohésion de chaque nation, l'antagonisme entre les nations, voilà les conditions où l'histoire nous appelle à vivre, mais qui ne sont déjà plus ce qui nous fut enseigné, car des faits nouveaux sans cesse les travaillent, soit pour les affaiblir, soit pour les renforcer... Nous allons regarder ces faits, — faits d'ordre économique, d'ordre démographique, d'ordre politique, d'ordre juridique, d'ordre intellectuel, d'ordre idéal ou bien sentimental, faits de tout ordre, en les classant suivant ces rubriques, par artifice sans doute et pour la commodité... Pourquoi avons-nous décidé de consulter « les faits », sèchement, sur un cas de conscience où il est d'usage d'en appeler au sentiment, à la générosité, à la piété ? Parce que nous savons que tous les refus de voir le sens de l'histoire et de concourir avec elle, toutes les gageures héroïques contre l'enchaînement nécessaire que les faits signifient ne tiendront jamais contre ces faits, contre cet enchaînement. L'auto-suggestion est une débilité, un mal, dont il faut guérir ou mourir. Nous voulons nous en guérir par une discipline d'observation critique. La hardiesse d'objectiver cette question du patriotisme nous paraît donc obligatoire, et si l'on voulait là résoudre seulement par le cœur, une telle méthode, fût-elle honnête, ne serait plus possible pratiquement, après que nous avons expérimenté qu'un patriotisme irrationnel ne fournit aucune règle de conduite, peut être allégué aussi bien pour les Jésuites et contre eux, et qu'il peut arriver que le salut ou même l'honneur de la nation soient en fait maintenus par quelques-uns qui semblent à première vue des « sans patrie ».

C'est pourquoi nous allons discipliner par un

examen méthodique des réalités notre empresse-
ment à conclure. Nous allons considérer la question morale du patriotisme national exclusif non
de face, théoriquement et armés de notre conscience morale, que des faits passés ont formée,
mais dans le miroir des faits présents. Nous allons en raisonner comme Fustel de Coulanges a
raisonné sur le patriotisme des cités antiques, en
faisant voir, sans le juger, par quelles transformations des sociétés il fut commandé.

Vous nous ferez sans doute, ici, une objection
sur le titre même de nos conversations. Pourquoi
annoncer « l'Internationalisme », alors qu'on ne
veut parler que des « Faits internationaux ? » Ce
suffixe « isme » joint à « international » n'implique-
t-il pas une doctrine ? Si fait : l'*Internationalisme*
est une doctrine, doctrine qu'il faut cesser de confondre avec l'*anti-patriotisme*, qui n'aboutit pas
logiquement à ce dernier et même n'y conduit
pas psychologiquement,   comme l'a remarqué
l'anti-patriote Gustave Hervé (1). L'Internationalisme est une doctrine qui, s'appuyant au fait
constaté d'une solidarité de plus en plus serrée
entre les diverses nations, conclut qu'un organisme enveloppant progressivement ces nations di-

---

(1) Gustave Hervé. *Leur Patrie*. (Librairie de propagande
socialiste, 14, rue Victor Massé), de la p. 117 à la p. 154.

verses est possible, soutient qu'il est désirable, et
en prépare la formation. Cette doctrine fut affirmée bien des fois au cours du xixᵉ siècle, tantôt
avec une visée idéale, tantôt avec une préoccupation utilitaire, doctrine d'utopistes, ou d'économistes, ou de poètes, ou de juristes. Il suffit, en
ce moment, d'en ramasser, comme échantillons,
trois manifestations nettes.

En 1814, à propos de l'ouverture prochaine du
Congrès de Vienne, M. le comte de Saint-Simon
(Henri Saint-Simon le réformateur), publie un
opuscule *De la réorganisation de la société européenne ou de la nécessité et des moyens de rassembler
les peuples de l'Europe en un seul corps politique,
en conservant à chacun son indépendauce nationale.* Saint-Simon expose un plan de parlement européen, ou plutôt il propose de dilater la
constitution anglaise de façon à y faire rentrer
toute l'Europe ; il demande que la France et l'Angleterre commencent en établissant en commun,
au-dessus de leurs parlements respectifs, un parlement anglo-français ; ainsi de proche en proche,
on pourra « créer une *volonté de corps* européenne, un patriotisme européen » (1). Plus tard, en

---

(1) A Paris, chez Delaunay, libraire au Palais-Royal, oct.,
1814, in-8°. « L'Europe aurait la meilleure organisation possible si toutes les nations qu'elle renferme, étant gouvernées
chacune par un parlement, reconnaissaient la suprématie

1838, Constant Pecqueur, dans son livre intelligent et prophétique *Des intérêts du commerce, de
l'industrie et de l'agriculture et de la civilisation
en général, sous l'influence des applications
de la vapeur*, annonce une « république commerciale européenne », puis une « union fédérative des Etats d'Europe ». Sans doute ce n'est
pas, il le reconnaît, les faiseurs de système qui
avanceront cet événement, et toutefois leurs recherches ne sont pas inutiles : « Les utopistes donnent à l'humanité *la carte des lieux*, mais elle se
charge de faire elle-même la trouée... (1) » Plus tard,
en 1861, Proudhon, dans ce livre de *la Guerre et*

---

d'un parlement général placé au-dessus de tous les gouvernements nationaux et investi du pouvoir de juger leurs diffé-
rends ». (p. 50). Ce parlement européen délibérerait en outre
sur les entreprises d'utilité générale ; sur l'instruction publique ; sur la liberté de conscience ; sur un code de morale générale ; il exercerait continuellement l'activité de l'Europe en
la lançant sur le reste du monde, pour « le rendre *voyagea-
ble* et habitable comme l'Europe », (p. 60).

(1) Paris, Desessart, rue des Beaux-Arts 15, 1839 (2ᵉ éd.)
«...Il s'opèrera des réunions autour de chacun des noyaux de
civilisation qui, sur le continent, manifestent une force si-
gnalée d'attraction et de cohésion, tels que la Russie, la
France et la Prusse. Sans conquérir, sans assujettir, ces puis-
sances pourront contracter avec les petits satellites qui gra-
vitent autour de chacune d'elles respectivement, d'abord une
union commerciale ou *économique*, et ensuite une *union politique* dont les termes annonceront que le traité s'est opéré

la Paix où le sens profond des guerres est si bien découvert et justifié, déclare : « Il y a tendance de l'humanité, non point à une extinction, mais à une transformation de l'antagonisme : ce que l'on est convenu d'appeler la paix ! (3) Voilà, dis-je, des affirmations de la doctrine proprement *internationaliste,* qui ne se confond nullement, comme vous voyez, avec *l'antipatriotisme* d'un Bakounine ou d'un Hervé... Eh bien, cette doctrine, nous voulons la reprendre dans ces Entretiens, non pour l'accréditer, non pour la discréditer, mais simplement pour la mettre en présence des réalités. Il s'est, depuis Pecqueur, depuis Proudhon, passé bien des choses en Europe ; il ne

---

sur le pied d'égalité, et qu'elle résulte de leur adhésion mutuellement libre et réfléchie. » (t. II. p. 451). Tout ce chapitre XXV : *La fusion européenne ou fédération des peuples* mérite encore d'être lu.

(3) *La guerre et la paix, recherches sur le principe et la constitution du droit des gens.* Paris, Dentu, 1861 (2 vol. in-12), t. II. p. 372. « L'antagonisme, que nous acceptons comme une loi de l'humanité et de la nature, ne consiste pas essentiellement pour l'homme en un pugilat... » « L'Empire au plus vaillant », a dit la Guerre. Soit, répondent le Travail, l'Industrie, l'Economie ; de quoi se compose la vaillance d'un homme, d'une nation ? » (p. 373). Des pages de Proudhon plus catégoriques sont celles qu'il écrivit, à Sainte-Pélagie, en octobre 1851 : « Défaisons-nous de ce *nationalisme,* renouvelé des Romains....» (*Confessions d'un révolutionnaire,* p. 297).

s'en passe aujourd'hui d'éclatantes. Ces choses
qui se passent témoignent-elles pour ou contre
l'internationalisme, y apportent-elles une précision neuve ? C'est ce que nous verrons. Chaque
fait étudié ici ne sera donc pas considéré comme
un faït indifférent, à constater sans plus ; mais
comme un *motif*, comme un élément à retenir
pour préparer la solution du cas de conscience
pratique qui nous est posé ; peut-être à la fin,
cette solution nous apparaîtra-t-elle, avec son objective nécessité. Nous apportons donc à cette recherche un esprit non pas désintéressé, énergiquement intéressé au contraire, et cependant
énergiquement libre.

Voici, à présent, dans quel ordre il nous a paru
commode d'aborder l'étude des faits. Ceci est
comme l'esquisse d'un programme de nos Entretiens :

1ᵉʳ Entretien (celui-ci). — *Esprit de ces Entretiens. — Programme de la Série. — Définition des termes employés.*

2e Entretien. — *Les faits historiques auxquels correspond
le patriotisme national : Différenciation des nations d'Europe ; leur individuation ; leur antagonisme.*

3e Entretien. — *Les faits qui tendent à effacer la différenciation des nations. (A) Faits d'ordre économique. Communications ; échanges ; uniformisation de l'outillage et des
conditions matérielles de la vie, progressivement affran-
chies du sol.*

4e Entretien. — *Suite : (B) Faits d'ordre intellectuel. La Cul-*

ture commune et en commun ; le cosmopolitisme. (C) *Faits d'ordre idéal ou sentimental ; la franc-maçonnerie ; la Fraternité. Conceptions humanitaires. Le Pacifisme.*

5e Entretien. — *Suite :* (D) *Faits d'ordre juridique. Uniformisation du droit privé ; du droit public. Conventions permanentes entre États souverains ; conventions limitant en fait la souveraineté.*

6e Entretien. — *Substitution de l'antagonisme économique à l'antagonisme national. Le parti ouvrier international. Anti-militarisme révolutionnaire.*

7e Entretien. — *Faits qui tendent à désagréger les nations. Non-coïncidence de la nationalité et de l'état. Régionalisme, séparatisme, fédéralisme. La commune. L'individu.*

8e Entretien. — *Faits qui tendent à maintenir la différenciation. La tradition militaire. Les motifs sentimentaux et moraux. L'éducation au point de vue national, Les habitudes juridiques. La Résistance à l'assimilation.*

9e Entretien. — *Faits qui tendent à maintenir l'antagonisme. La concurrence économique. La lutte pour l'influence. Diversité des fonctions et des rôles historiques suivant les nations...*

10e Entretien. — *Conclusion. Pesée des motifs. Mise au point du patriotisme national traditionnel.*

Le groupe des assistants aux *Entretiens* sera sans doute à peu près toujours le même. Mais à chaque Entretien des consultants nouveaux, selon la nature du sujet, viendront.

Quelqu'un demande-t-il à faire quelques observations sur ce programme ?

M. G. BELOT. — Le programme me paraît non

seulement très riche, mais très méthodique. Toutefois je remarque ceci. Les faits tendant à maintenir la différenciation des nations sont réservés
pour les derniers Entretiens, alors que le deuxième devra traiter de l'individuation des nations.
Comment étudier cette individuation sans examiner déjà « la tradition militaire », les « motifs
sentimentaux », etc., qui sont réservés pour l'Entretien n° 8 ?

M. PAUL DESJARDINS. — Nous avons voulu éviter, pour cette série de conversations, l'aspect
artificiel de deux longues plaidoiries *pro et contra*.
Nous voulons suivre les méandres de l'histoire.
Après avoir exposé le fait donné de la différenciation, que nous trouvons établie, nous regardons
les faits nouveaux qui tendent à l'effacer; puis
nous revenons à la différenciation et à l'antagonisme, afin de voir ce qu'il en subsiste, après que
le flot des événements niveleurs a passé, et peut
être ce que ces événements mêmes auront fait
surgir par réaction... Une des nouveautés de ce
programme est d'admettre à l'examen certains
faits qui paraisssent accuser un travail de désa-
grégation du groupe national : nous parlerons
du « régionalisme ». Et je demanderai à notre
maître, M. Vidal de La Blache, qui a étudié particulièrement ce phénomène, s'il est d'accord avec
nous sur la place que nous lui réservons.

M. Vidal de La Blache. — Assurément : le régionalisme a des raisons profondes, et il est bon que ces raisons soient discutées. Mais il y a bien des façons de concevoir le régionalisme. C'est un problème qui se pose de façon bien différente selon les régions et selon les états ; le régionalisme des Polonais, par exemple, n'a rien de commun avec le régionalisme des Petits-Russiens. En France même, si centralisée pourtant, on observe des tendances à un certain régionalisme. Que faut-il en penser ? Quelles parts contiennent-elles d'aspirations légitimes et fécondes ? Autant de questions qu'il serait intéressant et délicat d'analyser.

M. Paul Desjardins. — Pour aborder méthodiquement la question, le premier soin à prendre, c'est de convenir ensemble du sens que nous donnerons aux mots dont nous aurons à nous servir. Nous disposons de termes dont le sens n'est pas absolument libre sans doute, — l'usage y ayant attaché déjà une signification approximative, — mais auxquels nous pouvons donner une précision conventionnelle. J'ai consulté, sur cette question préliminaire de nomenclature, des historiens, MM. Seignobos et Émile Bourgeois, qui m'ont fait parvenir chacun une note (1) sur les termes

---

(1) Voy. les *Annexes* du présent Entretien.

de *région*, de *pays*, de *population*, de *peuple*, d'*état*,
de *nationalité*, de *nation*, de *patrie* dont la confusion embrouille ce débat. J'ai consulté aussi un
sociologue, M. Durkheim, ici présent, à qui je
suis heureux de laisser la parole.

M. Durkheim. — Ce qui importe, ce n'est pas
de distinguer les mots ; c'est d'arriver à distinguer
les choses qui sont recouvertes par les mots. Qu'on
se mette par la pensée en face des différents
groupes humains, qu'on les compare, qu'on voie
quels sont ceux qui se ressemblent et rentrent dans
un même genre, quels sont ceux qui diffèrent.
Cela fait, on se demandera quels mots on peut
employer pour désigner les genres ainsi constitués
sans faire trop violence à la langue courante. Le
procédé le plus sûr serait de laisser de côté les mots
usés dans la circulation, et d'y substituer des mots
neufs, auxquels on conviendrait de prêter un sens
bien défini. Mais on ne peut pas toujours le faire.

Il est un groupe que nous pouvons appeler
société politique. C'est lui qui tout en comprenant
des groupes secondaires n'est compris lui-même
dans aucun groupe plus étendu. C'est le groupe le
plus élevé et le plus individualisé. On peut, si l'on
veut, désigner la société politique par le mot *État*,
bien que ce mot ne soit pas sans inconvénients. Il
implique, en effet, l'existence d'un pouvoir central, alors qu'il y a des sociétés politiques sans

3

pouvoir central organisé. Mais cette réserve n'est pas très importante pour le sujet qui sera traité ici. L'État est donc un groupement qui ne relève d'aucun groupement plus étendu.

Il y a, d'un autre côté, de grands groupes d'hommes qui ne constituent pas de sociétés politiques et qui pourtant ont une unité. Par exemple, la Pologne, la Finlande ne sont pas des États, et pourtant expriment des réalités historiques ; de même l'Allemagne, l'Italie, avant l'unification. Il y a donc des groupes humains qui sont unis par une communauté de civilisation sans être unis par un lien politique. On pourra, par exemple, appeler *nationalités*, ces groupes qui sont ou d'anciens états qui n'ont pas renoncé à se reformer ou des états en voie de formation.

Il y a des cas où les deux groupes se confondent, comme en France, où le même groupe est à la fois *État* et *nationalité*. Dans ce cas, je propose le mot : *nation*.

Il reste un mot dans la signification duquel entre un fort élément d'impressions subjectives, le mot *patrie*. Le patriotisme est un sentiment qui rattache l'individu à la société politique vue sous un certain angle. La *patrie* est la société politique en tant que ceux qui la composent s'y sentent attachés par un lien de sentiment. Il peut exister une organisation politique sans patriotisme correspondant : ainsi, la Finlande appartient à l'État russe, mais y a-t-il un patriotisme russe chez les Finlandais ? La patrie est la société politique sentie d'une certaine façon ; c'est la société politique vue du côté affectif.

Voilà les quatre groupes principaux, les plus importants.

M. Paul Desjardins. — Nous voudrions savoir si un géographe ne s'oppose pas à ces définitions que nous propose le sociologue le plus attentif aux questions de méthode : monsieur Vidal de la Blache, cette nomenclature correspond-elle à peu près à celle que vous suivez ?

M. Vidal de la Blache. — Je suis arrêté par certains cas particuliers : la Suisse, par exemple, est une nation, bien qu'on y observe des différences de races, de mœurs, de langues. Pour la Belgique, même chose. Entre les flamingants et les wallons, il y a de profondes différences de langue, de mœurs, il y avait même différence d'histoire jusqu'en 1830. Cette nation n'existait pas avant 1830. Des faits surtout économiques ont amené sa séparation d'avec la Hollande. Depuis elle se cimente par l'action des mêmes faits économiques : je veux parler du développement colossal qu'y a pris l'industrie et de la nécessité de débouchés nouveaux qui en résulte. Je crois donc qu'il y a actuellement une large part à faire, dans les questions qui nous occupent, aux faits économiques.

M. Durkheim. — J'ai compris les faits économiques dans le terme de *civilisation*. Des différences de civilisation entre la France du midi, par exemple (il y a jusqu'à un certain point une civilisation méridionale), et la France du nord ne prouvent pas que la France tout entière n'ait pas une civilisation commune distincte de celle des autres pays.

M. Vidal de la Blache. — Les différences réelles qu'offrent avec le reste de la France le midi, l'ouest (je croirais volontiers que l'ouest est chez nous ce qu'il y a de plus tranché), n'ont rien de commun avec les différences non amorties par le temps entre le flamingant d'Anvers et le wallon de Liège. C'est par les questions économiques que s'expliquent en Europe la formation de certaines nationalités petites ou grandes. Les intérêts économiques sont un élément important, plus que jamais aujourd'hui, dans la formation d'une nation.

M. Durkheim. — Je ne songeais pas à l'exclure.

Je me ferai moi-même une objection : D'après les définitions que j'ai proposées de l'État et de la nationalité, il faudrait dire que la nationalité allemande déborde le cadre de l'État allemand, et pourtant l'État allemand est une nation.

M. Albert Métin. — On pourrait définir la

nationalité : « un groupe de gens qui ont des *aspi-rations* communes », au lieu d'employer le mot de *civilisation* commune. Ce serait le moyen de con-cilier M. Vidal de la Blache et M. Durkheim.

Je voudrais aussi qu'on distinguât entre *l'État* et le *gouvernement*. A l'origine de la Belgique il y a eu deux actes politiques distincts : d'abord le pouvoir politique était exercé par le roi de Hol-lande, qui maintenait l'union entre les deux États; un second acte politique a créé l'État belge.

M. Arthur Fontaine. — Quelle est la quantité d'autonomie qu'il faut attribuer à un groupe pour en faire un État ?

M. Durkheim. — Il n'y a pas de mesure en pareille matière. Il y a des groupes qui ne font pas partie d'autres groupes organisés...

M. Arthur Fontaine. — L'Autriche et la Hon-grie sont organisées à part l'une de l'autre, sauf en ce qui concerne les relations extérieures.

M. Durkheim.— C'est là un cas frontière comme on en rencontre dans toutes les questions.

M. Henri Hayem. — Je voudrais, sans m'élever le moins du monde contre la définition qui a été donnée ici du mot *nationalité*, faire observer que souvent ce terme a un tout autre sens. Il est vrai-semblable que nous serons obligés, dans celle de nos réunions qui traitera l'internationalisme au point de vue juridique, d'employer le mot *natio-*

nalité, précisément avec cette seconde acception, et non pas avec celle qui a été proposée. Il n'y a guère d'inconvénient à cela, pourvu que l'on s'entende bien à l'avance sur cette exception.

La nationalité, au point de vue spécialement juridique, c'est le lien qui unit tous les sujets d'un même État, et qui leur confère un certain nombre de droits et d'obligations, en considération de leur qualité de sujets de l'État.

M. Paul Bureau. — Le mot « nationalité » a deux sens très différents, et M. Durkheim avait parfaitement le droit de l'entendre comme il l'a fait.

Je ferai une remarque : je contesterais que la société qu'on appelle État soit « la plus individualisée. » Je crois que la famille est beaucoup plus organisée, plus individualisée que l'État.

M. Durkheim. — Je n'ai pas envisagé la famille. J'ai voulu dire que la société politique ou État pouvait envelopper des groupes sociaux sans être elle-même enveloppée dans un groupe.

M. Rauh. — La classification de M. Durkheim me paraît devoir être acceptée dans son ensemble. J'y ferais volontiers cependant deux corrections. Tout d'abord il faut faire entrer nettement dans la définition de l'État les mots « pouvoir organisé ».

Il me semble, en second lieu, que la patrie, d'après M. Durkheim, est la même chose que l'État.

M. Durkheim. — Nullement : c'est une société politique, mais sentie d'une certaine façon.

M. Rauh. — Le patriotisme n'attache pas les hommes uniquement à la société politique, mais aussi à la *nationalité*, telle que M. Durkheim l'a définie, c'est-à-dire à une certaine civilisation, ou même à des objets plus concrets, la terre par exemple, les tombeaux des aïeux, etc.

M. Pécaut. — Peut-être faudrait-il définir la patrie : un ensemble d'hommes qui veulent ou voudraient former un Etat, — puisqu'il peut y avoir un patriotisme commun à des populations séparées politiquement.

M. Durkheim. — Le patriotisme se trouve alors dans des conditions particulières.

M. Rauh. — Le patriotisme est en effet parfois, comme le dit M. Pécaut, une aspiration vers une société politique nouvelle, ou le désir de restaurer une société politique abolie. Mais il y a des hommes qui sont attachés par un lien moral à d'autres hommes, et qui pourtant ne désirent pas faire partie de la même société politique. Par exemple, aux Etats-Unis, il y a des Irlandais qui partagent toutes les aspirations de leurs compatriotes d'Irlande, qui les soutiennent même de leur argent, bien qu'ils n'aient plus le désir de faire partie du même Etat.

M. Albert Métin. — Ils aspirent à rentrer dans la communauté irlandaise affranchie.

M. Rauh. — Cela est-il vrai de tous les Irlandais américains? En tout cas voici un exemple plus probant. Il y a au Brésil des Allemands qui restent allemands de cœur, bien qu'il ne soient plus citoyens allemands et qu'ils n'aient pas le désir de l'être.

M. Albert Métin. — Aux Etats-Unis, les Allemands se groupent, gardent leurs usages, leur langue pendant une ou deux générations, mais ils n'aspirent pas à rentrer dans l'empire allemand : ils se font une nouvelle patrie.

M. Rauh. — Je n'ai pas parlé des Allemands des Etats-Unis, où je crois d'ailleurs, — M. Métin ne me démentira pas, — que beaucoup d'Allemands sont devenus sincèrement des citoyens américains. Mais au Brésil les Allemands continuent à affirmer leur nationalité allemande; — je prends le mot nationalité au sens que lui donne M. Durkheim, — ils favorisent de tout leur pouvoir l'expansion allemande, la diffusion de la langue allemande, le commerce allemand, et pourtant ils sont citoyens brésiliens et veulent le rester. Les Canadiens français sont dans une situation analogue.

M. Arthur Fontaine. — M. Durkheim n'a pas dit qu'il n'y ait pas là de patriotisme.

M. Rauh. — Non ; mais il n'a pas distingué ces deux patriotismes.

M. Arthur Fontaine. — Alors il faut dire qu'il y a trois sortes de patriotismes : le sentiment du sujet d'un Etat envers l'Etat dont il fait partie, le sentiment que l'on a envers l'Etat dont on voudrait faire partie, et enfin le sentiment qui lie un homme aux hommes de même civilisation?

M. Rauh. — C'est bien cela.

M. Durkheim. — Alors il y aurait un patriotisme russe pour les Polonais. Cela est-il admissible ?

M. Arthur Fontaine. — Oui, dans une certaine mesure, dans certains cas.

M. Rauh. — Pour conclure, est-ce que le sentiment patriotique tel que M. Durkheim le définit n'est pas un sentiment qui attache l'homme à une société politique actuelle ou future? Il n'y aurait pas dans ce cas de patriotisme moral distinct du patriotisme politique. Or il y en a un.

M. Paul Desjardins. — Il faut, puisque notre nomenclature exprime un effort pour objectiver la question, réserver le mot « patrie », et le mot « patriotisme », où s'introduit un élément trop subjectif... Revenons à la *nationalité* et à la *nation*. Voyons si l'on peut dire que celle-ci s'extrait de celle-là, et comment se fait une telle concrétion. L'Allemagne en est, je crois, un bon exemple.

Peut-être M. Lévy-Brühl, qui s'est fait l'historien
du patriotisme allemand, voudra-t-il nous éclairer
à ce sujet ?...

M. Lévy-Bruhl. — Ce qui m'a frappé surtout
dans l'histoire de la conscience nationale de l'Allemagne, c'est que de nouveaux événements politiques qui s'accomplissent font apparaître chez
les hommes de nouveaux sentiments. L'Allemagne
du commencement du xixe siècle diffère de l'Allemagne d'à présent, comme le jour de la nuit.
L'histoire du patriotisme allemand est commandée
par l'histoire de l'Allemagne et l'histoire de l'Europe, de la Révolution française en particulier.
Les sentiments des Allemands pour ce qu'ils
appelaient l'Allemagne ont reflété les variations
des événements.

M. Paul Desjardins. — Je pense surtout aux
Discours de Fichte à la nation allemande. J'ai lu
ce matin des passages de ces discours pour y chercher quelques définitions vraiment philosophiques
des choses qui nous occupent : j'ai été un peu
déçu...

M. Lévy-Bruhl. — Fichte essaye de montrer
comment sa philosophie s'accorde avec le patriotisme allemand. Jusque-là les penseurs allemands
avaient été cosmopolites, et tel était l'état d'esprit
de Gœthe. Fichte n'est pas embarrassé pour mon-

trer que le vrai moyen d'être cosmopolite, c'est d'être patriote allemand.

M. PAUL DESJARDINS. — J'ai donc lu Fichte ce matin même, pour y chercher ce qu'il entend par la *nation* allemande, *die deutsche Nation*. La question est de savoir si par ce mot « *Die Deutsche Nation* » il désigne les Allemands tels qu'ils étaient alors en fait, nationalité sans organisation politique correspondante, ou bien si, anticipant sur les faits, il salue de ce nom la future Allemagne politiquement unifiée et devenue *nation* au sens où nous prenons ce mot. A cette question le texte ne répond pas très clairement. Fichte, dans son préambule, semble éviter le terme précis ; il s'adresse à ce qui est allemand tout bonnement, *schlechtweg*, à « ce quelque chose qui a perdu sa consistance » ; il dit bien un peu plus loin : « Mon esprit rassemble ici la partie cultivée de la *nation* allemande totale, en l'évoquant de tous les pays où elle est disséminée ». C'est donc la *nationalité* allemande qu'il considère ? Mais non ; car il dit ailleurs : « J'envisage cette unité de l'Allemagne comme déjà constituée, accomplie et présentement réalisée (1) », c'est cela qu'il appelle *Nation* et que nous appelons aussi *nation*. Quant

---

(1) « *Ich erblicke diese Einheit schon als entstanden, vollendet und gegenwärtig dastehend.* » (Disc. I).

à ce que nous appelions à l'instant *nationalité*, il l'appelle « un peuple, *ein Volk* » (1).

M. Lévy-Bruhl — Les *Discours* de Fichte avaient en même temps un sens qui touchait très vivement ceux qui les entendaient. Ils furent prononcés dans Berlin occupé par les Français, et à un moment où une bonne partie de l'Allemagne était au pouvoir des Français.

M. Rauh. — Il y a eu en Allemagne un patriotisme littéraire et philosophique qui a précédé le patriotisme politique.

M. Lévy-Bruhl. — Le patriotisme littéraire a de même anticipé sur les mobiles politiques dans la formation de l'Etat italien.

M. Arthur Fontaine. — Nous avons omis un élément très important, la langue, qui crée un lien très fort entre les hommes. Il n'y a pas d'unité de civilisation concevable sans unité de langue.

M. Lévy-Bruhl. — C'est juste, mais la question est complexe : ainsi les patriotes d'Allemagne ne songeaient pas alors à réclamer les Suisses de langue allemande.

M. Paul Desjardins. — Pour nous cantonner dans ce qui nous concerne directement, voyons, dans ces notions, celles qui s'appliquent à la

---

(1) « *Ein Volk : daz ganze der in Gesellschaft mit eirander fortlebenden und sich aus sich selbst immerfort naturlich und geistig erzengenden Menschen.* » (Disc. VIII).

France : La France, d'après M. Durkheim, serait
une nationalité organisée en Etat, serait donc proprement et pleinement une *nation*.

M. Arthur Fontaine. — C'est plutôt une partie
de nationalité organisée en nation. Il y a des personnes de nationalité française hors de l'Etat
français.

M. Pécaut. — Il me semble que la France est
une patrie, un Etat. Est-elle une nation au sens
défini par M. Durkheim ? Je n'en sais rien.

M. Durkheim. — Ne sentez-vous pas trois réalités différentes : 1° l'Etat russe; 2° la nationalité
polonaise; 3° la nation française ?

M. Arthur Fontaine. — Il y a toujours des
exceptions, mais cette classification paraît devoir
envelopper en gros les phénomènes.

M. Vidal de La Blache. — La civilisation française que vous alléguez pour définir la France
comme nation, se distingue-t-elle de l'ensemble
de la civilisation latine ?

M. Durkheim. — Oui, car seuls nous avons fait
la Révolution française (1); seuls nous avons reçu

---

(1) Une personne alsacienne présente à l'Entretien nous
écrit qu'elle aurait volontiers pris la parole ici, si elle l'eût
osé, pour attester que l'attachement persistant des Alsaciens
à la France tient en effet en très grande partie à la conscience
que l'on garde là-bas d'avoir fait ensemble la Révolution
française. Ce mot de M. Durkheim éveille un écho du côté de
Strasbourg.

une certaine éducation rationaliste, et puis il y a
le fait que la France s'est centralisée plus tôt que
les autres nations.

M. Paul Bureau. — Je proposerais la substitution du mot « peuple » au mot nationalité.

M. Rauh. — Il y a en effet quelque danger à
appliquer deux mots de même étymologie, comme
nationalité et *nation* à des choses assez différentes.

M. Paul Desjardins. — Le choix des termes
n'est pas entièrement libre : des associations
anciennes nous obligent; ainsi *nation* éveille les
idées de défense nationale, de représentation
nationale, de nationalisme et d'internationalisme
même ; — et *nationalité* rappelle le fameux *principe des nationalités*, dont Allemands et Italiens
non encore unifiés, Hongrois et Polonais, autori-
sèrent leurs revendications, de 1853 à 1859. Voilà
ce qui désigne ce mot à notre choix.

M. Durkheim. — Entre *nationalité* et *nation*, s'il
y a parenté de mots, c'est qu'il y a parenté de
choses. Le *peuple*, c'est autre chose; nous avons
besoin de ce mot pour désigner ceux qui, dans un
Etat, n'ont pas de part au gouvernement.

M. Brunschvicg. — Nous n'avons pas besoin
du mot *nation*, puisqu'il ne désigne qu'une *réussite*, la coïncidence de deux éléments, *nationalité*
et *Etat ;* ces mots sont les seuls essentiels.

M. Paul Desjardins. — Il faut aborder enfin

la définition de la *patrie*. Noüs devons le faire,
ce me semble, en définissant premièrement, le
patriotisme. Le *patriotisme*, à son tour, — j'entends le patriotisme moderne, on pourrait le
définir : *Un lien affectif et moral par lequel les
individus se subordonnent à la société politique
dont ils sont membres, en tant que celle-ci n'est
subordonnée à aucun autre groupe organisé.* Et
la société même à laquelle ils s'attachent et se
subordonnent ainsi, est pour eux la *patrie*.

M. LALANDE. — Est-il nécessaire de définir, dès
l'abord le mot *patriotisme?* Il ne correspond pas,
comme les termes dont il a été question précé-
demment, à quelque chose d'objectif. Il désigne
un sentiment qui peut s'attacher à des groupes
de nature très diverse. Il n'est pas possible de le
restreindre à l'un de ces groupes sans préjuger
ce qui doit faire l'objet même de nos discussions.

M. DURKHEIM. — Nous pouvons, je crois, définir le patriotisme par ses caractères extérieurs.

M. LALANDE. — Pardon! Nous essayons de
définir des réalités en dehors des mots. Or, *patriotisme* et *patrie* désignent non des réalités, mais
des appréciations. Pour définir le patriotisme, il
faut considérer d'abord les sentiments que j'ap-
pellerai « corporatifs », c'est-à-dire ceux qui
attachent l'individu à un groupe dont il fait partie ; parmi ces sentiments, il y en a qui concernent

un groupe territorial ; et celui des groupes territoriaux auquel nous attribuons la plus grande importance, nous l'appelons *patrie*. Ce n'est donc rien de fixe en dehors de ce jugement d'appréciation. Il y a un patriotisme de clocher, un patriotisme régional, un patriotisme national. On pourrait le définir : le sentiment corporatif à l'égard d'un groupe organisé existant géographiquement et auquel on attribue une valeur supérieure aux autres. Mais je crois que cela ne nous servirait pas beaucoup dans la discussion.

M. Durkheim. — Nous ne pouvons pas classer tous les groupes possibles, et l'attachement particulier de l'homme à chacun de ces groupes.

M. Arthur Fontaine. — Entendons le patriotisme comme le lien sentimental qui nous attache à notre groupe.

M. Paul Desjardins. — Nous sommes d'accord sur cette constatation importante, que « la patrie » n'exprime pas une réalité définissable objectivement, mais l'un des termes d'une relation qui seule peut être objectivement saisie, qu'ainsi cette notion de *patrie* n'est pas projetable sur le même plan que les notions d'*Etat*, de *nation*, de *nationalité*, et qu'il n'est pas correct de dire « une patrie », encore moins « des patries », sans compléter mentalement cet énoncé par l'autre terme : « la patrie *de* Jeanne d'Arc, la patrie *de* Bara, *notre* patrie ». Pourtant j'insiste sur cette idée, qui m'a été suggérée par M. Durkheim dans une conversation récente, et que je crois assez éclairante. La *patrie*, qui, en tant que telle, n'existe donc que dans la conscience du *patriote*, est essentiellement conçue par lui comme n'étant pas subordonnée. Il se produit donc un transfert de la *notion de patrie* à des groupes de plus en plus larges, à mesure que le groupe auquel le patriote s'était d'abord attaché, famille, corporation, commune, province, lui apparaît comme subordonné à un autre groupe auquel il donne son aveu. Il y a un *patriotisme* communal, celui des bourgeois de Calais, si vous voulez, tant que la commune n'est pas intégrée dans un autre groupement qui attire à soi les dévouements. Mais une fois cette intégration faite, l'attachement du bourgeois à sa commune n'est plus défini correctement par le mot de *patriotisme*. Il faut ajouter que le patriotisme, tendant nécessairement à maintenir, à conserver son objet, résiste à ces transferts. Il s'exprime par le cri : « Vive! » et non par le souhait : « Naisse! » Il s'oppose aux tentatives d'organisation d'un groupe plus large, par rapport auquel la société actuellement la plus large, cessant d'être la plus large, serait subordonnée. Au temps de l'autonomie des provinces, il fut anti-national; étant devenu un patriotisme natio-

4

nal, il est anti-humanitaire. Et cela est naturel,
car il lui semble que si son objet lui était retiré,
— et il lui serait retiré par définition, dès qu'il
serait subordonné, — il ne pourrait que périr. Le
patriotisme ne sent pas à quel point il est immortel. L'immortalité qu'il sent en lui très justement,
— car rien ne saurait être plus immortel que le
dévouement, — il la prête successivement à chacun des objets successifs auxquels il s'attache.
Dum stet Capitoli immobile saxum, dit Virgile,
faisant du dévouement de ses jeunes héros quelque chose de relatif, en comparaison de cet absolu
qu'est le Capitole permanent, sur son rocher :
« Gloire à notre France éternelle! » dit Victor
Hugo. Par là, s'expliquent, je crois, et pourraient
s'apaiser les inquiétudes et les querelles suscitées
autour du patriotisme national. Celui-ci, confé-
rant à son objet l'absolu qu'il sent en soi, résiste
aveuglément à tout ce qui veut faire rentrer cet
objet, cru absolu, dans le torrent du relatif, du
transitoire, du caduc. Et l'on peut dire que ce
défi lancé par le *patriotisme national* à la relati-
vité et à la caducité de toutes choses est à la fois
illusoire et fondé : illusoire, puisque *la nation*,
étant située dans le plan de l'histoire, est entraî-
née par elle ; — fondé, puisque *la patrie*, étant
située dans le plan de la conscience, traverse l'histoire, et la traversera

M. Arthur Fontaine. — Bref, il faut peut-être laisser de côté, dans notre discussion, les mots *patrie* et *patriotisme* ; nous les retrouverons à la fin de la série des Entretiens. Ce sont des notions très importantes, mais d'ordre sentimental.

M. Brunschvicg. — Le patriotisme est un rapport : c'est la société politique tout entière, telle qu'elle se reflète dans l'individu ; la patrie se définira ensuite en fonction de ce rapport.

M. Vidal de La Blache. — L'idée de patrie s'associe à l'image d'une contrée. L'impression des choses réelles, des souvenirs vécus, entre comme un élément important dans la notion de patriotisme. C'est de là, qu'à mon avis, elle tire la plus grande partie de sa vitalité. Des définitions abstraites ne rendent pas compte de la prise réelle que, par la force des impressions et des images, elle exerce sur les âmes.

M. Durkheim. — Le vrai patriotisme s'attache à une nation impliquant un Etat, et le pays est impliqué dans l'Etat.

M. Pécaut. — Vous n'allez pas nier le patriotisme des Boers, qui n'ont pas d'Etat. Un exemple encore plus considérable, c'est le patriotisme juif des Israélites dispersés.

M. Durkheim. — Cela, c'est le patriotisme des « nationalités. »

M. Arthur Fontaine. — L'objet de nos Entre-

tiens est de déterminer les variations objectives
de la nation et de l'Etat, les liens qui se nouent
entre les nations et les Etats, les facteurs qui
tendent à l'assimilation, à la fédération ; les facteurs qui maintiennent le particularisme. Je demanderai qu'on ne se serve pas du mot *patrie*
dans toute cette analyse préliminaire. (*Approbation.*)

On se sépare vers 6 heures 1/2.

Annexes au Premier Entretien

I

Deux historiens, n'ayant pu se rendre à cet Entretien, nous ont fait parvenir des notes que nous reproduisons ci-dessous, au sujet des termes Pays, État, Nation, *etc., que l'Entretien se proposait de définir.*

De M. Charles Seignobos, *professeur d'*Histoire *moderne à l'Université de Paris, nous avons reçu les indications cursives suivantes :*

Région. — Sens primitif: circonscription administrative. N'a plus qu'un sens géographique, très vague. Se dit d'une petite étendue (région beauceronne), comme d'une très grande (Terre-Noire, Sahara).

Pays. — *Pagus*; sens géographique, lié vaguement à un petit peuple (pays des Eduens), mais dès le

VIIᵉ siècle se dit à la fois du peuple (*civitas*), ou de la subdivision : pays de Caux (*civitas Caletes*), pays de Bray... Puis prend un sens très vague, désigne toute espèce d'étendue, depuis la France entière jusqu'à un village.

Dans l'usage vulgaire, employé au sens de *patrie* : « A mon pays je dois la vie » (*La Muette*).

Race. — Sens propre : groupe de gens descendant de mêmes ancêtres, caractères physiologiques communs et héréditaires. Branche de l'espèce (une *race* de chiens). Terme de zoologie. — En fait, par une erreur de « l'école historique » *stamm* (race) a dévié du sens anthropologique, a passé au groupe de gens qui se croient descendus d'un même ancêtre : tribus d'Israël (*Die Zwœlf Stœmme*). — Par une nouvelle déviation, sous l'influence des linguistes, s'est confondu avec le groupe que forment les gens de même *langue* ou de langues apparentées : race aryenne, sémitique ; race celtique, germanique. Cela repose sur une erreur de fait : aucun de ces groupes de langues ne correspond à un groupe de gens ayant des caractères physiques communs. (V. Lacombe : *L'Histoire considérée comme science*, et Robertson : *The Saxon and the Celt.*) Cette confusion, vulgarisée par les Allemands depuis Niebuhr et Ottfried Müller (en France par Taine) a passé dans la langue officielle d'Autriche (*Stamm*) : « Chaque *Stamm* a un droit inviolable à la conservation de sa nationalité et de sa langue. » (Loi fondam. de 1867). En fait, les statistiques de *Stamm* sont dressées d'après la *langue*. De même en Hongrie, où on a *magyarisé* les Allemands et les Juifs. De même en Macédoine, où on a *hellénisé* les Valaques.

Population. — Sens vague, purement matériel. Les habitants d'un territoire : La population de la France est de 38 millions, la « population de Londres ».....

Peuple. — Implique l'idée d'une ressemblance entre les habitants. *Populus* même sens que *ethnos :* un groupe de gens qui ont mêmes usages, d'ordinaire même gouvernement. Mais le sens s'étend à des groupes indépendants l'un de l'autre. Le *peuple* franc, saxon, tchèque. Depuis la constitution des États modernes, tend à se confondre avec *nation.* Peuple français, allemand. *We the people of the United States.* (Déclar. de 1776). Du sens ethnographique, évolue vers le sens politique.

Nationalité. — Mot récent. Me paraît s'appliquer aux nations qui n'ont pas obtenu une indépendance complète. On disait la nationalité italienne, allemande, avant l'unité. En Hongrie « les nationalités » sont les Croates, Serbes, Slovaques, Roumains. — Parfois synonyme de nation : Un homme de nationalité française.

Nation. — Sens primitif: groupe d'hommes de même *origine* (*natus*) et même pays. En 1789 on dit encore : la nation bretonne, provençale. Depuis la Révolution, se restreint au groupe formant un État complet : « La nation, la loi, le roi », « Vive la nation ! » Ne s'applique plus qu'à un groupe indépen-

dant, France, Espagne, Belgique, qui réclame son
indépendance en vertu d'un droit historique ; nation
polonaise, irlandaise, bulgare, arménienne.

État. — Sens très précis et fixé depuis le xvi⁰ siècle;
notion abstraite (*status*) : l'ensemble réuni sous un
gouvernement souverain commun, en tant qu'on
considère l'action du gouvernement plutôt que la terre
ou les hommes : L'État français, espagnol ; maximes
d'État; raison d'État; droits de l'État. En pays centra-
lisé il n'y a qu'un État. En pays fédéral deux super-
posés : l'État de New-York, l'État fédéral; — l'État de
Bavière, l'État allemand.

Patrie. — Pays des pères (*Vaterland*). Implique un
sentiment d'attachement. Je ne vois pas que le mot
ait aucun sens précis par rapport à la nation ou à
l'État. Il y a des patries de toute dimension, depuis
le village natal jusqu'aux États-Unis et à l'Empire russe.

CH. SEIGNOBOS.

II

De M. Emile Bourgeois, professeur d'Histoire politique et diplomatique des temps modernes *à l'Université de Paris, nous avons reçu les indications
suivantes :*

Les définitions des termes sont ici infiniment déli-
cates, parce que l'usage a souvent rapproché et confondu le sens de termes dont l'origine était fort différente.

Les mots *région* et *pays* sont des expressions géographiques. On dit les « régions » arctiques, les « pays »
de France, les «pays» d'Allemagne, les « régions » industrielles de l'Angleterre.

De ces deux mots, le dernier implique plus particulièrement une idée d'attachement des habitants, non
seulement à la terre, mais aux coutumes, aux relations,
aux traditions. De là les expressions de *pays* et de
payse, longtemps employées par le peuple, et qui correspondent à des sentiments encore réels. Par extension, ce terme me paraît avoir été appliqué à un territoire plus large, à la France tout entière, à mesure
surtout que les différents pays se fondaient dans l'unité
nationale : *le doux pays de France, aimer son pays.*

C'est un fait à noter que pour tous les termes qui
désignent des divisions territoriales, il y a ainsi des
doubles ; un des deux termes impliquant un élément
affectif, une idée d'attachement, de fidélité : ainsi la
ville, ou le *village*, et la *commune*.

Les termes de *peuple, population, race* sont d'un
autre ordre. Le terme *peuple* est d'origine politique.
Il signifie l'ensemble des citoyens qui seuls ont part au
gouvernement de la cité. A mesure que la cité s'est
agrandie, jusqu'à comprendre tout un monde, le sens
primitif s'est perdu. Il en est venu à désigner un groupement très étendu, sans impliquer absolument rien
sur la façon dont est constitué ce groupement. Quand
Louis XIV dit : « mon peuple », la Révolution française :
le « peuple français », les historiens comme Fustel de
Coulanges : « les peuples anciens », « les peuples bar-

bares », ou encore : « les peuples anglo-saxons » et « les
peuples latins », il est clair que ce mot reçoit tant de
sens différents qu'en réalité il n'en a plus. Mieux vaudrait le supprimer, et dire : les Français, les Allemands,
les Barbares, les Anglo-Saxons, les Latins, etc... Et je
ne parle pas du sens plus restreint donné à ce mot,
quand on dit « le peuple » par opposition aux classes
privilégiées.

En somme, il n'y a pas, aujourd'hui, de distinction
précise entre ce terme et le terme savant de *population*, qu'on emploie aussi pour désigner les groupements d'hommes quels qu'ils soient. Quand on dit « la
population de la France est de tant de millions d'habitants », — on ne dit rien, absolument rien, sur cette
population. C'est un chiffre, rien de plus. Quand, au
contraire, on dit « les populations latines, aryennes, »
on entend des groupements formés, d'après la race ou
la langue, mais on dit aussi : « les populations industrielles », groupement formé d'après la nature du travail.

Le terme de *race* est également un terme savant, et,
quoiqu'en disent les ethnographes et les anthropolo-
gistes, c'est un terme vague. La race est tantôt carac-
térisée par la couleur, tantôt par la forme du crâne,
tantôt par la langue, tantôt par l'habitat ou l'origine
géographique. Terme sans réalité, auquel il vaut
mieux renoncer.

Au contraire, le terme *État* a un sens très défini.
Seulement, si, en employant les termes précédents, on

a le tort d'y chercher un contenu réel et précis, on a, en usant de celui-ci, dépassé singulièrement la réalité à laquelle il correspondait. L'État, sans entrer dans la considération de ses rapports avec l'individu, avec la nation, ou avec les divers corps dont la nation est constituée, — c'est évidemment la puissance publique, soit au service des citoyens (*salus populi*), soit à la disposition du prince. Ce n'est plus, comme la « région » ou le « pays », un territoire, puisque sur le même territoire il y a domaine de l'État et domaines privés. Ce n'est pas davantage un groupement d'hommes, quoiqu'on ait pris l'habitude de dire « les États européens, les États balkaniques » ; et que des historiens comme Ranke aient voulu ramener toute l'histoire de l'humanité à l'histoire des États.

Un même groupement d'hommes peut vivre sous le régime de deux États distincts ; cela prouve qu'il ne se confond avec aucun des deux, par exemple les gens de l' « État » de New-York, qui participent à la vie du grand « État » fédératif américain — ou inversement, il existe une nation démembrée, qui a la prétention et l'espérance de rester une nation dans l'« État » prussien et dans l'« État » russe.

Pour définir la *patrie*, il faut toujours se rappeler la définition qu'en a donnée Fustel ; la *terra patria* est la terre des ancêtres ; donc c'est un adjectif dont le substantif a disparu, lequel impliquait très nettement une idée de territoire. Seulement, il reste l'adjectif, qui n'avait pas été joint aux termes de *région* ou de *pays*. C'est la terre consacrée par le culte des ancêtres.

Fustel a montré dans *la Cité antique* comment le sentiment que recouvre le terme de patrie a changé, déjà dans l'antiquité, en changeant d'objet. La patrie n'était plus le sol national, auquel, par la disparition des vieilles croyances, on ne demeurait plus attaché, c'était l'ensemble des institutions et des lois qui s'y étaient développées, avec les avantages qu'on en retirait.

On a noté bien souvent que les termes de *patrie, patriote, patriotisme* n'ont guère reparu dans la langue qu'au xviii⁰ siècle avec Saint-Simon, l'abbé de Saint-Pierre, d'Argenson. Il semble bien que cette réapparition soit une conséquence des croyances qui se répandent alors, sur le droit des individus et des sociétés au bonheur par la raison et la liberté. Avant que la Révolution française n'eût répandu cette expression qui bientôt résuma tous les dévouements et tous les devoirs du citoyen, il y avait eu, avec Frédéric II un « roi patriote », avec Turgot un « ministre patriote », avec les Hollandais rebelles au stathouder, la « révolution des Patriotes ». Il paraît bien que l'expression correspondît à un désir général de réformes politiques et sociales, d'amélioration du sort de tous par un ordre nouveau fondé sur la raison.

Ce fut en quelque manière un terme nouveau, emprunté à l'antiquité, qu'on s'imaginait être la société idéale du bonheur par la liberté. *Pro patria et libertate*, disent les Hollandais quand ils se révoltent en 1787. C'était une expression correspondant à une croyance nouvelle, et comme l'a très bien dit Mathiez récemment : « par le mot de patriotisme on entendait

l'amour de la société idéale fondée sur la justice, plus
que l'amour du sol national. Ce n'en était pas moins
une foi, une vraie foi. »

Je crois cependant que, très vite, ce mot, en un certain sens nouveau, a impliqué des idées et des sentiments plus riches, plus variés, empruntés à un autre
terme, le dernier que j'ai à définir, et le plus essentiel.

La *nation*, le milieu où l'on est *né*, est un terme
récent encore, puisqu'en 1766, je crois, Louis XV
s'indignait qu'on osât faire de « la nation » un corps
séparé du monarque ; c'est pourtant, à mon sens, un
des termes qui se définissent le mieux, le plus clairement. Groupement d'hommes, qui ne se conçoit pas
sans la solide assise d'un territoire, sans une certaine
communauté de souvenirs, d'habitudes, et d'aspirations, parce que tout cela constitue le milieu, mais
qui peut tout de même s'affranchir des servitudes de la
terre et de la race. Il s'y ajoute surtout la conception
d'un ensemble de droits et de devoirs reliant ce groupement d'hommes, le solidifiant, l'harmonisant, là ou
les territoires et les conditions naturelles n'avaient
disposé que des rapprochements provisoires et un
équilibre instable.

Em. Bourgeois.

III

*M. André Lalande, qui a pris part à l'Entretien,
nous a fait parvenir ensuite la note complémentaire que voici :*

En appliquant la méthode de M. Durkheim, je défi-
n irais d'abord un groupe de sentiments, ceux qui lient
l'individu à un ensemble social dont il fait partie :
famille, province, profession, État, peu importe. Con-
venons de les appeler *sentiments* ou *attachements
corporatifs.*

Dans ces sentiments, je fais un sous-groupe de ceux
qui ont pour objet une société définie par une communauté territoriale. Appelons-les sentiments *régionaux* ou *territoriaux.*

Ceci posé, je crois qu'on peut définir le *patriotisme*
assez exactement. Parmi tous les groupes territoriaux
auxquels un individu est attaché, il en est un auquel
il attribue une importance, une *valeur* prédominantes.

Le sentiment à l'égard de ce groupe est le patriotisme, et le groupe en question, avec le sol où il vit,
devient une *Patrie.* (Car la terre elle-même est essentielle à l'idée de patrie. C'est à elle que l'on pense
quand on dit *qu'on n'emporte pas la patrie à la semelle
de ses souliers.* Rien ne caractérise mieux l'idée que
l'épitaphe de Ludlow, à Vevey : *Omne* SOLUM *forti
patria,* quia PATRIS) (1).

_____

(1) « Pour l'homme de cœur toute *terre* est une *patrie*,
étant *du père.* »

Patriotisme et *patrie* sont donc, dans leur usage ordinaire, des termes « appréciatifs » ou « normatifs », qui ne désignent pas des réalités, mais des jugements de valeur et de hiérarchie (*werthschœtzung*). D'où la difficulté de s'entendre pour leur application objective. Rien ne me paraît plus sage à cet égard que la proposition de M. Arthur Fontaine.

On peut dire, sans doute, qu'il serait bon d'appliquer exclusivement ce mot à l'attachement du citoyen pour l'Etat. Mais c'est un vœu, un desideratum, non la constatation de l'usage, qui admet des *patriotismes* de tout étage, depuis le « patriotisme de clocher », jusqu'au sentiment stoïcien : « Quelle est ta patrie ? Ne réponds pas : je suis d'Athènes, ou de Corinthe. Dis comme Socrate : je suis citoyen du monde ».

Sans compter qu'il y a encore, pour compliquer la question, des déviations très curieuses du sens fondamental. A la suite de la Révolution, qui avait adopté le mot, il avait pris pour bien des gens une nuance inquiétante et péjorative. J'ai encore entendu, il y a une vingtaine d'années, de vieux monarchistes qui disaient : « C'est un patriote forcené » pour qualifier un républicain démocrate. — Il est vrai que cela doit avoir tout à fait disparu.

ANDRÉ LALANDE.

———

Différenciation ;
origines
du patriotisme national.

Ont pris part à cet Entretien :

MM. Gustave BELOT,
     Léon BRUNSCHVICG.
     Ferdinand BUISSON,
     Arthur FONTAINE,
     Henri HAYEM,
     Théodore JORAN (1),
     Gustave LANSON,
     Jean LECLERC DE PULLIGNY,
     Henri LICHTENBERGER (2),
     André MICHEL (3),
     Frédéric RAUH,
     Charles SEIGNOBOS,
     L'abbé Jean VIOLLET,
     & Paul DESJARDINS, *Secrétaire des Entretiens.*

---

(1) Professeur libre, Directeur de l'École d'Assas, à Paris ; rédacteur en chef de la *Revue Idéaliste.*

(2) Maître de conférences à l'Université de Paris pour la littérature allemande, co-directeur de la *Revue germanique,* auteur de *La philosophie de Nietzsche,* de *Richard Wagner poète et penseur,* de *Henri Heine penseur,* etc.

(3) Conservateur au Louvre, pour la Sculpture du moyen-âge et des temps modernes ; professeur à l'École du Louvre, directeur-auteur de l'*Histoire de l'art depuis les premiers temps chrétiens jusqu'à nos jours,* etc.

Pour la profession des autres interlocuteurs, se reporter à la première série des *Libres Entretiens.*

M. Paul Desjardins. — Messieurs, sur cette question ici posée, de l'*Internationalisme*, abstenons nous du cliché: «question à l'ordre du jour». Ce qui est frappant, au contraire, c'est qu'on parle de l'Internationalisme même et particulièrement quand il n'est pas « à l'ordre du jour »; quand « l'ordre du jour » déclare qu'on parlera de la grève des ouvriers des arsenaux, c'est de l'Internationalisme qu'il est parlé; « quand l'ordre du jour » annonce qu'on parlera des Bourses du travail, c'est de l'Internationalisme toujours qu'il est parlé. Et ce qu'il faut dire de cette question posée, c'est justement qu'il est inutile de la mettre à l'ordre du jour, qu'elle se passe très bien d'y être que même on peut l'en tenir écartée, et qu'elle réapparaît au travers de tous les ordres du jour et que tout y ramène. Elle est posée sans qu'on la pose. C'est en cela qu'elle n'est pas du

tout une question académique, — au point que
nous serions plutôt académiques en feignant
qu'elle n'est pas posée et en parlant d'autre chose
aux alentours. — Or, il est des moments où l'on
ne peut pas être académique, alors même qu'on le
voudrait bien. On est forcé de ne l'être pas. Vous
avez entendu répéter dans des journaux très
acharnés contre Jaurès, que Jaurès cherchait ce
sujet de phrases et qu'il s'en est aussitôt emparé
pour en remplir deux séances de la Chambre. Je
connais assez bien Jaurès pour être sûr — et du
reste il n'est pas besoin de le connaître de près
pour le sentir — que loin de chercher ce thème,
il l'eût évité s'il avait pu. Mais il ne le pouvait
pas. Il ne s'est pas mis volontairement dans la
question : il « s'en est tiré » comme on dit, et de
son mieux. Pas davantage, M. Paul Deschanel
n'a pu s'abstenir de ce discours si peu réfléchi et
construit, de ce discours crié, qui va être proposé
à nos réflexions sur les murs de toutes les mairies
de France. Mais surtout M. Marcel Sembat, plus
hardiment, plus crûment que les autres, a dé-
pouillé le cas de conscience de toute précaution
oratoire ou politique. Il a fait, dans la deuxième
séance du vendredi 1er décembre (1), le discours à
ne pas afficher, le discours qu'on voudrait n'avoir

----

(1) *Journal Officiel* du 2 décembre 1905, p. 3667-3675.

pas entendu, le discours qui « se dit » dans l'esprit de quelqu'un, et auquel il faut que chacun trouve dans son esprit de quoi répondre...

Ainsi nous marchons, comme dans nos Entretiens de l'an passé, parallèlement avec les Chambres. Cette identité de sujets fait d'autant mieux ressortir que nous avons d'autres règles de discussion. Nos règles à nous sont applicables lorsqu'on est un tout petit groupe, lequel ne cherche pas à avoir prise sur un plus grand, et aussi interdit à ce groupe plus grand d'avoir prise sur lui. Le petit groupe que nous sommes veut simplement voir clair. Mais cela n'empêche que chacun de nous est homme du peuple et sent très authentiquement en soi les impulsions qui font mouvoir la collectivité. Seulement il est résolu à s'en rendre maître par l'intelligence.

Prenons donc ce qui est donné, dans le débat sur l'Internationalisme : le fait de la distribution en nations tranchées de ces trois cent cinquante millions d'hommes à visage blanc qui cohabitent sur le morceau de continent appelé Europe, et le fait de l'antagonisme de ces nations ainsi différenciées. Mais prenons ces deux faits par où ils nous sont directement sensibles. Nous constatons autour de nous et, j'en conviens, nous retrouvons en nous la notion populaire confuse de l' « étranger ». L' « étranger », l'homme qui

n'est pas d'ici, l'homme du dehors, *externus, aus-
lænder*, l'homme qui est à part, *fremd*, et que l'on
ne comprend pas, *barbarus*, l'homme dangereux,
virtuellement ennemi, *hostis* (1). Prenons donc
cette notion en nous, où nous la trouvons, et
cherchons ensemble à quelle expérience antérieure nous devons la rattacher comme à un premier motif, afin de savoir si ce motif vaut toujours.
Sans doute — comme M. Durkheim me l'écrivait
mardi dernier — « il n'y a jamais eu un moment
où la notion de l'*étranger* ait été absente ». Entendons plus précisément : absente de notre Europe depuis les immigrations barbares jusqu'à
aujourd'hui. « Il y a toujours eu, continue
M. Durkheim, à l'intérieur du monde chrétien,
des groupements divers, rivaux, aux contours
plus ou moins nets, aux formes plus ou moins
floues. Mais ce n'étaient pas des groupements
nationaux comme ceux qui se sont formés ensuite :
et ils en différaient, non seulement par l'étendue,

---

(1) « *Hostis* signifiait d'abord l'étranger. Cic. *Off.* I, 12.
*Apud majores nostros hostis is dicebatur quem nunc peregrinum
dicimus...* L'idée d'étranger a conduit à deux sens très différents, celui d'hôte et celui d'ennemi. Virgile (*Aen.* IV, 424)
emploie *hostis* dans le sens d'hôte : *I soror, atque hostem
supplex affare superbum.* — « Ennemi » et particulièrement
« ennemi à la guerre ». C'est l'acception qui a prévalu ».
Dictionnaire étymologique latin de Bréal et Bailly, au mot *hostis*.

mais par la qualité ». Voilà bien déterminé, n'est-
ce pas ? ce que nous nous proposons de chercher ; quand, et par l'effet de quelles réalités, faites
ou souffertes, ce sentiment de l' «étranger », en soi
immémorial, s'est-il appliqué à tous ceux des
membres de la même chrétienté qui ressortissent
à d'autres sociétés politiques, à d'autres nations ?
Quand, et par l'effet de quelles réalités, ce sentiment de l' « étranger » a-t-il disparu entre les res-
sortissants de la même société politique, de la
même nation ? Quand, enfin, ce sentiment a-t-il
coïncidé avec la division de l'Europe en nations,
et a-t-il commencé à soutenir nettement, dans la
conscience personnelle, cette division, en s'oppo-
sant à toute autre division passée ou à venir ? Ce
double phénomène, de la *réconciliation nationale*
et de *l'exclusion nationale*, peut-on le saisir dans
l'histoire à l'état naissant ? A quelles réalités objectives correspond-il ? J'interroge les historiens ici
présents... — Et d'abord, il semble bien — me
trompé-je ? — que le patriotisme national des
modernes est radicalement différent du patriotisme civique de l'antiquité gréco-romaine, comme
du patriotisme théocratique des Juifs, puisque
ceux-ci, l'un aussi bien que l'autre, étaient des
phénomènes d'ordre religieux. Chacun avait ses
dieux, Iavhé contre Kamos et Dagon, c'était Israël contre Moab et les Philistins ; un lien d'ado-

ration, une exclusion du profane et de l'impie
formait le patriotisme national. Fustel nous a
montré de même, dans le patriotisme des cités,
l'effet de la participation aux mêmes *sacra*, l'empire de la croyance aux dieux du sol, des foyers et
des sépultures. Mais les modernes professent une
religion universaliste. Le Dieu national, ou « des
armées » n'est plus invoqué que dans les haran-
gues de Guillaume II. Le facteur proprement
religieux, depuis que le Christ a conquis les barbares, paraît donc agir en sens inverse de cette
« religion de la Patrie » que Marie-Joseph Chénier,
par exaltation néo-grecque, proposait de substituer au catholicisme (1). C'est justement dans le
sens de la *catholicité*, de l'internationalisme que
la religion pousse les modernes... Comment donc
se fait-il, et quand s'est-il fait, que, nonobstant
toute leur idéologie contraire, ces modernes en
soient arrivés, d'un bout à l'autre de notre occident civilisé, à cette différenciation des nations,
et à cet antagonisme entre nations, que maintient
fortement, dans la conscience du plus grand
nombre, un patriotisme national exclusif?... Je
sais (par ses livres et ses cours) que M. Seignobos
a examiné depuis des années cette question. Je le

---

(1) Le 15 brumaire an II. Voy. Aulard, *Hist. polit. de la
Révolution française*, p. 470.

prie de vouloir bien nous communiquer, d'abondance et populairement, les conclusions auxquelles il a été conduit.

M. SEIGNOBOS. — Je suppose que la question est de savoir à quel moment, chez quelle nation, on rencontra pour la première fois une animosité permanente contre « l'étranger ». La difficulté de la question est compliquée par ce fait qu'au moyen-âge il n'y avait pas d'Etats, mais seulement des domaines de famille. C'est la guerre qui cause l'animosité, or les guerres étaient des guerres privées. Même lorsque Philippe-le-Bel interdit les guerres privées, il dit, vous savez : « *durante guerra nostra,* (*pendant que moi je fais la guerre*), les autres ne doivent pas se battre . » On regarde comme normal de se battre entre gentils-hommes, entre individus. Cela dura pendant tout le xive et le xve siècle.

Pendant la guerre de Cent Ans il semble qu'il y ait une animosité permanente entre les Anglais et les Français. Mais à cette époque, et déjà à partir du xiiie siècle, les guerres sont faites par des *soldats* (mercenaires recevant une solde) au service du souverain. On donne aux soldats le nom du souverain, — il n'y avait pas moyen de faire autrement. C'est ainsi qu'on appelle *Navarrais* les troupes du roi de Navarre, où il n'y avait peut-être pas un Navarrais ; les *Anglais* étaient les soldats de toute provenance, au service du roi d'Angleterre, les *Français*, les soldats au service du roi de France. Certaines régions étaient dévastées par des bandes qu'on appelait les *Anglais*, les habitants avaient de l'animosité contre « les Anglais » ; on ne peut savoir jusqu'à quel point cette animosité était nationale. Prenons comme exemple une histoire très connue, qu'on apprend dans les écoles primaires, l'histoire du Grand Ferré ; l'idée nationale n'a rien à y voir : le Grand Ferré était un paysan dont le village était ravagé par des bandes au service du roi d'Angleterre, il dit : « Faisons la guerre aux *Anglais* ». Jeanne d'Arc, même, était une Armagnac : il y avait dans son pays des traditions qui la rattachaient à Reims (elle n'était pas lorraine, elle était champenoise), qui la rattachaient d'un autre côté au roi de France (elle était sujette du roi de France en tant que le roi de France avait un domaine à Domrémy) : le sentiment qui l'animait était le sentiment des Armagnacs contre les Bourguignons. Ce n'est pas un sentiment « national » ; il ne contient aucun élément ethnique. De même Eustache de Saint-Pierre défend Calais quand les Anglais l'attaquent, il est au service des Anglais quand sa ville est devenue anglaise.

M. Leclerc de Pulligny. — Et Du Guesclin ?

M. Seignobos. — Du Guesclin est un condottiere; il a cependant un sentiment particulier, le sentiment de la fidélité personnelle au roi. D'ailleurs Du Guesclin n'est pas Français, il est Breton ; en ce temps là la Bretagne était à peine regardée comme faisant partie de la France.

Nous ne trouvons donc pas au moyen-âge, en France, d'animosité contre « l'étranger ». Il serait peut-être plus facile d'en trouver des traces en Angleterre, l'Angleterre étant plus circonscrite. En Allemagne, c'est difficile à préciser ; pour les Allemands, les Français sont les *Welches*, les gens ne parlant pas la même langue ; il y a là hostilité entre hommes de civilisation différente ; c'est un sentiment d'autre origine, d'autre nature peut-être ; mais non, pas une animosité nationale.

Par contre, au XIIᵉ siècle, il y a à l'intérieur de ce que nous appelons la France une animosité très vive contre les Poitevins venus avec Eléonore d'Aquitaine ; cela se rattache peut-être à l'hostilité naturelle entre gens du Nord et gens du Midi.

En résumé, il est difficile de déterminer l'origine de l'animosité contre l'étranger. L'animosité apparaît là où se font des guerres. Les guerres sont des guerres domaniales. A la suite de ces guerres, l'animosité commence entre les bandes qui les font, non entre les peuples.

M. Paul Desjardins. — Ce n'est donc pas exactement le sentiment dont nous cherchons l'origine; car celui-ci est permanent dans la paix.

M. Seignobos. — Ce sentiment, quand il apparaîtra, sera simplement une extension du sentiment que l'on nourrit contre les gens de guerre.

M. Arthur Fontaine. — Ce que dit M. Seignobos s'applique parfaitement aux guerres d'Italie. La première fois que les Français entrent en Italie, avec Charles VIII, ils sont très bien reçus, fêtés, choyés, et arrivent sans coup férir jusqu'à Naples. Ce n'est que lentement que l'hostilité naît contre les étrangers : les malentendus entre des hommes de langue et de mœurs différentes, les exactions des armées en campagne, les abus de la force développent ce sentiment.

M. Paul Desjardins. — Je crois qu'il serait d'une bonne méthode de prendre un exemple très précis et de l'analyser pour y faire voir avec une clarté irrécusable le sentiment que nous considérons. Nous remonterons ensuite le plus haut que nous pourrons, à la recherche des antécédents de ce fait-type. Ce fait, prenez-le donc aussi proche de nous que vous voudrez. Croyez-vous qu'il faille le prendre à l'époque de la Révolution ?

M. Seignobos. — Il me semble qu'en Angleterre le sentiment national paraît tout de même plus tôt ; d'abord à l'encontre des Ecossais, avec lesquels on avait guerroyé depuis toujours.

M. Paul Desjardins. — Oui, je me souviens

d'avoir trouvé dans Froissart, dès le XIV⁰ siècle, plusieurs mentions de cette animosité des « Englès » contre les « Escots », sentiment que, pour son compte, le chroniqueur ignore parfaitement (1)... Ainsi vous pensez que le sentiment d'hostilité à l'égard de « l'étranger » s'est formé d'abord en Angleterre, et à l'égard d'un « étranger » qui est devenu membre d'un même État ?

M. SEIGNOBOS. — Je ne peux l'affirmer d'une façon positive. Il se pourrait que des sentiments analogues aient existé en Italie contre les ultramontains. Ce serait, dans ce cas, le sentiment d'une différence de civilisation.

M. RAUH. — N'y a-t-il pas eu aussi, dès l'origine, le sentiment d'une différence de langue ?

M. SEIGNOBOS. — L'animosité n'est pas impossible là où il n'y a point différence de langue : les Ecossais parlaient un dialecte anglais.

M. PAUL DESJARDINS. — Bref, la haine, selon votre vue d'historien, n'est pas une exacerbation, une fermentation du patriotisme national ; c'en est tout bonnement l'origine. Les nations n'existaient pas encore que déjà elles se détestaient. Eh bien, je voudrais que vous pussiez citer quelque fait daté, du xv⁰ siècle au xviii⁰ siècle, où

---

(1) « Li Englès ne pueent amer les Escos, ne ne fissent onques, ne jà ne feront » Liv. I, § 49, 3⁰ rédaction.

éclate enfin ce phénomène, d'une haine populaire
correspondant à la division en nations, telle que
nous la voyons à présent.

M. Seignobos. — Ce phénomène a été mal étudié ; on a déformé systématiquement les faits ;
les Allemands tendent toujours à faire remonter
le plus haut possible les haines entre peuples.

M. Paul Desjardins. — Mais enfin, les cas qui
vous reviennent sont ceux où l'étranger est apparu
d'abord comme l'ennemi ?

M. Seignobos. — Et l'ennemi, c'est l'homme de
guerre.

M. Leclerc de Pulligny. — Ne peut-on dire
aussi que dans ce temps-là l'ennemi c'était l'envahisseur passé ou possible ? Si des pays très
éloignés quelqu'un venait en France, un Chinois
ou un Hindou, par exemple, il paraissait étrange,
bizarre, mais on ne le haïssait pas. Il n'y avait
dans ce cas nul péril d'invasion, nulle appréhen-
sion, nulle haine.

M. Seignobos. — Oui, mais il se produit ici un
sentiment d'une autre nature. La différence anthropologique est trop profonde pour qu'il ne
naisse pas une antipathie. Aujourd'hui les enfants
français nés en Indo-Chine ont de la haine contre
les enfants annamites.

M. Lanson. — Je demanderai à M. Seignobos
si l'on pourrait trouver une vérification de l'exis-

tence du sentiment national dans des incidents
de l'histoire d'une grande Université, celle de
Paris, par exemple. Saisit-on entre étudiants des
différentes nations des animosités ? Y a-t-il eu des
rixes qu'on pourrait prendre pour des indices de
ces haines de peuples ?

M. SEIGNOBOS. — Dans les Universités, la division des étudiants en *nations* ne correspondait
pas aux divisions politiques (seule la nation « nor-
mande » correspondait à la Normandie). La *nation*
n'en était pas une : dans la nation picarde, par
exemple, des étudiants de toute nationalité étaient
confondus. On soulevait parfois des rixes contre
les étudiants allemands, mais il y avait sans
doute autre chose que des rivalités nationales à
l'origine de ces rixes.

M. PAUL DESJARDINS. — Alors c'est la haine
naissant de l'inintelligibililé réciproque ?

M. SEIGNOBOS, — Cette haine est générale. Evidemment, pour qu'elle se produise il faut un contact, un contact suffisant pour que les gens en
souffrent ; les invasions amènent ce contact.

M. LECLERC DE PULLIGNY. — Il paraît cependant
que l'inintelligibilité ne suffit pas pour engendrer
toujours la haine. Dans des temps reculés, des
voyageurs, tel Marco Polo, ont pu visiter des
pays très lointains et s'en tirer indemnes. Ils

étaient bien reçus parce qu'ils n'étaient pas des envahisseurs passés ni possibles.

M. SEIGNOBOS. — Un moine du IXᵉ siècle avoue que pendant qu'il voyageait dans les pays chrétiens, il a été plus d'une fois arrêté par les brigands, ce qui ne lui est plus arrivé, une fois entré en pays musulman. C'est que ces pays jouissaient d'une civilisation supérieure.

M. PAUL DESJARDINS. — Parmi les personnes présentes, quelqu'un nous apportera-t-il quelque observation permettant de redresser ou de confirmer ce qui a été dit?

M. JEAN VIOLLET. — Je suis frappé de la façon dont M. Seignobos nous représente les guerres d'autrefois, et je me demande si le besoin de se défendre n'aurait pas fortifié chez les individus le sens de la solidarité et, en même temps, consolidé les autorités nécessaires à cette défense. Ce serait alors sous la pression de ce besoin que seraient nées les autorités féodales, puis les autorités nationales. Puis, par l'intermédiaire de ces autorités, se serait développé le sentiment patriotique national.

M. SEIGNOBOS. — L'observation ne porte pas; le sentiment national a été le plus fort chez les nations les plus fortes, celles qui avaient le moins besoin de se défendre. Chez celles qui étaient le plus piétinées le sentiment national est né fort tard.

M. Jean Viollet.— Il semble qu'on ne peut pas séparer le sentiment national de l'autorité, autorité nécessaire soit pour provoquer l'attaque, soit pour organiser la défense.

M. Henri Hayem. — M. Seignobos disait tout à l'heure que le sentiment général de haine contre l'étranger est né, à la suite des excès répétés commis par des bandes armées ravageant un pays. Je crois qu'il y aurait lieu d'analyser ce fait avec une grande précision. Il est survenu, en France, au commencement du moyen-âge, des « invasions » qui ne semblent pas avoir soulevé de haines. Pourquoi ces invasions n'ont-elles pas accéléré sensiblement la formation du sentiment national?

M. Seignobos. — Les invasions des Barbares ne sont pas des invasions : elles arrivent dans un pays désert. D'ailleurs nous savons très peu de choses sur les invasions des ve, vi^e et viie siècles ; il n'y a pas assez de documents de cette époque. Les invasions ne font de mal à personne. Seuls les Vandales ont un mauvais renom, et on pourrait se demander jusqu'à quel point ils le méritent. Les Vandales avaient avec eux des donatistes et autres hérétiques, qui avaient été persécutés; c'est peut-être ces gens là qui ont fait les ravages attribués aux Vandales. Le ressentiment contre les Barbares ne paraît pas dans la littéra-

ture de l'époque. D'ailleurs, que les Vandales
aient été des brigands ou que les Burgondes, par
exemple, aient été de braves gens, cela n'a pas
d'intérêt pour les modernes (*Rires*); pour rechercher l'origine des phénomènes actuels, touchant
le nationalisme exclusif, nous pouvons remonter
au maximum au xv⁰ siècle.

M. Henri Hayem. — Je ne voyais qu'un intérêt
de comparaison dans la question que j'ai posée.

M. Seignobos.—Le mot « invasions » s'applique
fort mal aux mouvements de peuples de ces
temps-là; les Allemands les appellent plus justement « migrations ».

M. Paul Desjardins. — Maintenant que l'origine du patriotisme national est au moins pres-
sentie, devons-nous croire que les conventions
diplomatiques, d'où est sortie la distribution de
l'Europe moderne, le traité de Westphalie, par
exemple, aient eu une répercussion sur ce sentiment, en déterminant son objet ?

M. Seignobos. — Le traité de Westphalie est
important parce que c'est le premier congrès de
diplomates. Mais il a été discuté en latin, et on
n'y a traité aucune question de nationalité. Il portait uniquement sur trois points; il s'agissait :
1⁰ de régler la situation intérieure de l'Empire ;
2⁰ d'accorder des satisfactions aux Couronnes, la
Suède et la France, qui étaient intervenues dans

la guerre de Trente ans, où elles n'avaient rien à
voir ; 3° de payer les soldats.

M. Leclerc de Pulligny. — Parmi les causes
qui ont amené ou maintenu la différenciation des
nations, ne peut-on placer l'intérêt personnel de
leurs souverains ? Les grands du royaume n'ont
pas le même intérêt à cette différenciation, aussi
en prennent-ils à leur aise, servant dans les
armées du roi à moins qu'ils ne combattent contre
elles. Tel le grand Condé. Pour le roi, c'est une
autre affaire. L'absorption de sa nation par une
autre, c'est la fin de sa royauté, et l'on conçoit
qu'il agisse sur l'opinion de ses sujets par tous les
moyens en son pouvoir pour leur persuader
qu'une telle éventualité serait calamiteuse. Professer cette opinion, c'était faire acte de loyalisme : aussi était-elle soutenue par tous les
éducateurs, par le clergé notamment, et il était
immanquable qu'elle s'incorporât assez vite aux
préjugés des jeunes générations.

M. Henri Hayem. — A partir de quelle époque
peut-on constater des manifestations du sentiment spécialement national dans les conciles où
siégeaient des évêques représentant diverses nations ?

M. Seignobos.— Les conciles du xv° siècle sont
divisés en « nations » à la façon des Universités.
Parfois on ne savait pas combien il y en avait ;

au concile de Constance, les Polonais ne forment
pas une nation à part, ils réclament, ils ne
veulent pas faire partie de la nation allemande.
On y constate une certaine animosité entre Français et Anglais; c'est le moment de la guerre de
Cent Ans. — Au concile de Trente, les nations
sont représentées par les souverains, les orateurs
parlent au nom de leurs souverains.

M. Henri Hayem. — Ne pourrait-on pas se
demander si, dans une certaine mesure, l'éclosion
d'un sentiment général de haine contre l'étranger
n'a pas été au moyen-âge favorisé par la lecture
et par la vulgarisation de l'Ancien Testament?

M. Seignobos. — La Bible a donné leur forme
aux sentiments, leur a fourni des métaphores,
mais ne les a pas créés. — Il faut remarquer que
les idées bibliques ont eu un rôle dans les guerres
religieuses, qui sont des guerres civiles : les *phi-*
listins, ce ne sont pas les Écossais, mais les cava-
liers, pour les puritains.

M. Paul Desjardins. — L'observation de
M. Hayem nous ouvre un champ nouveau. Il est
possible, en effet, que des idées qui ne correspondaient plus à des réalités actuelles aient eu des
périodes de réviviscence; la lutte du peuple de
Iavhé contre les Philistins a pu déposer dans
l'éducation des générations postérieures des sen-

timents qui ne correspondaient plus à rien d'actuel et qui étaient puisés dans la lecture de la Bible.

M. Arthur Fontaine. — C'est précisément ce qui distingue l'homme des animaux. Par la lecture l'homme est capable d'acquérir des idées qui proviennent de civilisations et de sociétés disparues, qui ne résultent pas directement du milieu économique où il vit, qui ne cadrent pas avec ses nécessités, et qui troublent fâcheusement l'évolution (*Rires*).

M. Seignobos. — Vous avez un exemple frappant : le *Covenant* des Écossais. Il était fait mention dans la Bible d'un pacte entre Dieu et le peuple d'Israël : les Écossais l'imitent.

M. Arthur Fontaine.— Il est certain que, dans les sociétés antiques méditerranéennes qui ont précédé la formation de l'Empire romain et, de bien des siècles, le développement du christianisme, il régnait une hostilité ordinaire contre l'étranger à la famille, à la tribu, à la cité, à la religion locale. Mais tous ces sentiments ont peu à peu disparu dans l'Empire romain. Et cependant le sentiment de haine s'est réveillé entre peuples chrétiens, adeptes d'une religion qui les faisait tous frères. Ce ne sont pas d'antiques souvenirs de nationalités disparues qui ont réveillé la haine. Chez les peuples européens, les haines

sont nées des guerres, et les guerres sont nées des
héritages féodaux. Les princes se disputaient la
suzeraineté ; de ces querelles entre les princes
sont nées les guerres. Il y avait aussi des querelles
d'intérêts entre habitants de diverses contrées
commerçant ensemble, mais comme il y avait
moins de facilité de communications, ces conflits,
aujourd'hui dominants, étaient alors sans retentissement.

M. Seignobos. — Les querelles d'intérêts étaient
entre les souverains, et non pas entre les peuples.

M. Arthur Fontaine. — Au moyen-âge, les
guerres n'affectent pas ce sentiment d'hostilité
nationale qu'elles ont aujourd'hui.

M. Henri Lichtenberger. — Je me demande
dans quelle mesure la différence de langue entre
deux peuples peut motiver un antagonisme national. Et je rappellerai, à ce propos, que lorsque
Fichte veut définir et expliquer l'antagonisme
entre Allemands et Français, il a recours à un
critérium linguistique : les Allemands sont un
peuple qui parle une langue *primitive*, les Néo-
latins parlent une langue *étrangère*. — Dans
quelle mesure cette thèse de Fichte correspond-
elle à une tradition antérieure ?

M. Seignobos. — Elle correspond au sentiment
des Allemands du moyen-âge à l'égard des
Welches.

M. Henri Lichtenberger. — Au xii⁰ siècle, je
ne crois pas que *welche* soit une injure dans la
bouche d'un chevalier allemand : le chevalier
allemand éprouve pour le chevalier français du
respect.

M. Seignobos. — Parce que la civilisation française est supérieure; mais il a le sentiment d'une
différence de civilisation. Assurément, ceux qui
font de la littérature conçoivent de la haine
contre ceux qui leur font concurrence dans une
autre langue ; mais il faut savoir si déjà au moyen-
âge il s'était rencontré un sentiment d'hostilité
fondé sur la différence de langues. Quand on faisait la guerre, on employait dans les mêmes
bandes des langues différentes : les soldats de
Bourgogne, au xv⁰ siècle, appartenaient à toutes
les nationalités : de même à Bouvines, il s'est
trouvé toute espèce de gens.

M. Paul Desjardins. — Plus nous avançons,
mieux nous apercevons combien les phénomènes
sont complexes. Voici que M. Lichtenberger a
introduit un élément nouveau, la différence des
langues (1).

M. Henri Lichtenberger. — Ce qui me semble
curieux, c'est que Fichte motive l'opposition politique par la différence de langue.

---

(1) Voyez aux *Annexes* du présent Entretien, nº III, l'argument linguistique invoqué, dès 1601, par Henri IV.

M. Arthur Fontaine. — Peut-être n'est-ce qu'un prétexte.

M. Paul Desjardins. — Il semble que l'argument linguistique soit un argument de philosophe qui cherche, par la réflexion, des motifs à l'opposition qu'il sent et qu'il veut entretenir.

M. Seignobos. — Au xviiie siècle il n'y a point hostilité entre les Allemands et les Français.

M. Henri Lichtenberger. — Il y a pourtant une opposition littéraire : l'Allemagne cherche à se soustraire à l'influence littéraire et philosophique de la France.

M. Seignobos. — Je vois seulement quelque chose d'analogue à ce qui s'est produit chez nous à la Renaissance, contre l'influence italienne.

M. Belot. — Si j'ai bien compris M. Lichtenberger, sous l'argument linguistique de Fichte il y a quelque chose de plus profond, et la force réelle de l'argument est tirée de la différence de race.

M. Henri Lichtenberger. — Voici en deux mots quelle est l'idée de Fichte. Il établit une distinction fondamentale entre les peuples *primitifs* qui ont d'un bout à l'autre de leur évolution historique conservé intacte leur langue, et les peuples qu'il appelle *étrangers* et qui ont à un moment de leur histoire adopté la langue d'une autre nation. Or chez les Allemands il y a continuité absolue

dans l'évolution linguistique, il y a par conséquent
harmonie dans leur culture ; ils sont un peuple
primitif, *le* peuple primitif par excellence. Les
peuples néo-latins sont au contraire, d'après
Fichte, des Germains qui après l'époque des
grandes invasions ont renoncé à leur idiome pour
adopter celui des peuples qu'ils avaient vaincus ;
et leur civilisation tout entière a, de ce fait, été
altérée dans son développement. L'antagonisme
entre Allemands et Français est donc, essentiellement, l'opposition irréductible entre un peuple
primitif dont la langue et la civilisation ont
accompli leur évolution normale et nécessaire, et
un peuple *étranger* dont la langue comme la culture est artificielle et morte.

M. Belot. — Il y a là quelque chose de très
curieux. Il me semble qu'on retrouve ici quelque
chose du préjugé de tout le xviiie siècle en faveur
de l'idée de nature et de tout ce qui se présente
comme primitif.

M. Henri Lichtenberger. — Fichte ramène finalement à une différence en quelque sorte métaphysique sa distinction entre le *peuple primitif*
et les *étrangers*. Le premier se sent, se sait, se
veut libre, il parie pour la liberté et pour la vie ;
les autres se croient et sont en effet soumis au
déterminisme universel, tiennent la liberté pour
une illusion, et ne voient partout que l'inexorable

nécessité, c'est-à-dire la mort. Si bien que l'antipathie nationale entre Allemands et Français
aurait sa racine, en dernière analyse, dans l'opposition irréductible entre une philosophie basée
sur la notion de la liberté et de l'autonomie, et
une conception de la vie fataliste.

Je serais curieux de savoir si l'on trouve avant
Fichte une théorie du nationalisme analogue.

M. RAUH. — Ce qui est particulier à Fichte,
c'est de motiver par ces considérations un sentiment national.

M. LANSON. — Je me demande s'il faut considérer la naissance du sentiment national comme
étant produite uniformément et simultanément
dans tout un peuple, ou s'il faut faire une distinction selon les classes de la société. Il est possible
que dans les classes populaires la haine de l'étranger ait été produite par l'impression de souffrances réelles causées par les invasions. Mais
en France, dans les classes supérieures, je vois au
xvie siècle une réaction très vive contre l'Italien,
au moment où beaucoup d'évêchés et de bénéfices
sont possédés par des Italiens, et où les Italiens
entourent nos princes. Dans une de ses pièces,
Ronsard dit clairement : Ces gens-là prennent
tous les bons morceaux, il faut les renvoyer. —
Autre chose. Au moyen âge il y avait pour les

classes supérieures et lettrées une même langue,
une langue internationale, le latin. Quand on se
met à écrire en langue vulgaire, une nouvelle
cause de rivalités nationales vient à naître; ceux
qui font des livres en veulent à l'étranger qui
impose sa langue.

Telles sont les causes que je crois apercevoir de
l'hostilité des Français contre les Italiens et contre
leur langue. Je demande aux historiens s'il ne faut
pas transporter ces causes en Allemagne et si, avant
Fichte, nous n'y trouverions pas ces phénomènes :
une agglomération d'hommes qui ne sont pas
politiquement une nation, obligés de chercher un
lien entre eux et n'en trouvant pas d'autre que la
langue, prenant donc la langue comme signe
d'unité, d'autant mieux qu'au xviiie siècle la réaction est très vive en Allemagne contre l'invasion
de la langue française (les pauvres gens qui
écrivent en allemand sous le règne de Frédéric II
se plaignent qu'on ne fait pas attention à eux, le
roi les méprise, parle français et réserve ses faveurs
aux écrivains français). L'idée de race, ayant la
langue pour support, se pose là où les faits politiques ne permettent pas de placer l'unité dans un
corps de nation qui n'existe pas. Ne serait-ce
point là le principe des constructions de Fichte?
La haine de l'étranger peut naître de causes très

diverses, selon les diverses classes de la société (1).

M. Joran. — La question que pose M. Lanson entre dans le vif du sujet : l'argument linguistique de Fichte est — nous l'avons tous pensé dès l'abord, mais nous n'avons pas encore dit le mot, — un paradoxe; au fond de cet argument il y avait la jalousie contre la suprématie française. Nous avons ainsi fait faire un progrès à la question. La France a eu l'honneur — je crois que c'est un honneur — d'être l'objet pour la première fois de cette jalousie des peuples. Et le nationalisme nous apparaît comme l'épuration, le perfectionnement, l'extension, de l'hostilité d'un homme contre un homme.

M. Henri Lichtenberger. — Il est certain qu'à partir du xviiie siècle on sent en Allemagne une hostilité littéraire croissante contre la France. Mais je n'oserais pas dire que le sentiment de jalousie littéraire fût dominant dans l'entourage de Fichte; ce sentiment d'envie serait plutôt celui

---

(1) Il faudrait aussi tenir compte de la culture antique depuis la Renaissance et des greffes de sentiments que l'éducation classique a pu faire dans la conscience moderne. La cité grecque, la cité romaine, Plutarque, Tite-Live, Cicéron, ont certainement contribué à la formation du patriotisme des classes cultivées avant 1789. (*Note de M. Lanson*).

Voyez, en *Annexes* au présent compte rendu (1), les indications complémentaires communiquées par M. Charles Andler.

du milieu du xviiie siècle, où la littérature allemande était très inférieure à la littérature française. La question que je posais était de savoir
quand l'argument linguistique vient renforcer
l'hostilité politique.

M. Seignobos. — Je crois qu'il vient d'être dit
quelque chose d'important. Il faut tenir compte
en effet des différences du sentiment entre les
diverses classes de la société. Chez les classes
supérieures, l'hostilité apparaît plus tôt : M. Lanson en a montré un exemple dans l'animosité qui
se manifeste contre les Italiens qui ont accompagné Catherine de Médicis. Mais ce sentiment
se rencontre plus tôt : au xiie siècle en France,
contre les Poitevins qui ont accompagné Eléonore
d'Aquitaine, — en Angleterre contre les Poitevins
qui entourent Henri III, — en Espagne contre les
gens amenés d'Allemagne et des Pays-Bas par
Charles-Quint, — un peu partout dans les pays
de l'Europe orientale, contre les Occidentaux
favoris des princes. C'est le sentiment que l'on a
contre les gens qui prennent les places ; cela
s'explique par une concurrence qui n'a rien de
national. — Ce qui complique la difficulté en ce
qui concerne les hautes classes, c'est que jusqu'à
la fin du xviiie siècle les fonctionnaires des souverains étaient internationaux : Charles-Quint eut
pour chancelier Granvelle, qui était de Besançon ;

en France, l'italien Mazarin fut premier ministre, auprès de Léopold Ier, le diplomate Lisola était un Franc-Comtois, etc. Il était naturel que ces étrangers fussent mal vus à cause des places qu'ils prenaient. — Chez les littérateurs, de même, il y a concurrence entre gens qui veulent trouver des lecteurs.

M. RAUH. — Au xviie siècle, on aperçoit chez certains littérateurs une opposition à Mazarin, parce qu'*étranger*.

M. SEIGNOBOS. — Est-ce que Mazarin leur déplaisait parce qu'Italien, ou parce que ministre? Si Mazarin avait été bien avec eux, ils ne se seraient pas aperçus qu'il était Italien.

M. RAUH. — Cette opposition est très visible chez des écrivains comme Saint-Evremond et Guy Patin. Chez d'autres, au contraire, comme La Mothe Le Vayer, on rencontre ce sentiment, qu'il est chez nous de tradition d'être sympathiques à l'étranger (1).

---

(1) Les deux écrits de François de La Mothe Le Vayer qui intéressent les origines du patriotisme national sont : *Discours de la contrariété d'humeurs qui se trouve entre de certaines Nations, et singulièrement entre la Françoise et l'Espagnole*, faussement présenté comme *traduit de l'italien de Fabricio Campolini Veronois* (1636) et : *En quoi la piété des François diffère de celle des Espagnols, dans une profession de même religion* (même année). Ces deux écrits, visiblement commandés par Richelieu, sont des justifications, par l'histoire,

M. Seignobos. — On ne peut rien tirer du cas de Mazarin, parce qu'il était personnellement détesté. En Angleterre, on trouve de l'animosité entre Anglais et Ecossais, parce que Georges III avait un ministre écossais, Bute; c'est la haine qu'on a contre les gens qui prennent les places.

M. Lanson. — On donne l'indice de la force du sentiment national, quand on prend soin de motiver par le sentiment national les haines que l'on éprouve. On dit qu'on déteste les gens parce qu'ils sont italiens; cela indique que le sentiment national existe. Les inquiétudes et les révoltes des intérêts se déguisent, pour se légitimer, sous la protestation du sentiment national, dès qu'elle a chance de trouver un écho dans la foule. D'ailleurs ceux qui emploient cette tactique en sont les premières dupes, ne se rendant pas compte des raisons profondes qui les rendent si chatouilleux. En tout temps on a pu en vouloir à des favoris étrangers : il semble que c'est au xvie siècle qu'on commence à se dire et à croire qu'on leur

---

par l'anecdote, par l'histoire naturelle, de l'inimitié entre les Français et les Espagnols, alors en guerre. Voyez encore la fameuse lettre de Voiture sur la reprise de Corbie, même année 1636. Peut-être faut-il voir, dans ces diverses apologies, spontanées ou commandées, des répliques au *Mars Gallicus* de Jansénius qui avait fait grand bruit l'année précédente (Cf. le *Port Royal* de Sainte-Beuve, I, p. 300, 301).

en veut parce qu'ils sont étrangers. Au xviiᵉ siècle, en 1637, Corneille affectera d'appeler Mairet de Besançon, un Allemand, parce que, dans le public auquel il s'adressait, cette qualité pouvait faire une impression défavorable (1).

M. Seignobos. — En Angleterre également on avait de l'animosité contre les Italiens, à cause des bénéfices ecclésiastiques qu'ils possédaient.

M. Arthur Fontaine. — Aujourd'hui, nous avons l'invasion des Italiens, qui viennent faire concurrence aux ouvriers français à des salaires inférieurs. Les ouvriers français sont excités parfois contre les ouvriers italiens, mais ils n'ont pas d'hostilité contre l'Etat italien.

M. Seignobos. — La même concurrence se produit en Belgique, entre les Wallons et les Flamands, qui travaillent à des prix inférieurs.

M. André Michel. — La même concurrence

---

(1) *L'Avertissement au Besançonnois Mairet* (1637), que les frères Parfaict attribuent, mais sans preuves, à Corneille lui-même, peut se lire au tome III, p. 67-76, de l'édition de Corneille de Marty-Laveaux. Ce factum contient les passages suivants : Jean Mairet de Besançon nous avertit « par là qu'il n'est pas né François, afin qu'on lui pardonne les fautes qu'il a faites à tout moments contre la langue ». — « C'est aux Allemands que vous pensez parler quand vous nous assurez si magnifiquement... » — « Malgré vos impostures *le Cid* sera toujours *le Cid*, et tant qu'on fera des pièces de cette force, vous ne serez prophète que parmi vos Allemands. »

s'observe entre les artistes français et les artistes italiens au XVIe siècle, en France.

M. Leclerc de Pulligny. — L'hostilité entre les Italiens et les Français, à Marseille, est d'autant plus remarquable qu'il ne s'agit pas de populations différentes, hostiles déjà par l'effet de ces différences; au contraire, le caractère, les mœurs, les goûts, voire le langage des Piémontais et des Provençaux se ressemblent assez.

M. Paul Desjardins. — Il me semble qu'il y a un fait corrélatif à l'opposition des nations; c'est, au dedans de chacune, la « réconciliation nationale », laquelle fait disparaître tout autre ennemi que l'ennemi national. Le second fait, corrélatif au premier, l'accompagne-t-il généralement?

M. Jean Viollet. — C'est ici l'action de l'autorité dont je parlais tout à l'heure. C'est l'autorité qui opère cette « réconciliation nationale ». Et elle l'opère *pour*, mais aussi *par* le service commun de défense. En somme je ne vois pas que les conditions de la guerre aient tellement changé. Aujourd'hui comme autrefois, l'autorité reste l'arbitre de la paix ou de la guerre. Seulement, autrefois, on engageait des mercenaires, alors qu'aujourd'hui on fait des lois sur le recrutement.

M. Seignobos. — Mais autrefois les Etats n'étaient pas fixés. Actuellement on sait avec qui on est; au

7

moyen âge on ne le savait pas; la terre appartenait tantôt à un prince, tantôt à un autre. Pendant les guerres d'Italie, on se battait au hasard, la question de l'intérêt national ne se posait pas. Sous Charles-Quint, les gens d'Arras marchaient avec les Napolitains, c'est le hasard qui les groupait. Les mercenaires se battaient tantôt d'un côté, tantôt de l'autre.

M. Paul Desjardins. — Le sentiment national n'est vraiment caractérisé, dis-je, que quand s'est opérée la réconciliation entre les diverses provinces, quand le Nord et le Midi cessent d'avouer leur antagonisme (1).

M. Lanson. — L'unification des classes supérieures a été hâtée par l'établissement de la cour et de la société polie. Dès lors, les Français qui n'étaient pas peuple n'ont plus été divisés qu'en deux groupes : les gens de la Cour et les provinciaux.

M. Leclerc de Pulligny. — Lorsque les ouvriers étaient organisés en compagnonnages, les compagnons, quand ils arrivaient dans une ville, se battaient avec les ouvriers du pays.

M. Seignobos. — Les rixes des compagnons ressemblent aux batailles des conscrits qui existent

---

(1) Voyez n° II des *Annexes* du présent Entretien, — une citation instructive de M. Ernest Lavisse.

encore dans le Midi ; de mon temps du moins, le
jour du tirage au sort, les conscrits des différents
villages se battaient encore,

M. HENRI HAYEM. — Il a existé, même pendant
la Révolution, des divergences extraordinaire-
ment vives entre les diverses régions de la France,
au point de vue du droit. Lorsque, sous le Con-
sulat, l'on s'est efforcé d'établir, dans notre pays,
l'unité de la législation, le sentiment patriotique
n'a pas toujours été assez fort pour rendre aisée
l'entente entre les représentants des différents
départements. Pour les gens du Midi, l'unité de
législation, c'était la généralisation du droit fortement romanisé, qu'ils étaient habitués à suivre.
Pour les gens du Nord, c'était l'extension à toute
la France des coutumes d'origine germanique.
Les travaux préparatoires du Code civil nous
montrent quelles âpres discussions eurent lieu
entre les défenseurs des divers droits régionaux.
On peut voir, par là, que l'idéal moral et social
était loin d'être unifié, en France, à cette époque.
Bien au contraire, il présentait une diversité très
curieuse, et qui semble inconciliable avec la notion
d'une patrie une et indivisible. Pourtant, l'on par-
vint à établir une législation commune pour tous
les Français. Mais ce fut seulement au prix de tran-
sactions parfois bizarres, de mélanges souvent
invraisemblables. On établit des cotes mal taillées,

pour donner satisfaction, en apparence, à tout le monde à la fois. La plupart des singularités que l'on peut remarquer dans le Code civil n'ont pas d'autre explication que l'animosité des gens du Midi contre les gens du Nord.

M. Buisson. — Cette animosité n'entame en rien l'unité nationale.

M. Paul Desjardins. — Tout de même il importe de savoir si les Dauphinois, par exemple, se sentent plus solidaires de leurs voisins Piémontais que des lointains Picards ou Bretons. De même pour les Roussillonnais : se sentent-ils plus unifiés avec les Catalans qu'avec les gens de la Meuse et des Ardennes?

M. Seignobos. — En France, les faits sont plus nets qu'ailleurs. La France est unifiée par la Révolution (1). Nous avons eu, en 1790, la *Fédération*. Ailleurs l'unification s'est produite plus tard, — quand elle s'est produite.

M. Brunschvicg. — Il me semble utile de bien distinguer les époques sur lesquelles portent nos

(1) Le 21 septembre 1792, François (de Neufchâteau), président de l'Assemblée législative, en saluant la Convention nationale qui vient d'être constituée, lui exprime, au nom des Français, « le vœu le plus formel de maintenir, entre toutes les parties de ce vaste empire, l'unité dont votre auguste assemblée est désormais le centre commun et le lien conservateur ». (Aulard, *Hist. polit. de la Révol. franç.* p. 265). C'est la république « une et indivisible ».

réflexions, et je crois qu'à cet égard c'est la Révolution qui est le moment critique. Tant par le bouleversement intérieur que par les répercussions extérieures, expansion française et réactions nationales, la Révolution a tant brassé et rebrassé toutes choses que les choses sont devenues méconnaissables. Avant 1789 nous ne trouvons que les germes du sentiment national; après 1815 les idées sont constituées, avec les nationalités mêmes qui en sont l'objet.

M. PAUL DESJARDINS. — La Révolution française a manifesté en effet un nationalisme spasmodique et terrible. Marat, peut-être pour faire oublier sa propre origine neuchâteloise, disait : « Les Français sont fous de laisser des étrangers vivre parmi eux; on devrait leur couper les oreilles, les laisser saigner quelques jours, puis leur couper la tête (1) ». Cette belle parole de Marat enfonce nos nationalistes de « la France aux Français. » (*Sourires.*)

M. HENRI HAYEM. — La Révolution française a, sans doute, été une période fortement nationaliste. Mais elle a, en même temps, connu un humanitarisme très proche voisin de l'interna-

---

(1) Conversation de Marat avec le général Thomas Ward, dans *Englishmen in the french Revolution*, by John G. Alger, 1889, p. 176. Référence prise dans Moncure Conway, *Thomas Paine*, trad. F. Rabbe (1900), p. 277.

tionalisme. C'est ainsi que, dès 1790, un décret
est venu abolir le vieux *droit d'Aubaine*, et rendre
aux étrangers le droit de recevoir et de disposer
entre vifs ou par testament, dont ils avaient été,
depuis fort longtemps privés en France. Cette
réforme est d'autant plus remarquable qu'elle ne
comportait aucune réciprocité de la part des
peuples étrangers. Les Français, en pays étranger, ne jouissaient nullement des droits conférés
généreusement aux non-Français en France.
C'était donc pur humanitarisme de la part de nos
révolutionnaires (1).

M. PAUL DESJARDINS. — Je sais bien que la Révolution est humanitaire dans son principe, dans
l'intention des premiers ou des seconds révolu-

---

(1) Le préambule du décret du 6 août 1790 ne laisse aucun
doute à cet égard. Il était ainsi rédigé : « L'Assemblée nationale, considérant que le droit d'aubaine est contraire aux
principes de fraternité qui doivent lier tous les hommes,
quels que soient leur pays et leur gouvernement ; que ce
droit établi dans les temps barbares doit être proscrit chez
un peuple qui a fondé sa constitution sur les droits de
l'homme et du citoyen ; et que la France libre doit ouvrir
son sein à tous les peuples de la terre, en les invitant à jouir,
sous un gouvernement libre, des droits sacrés et inviolables
de l'humanité, a décrété : « Le droit d'aubaine et celui de dé-
traction sont abolis pour toujours. » Ce décret a été confirmé,
précisé et même élargi par celui du 8 avril 1791 et par la
Constitution de l'an III (art. 335). (*Note de M. H. Hayem*).

tionnaires, et nous chercherons même, prochainement, sur quoi cet humanitarisme est fondé. Mais, sans doute par l'effet des coalitions qu'elle souleva, des invasions qu'elle eut à repousser, des connivences avec l'ennemi du dehors qui furent découvertes (ou supposées) chez les ennemis de la Révolution au-dedans, un nationalisme tout à fait nécessaire, pourtant forcené et tyrannique, s'est mêlé à tout ce que la Révolution essaya de proprement révolutionnaire, pour le rendre brutal, compressif « ancien régime », « raison d'Etat », et proprement anti-révolutionnaire. J'avoue que cette contradiction m'obsède, tout au long de l'histoire de la Révolution. Aussi trouvé-je un pathétique singulier à l'intervention d'Anacharsis Cloots, « l'orateur du genre humain » et à l'opposition qu'il souleva, de la part des patriotes Dantonistes, le 26 avril 1793, dans la Convention (1).

M. Seignobos. — La Révolution a combiné les deux sentiments. En 1791, les représentants mettent dans la Constitution que la France ne fera

---

(1) Voyez, pour ne citer que des livres très répandus, l'exposé des idées de Cloots par lui-même, à la législative, le 9 septembre 1792, dans l'*Histoire politique de la Révolution française*, d'Aulard, P. 265-267, et le compte-rendu sommaire de sa discussion avec le Dantoniste Robert, le 26 avril 1793, dans Albert Sorel, *L'Europe et la Révolution française*, III, *la Guerre aux Rois*, p. 389. Robert lui répond : « Nous ne

pas la guerre aux autres nations ; en 1792, comme
la France est attaquée, ils disent : « Prenons une
autre constitution. » Au fond ils restaient humanitaires. Il y a un pays où s'observe mieux encore
une pareille évolution de sentiments : Aux Etats-
Unis, l'antagonisme contre les Anglais commence
sur le terrain politique, il n'est pas question
d'abord de patriotisme, puis une fois que les co-
lons veulent se séparer de l'Angleterre, ils s'appellent « patriotes ».

M. BUISSON. — Vous voulez étudier la formation
du patriotisme national à l'aide d'un exemple
précis. Il y aurait peut-être un cas instructif :
celui de la Suisse. La Suisse, qui est constituée
depuis fort longtemps, qui a six cent ans de
démocratie, nous montre l'évolution du patriotisme avec l'agglomération des petites patries. La
Suisse est le seul Etat de l'Europe qui soit
depuis longtemps sous le régime de la neutra-
lité ; elle n'a pas d'ennemis ; si quelque part le
développement parallèle du sentiment patriotique
et du sentiment humanitaire est intéressant, c'est

---

sommes pas les représentants du genre humain... Je veux
cette espèce d'égoïsme national sans lequel nous stipulerions
ici pour ceux qui ne nous ont pas commis... J'aime tous les
peuples et particulièrement les peuples libres ; mais j'aime
mieux les hommes libres de la France que tous les autres
hommes de l'Univers. »

bien dans ce microcosme. Au début, rien de plus violent que les luttes entre les Quatre-Cantons ; puis au moyen-âge ils font la paix entre eux, et la Suisse se trouve constituée. Ainsi est née la patrie helvétique, à la fois très une et très composite, création artificielle qui est devenue aussi forte qu'une patrie naturelle.

M. Seignobos. — Les Suisses offrent un cas particulier. Leur Etat est primitivement une *ligue*. Les cantons ont formé une ligue contre la maison d'Autriche ; les Suisses ont lutté d'abord pendant deux siècles. A partir de leur victoire sur Charles le Téméraire, on les laisse tranquilles, ils ne sont plus menacés. Au contraire, tout le monde les recherche comme soldats. L'engagement des mercenaires prime tout dans les relations de la Suisse avec les autres nations.

M. Paul Desjardins. — Enfin, primitivement et essentiellement, une nation moderne est-elle une ligue offensive et défensive, ou bien est-elle une équipe de travail ?

M. Seignobos. — Elle est primitivement le domaine d'un souverain. Cette opinion a été très nettement exprimée par Haller : il dit que si les sujets meurent tous, cela n'a pas grande importance, le souverain en trouvera d'autres.

M. Paul Desjardins. — Permettez-moi d'insister : nous cherchons ce qui rend compte d'un double fait, d'une part (passez-moi le barbarisme) la *ceinturation* d'un groupe, et d'autre part, la suppression des cloisons intérieures, ce qui complète l'*individuation* du groupe.

M. Seignobos. — Les deux phénomènes ne sont pas nécessairement corrélatifs. L'Ecosse a été unie à l'Angleterre avant que la haine ait cessé entre les Écossais et les Anglais.

M. Paul Desjardins. — Cette haine a laissé des traces encore subsistantes. J'ai entendu, en Écosse, des chansons où était malmenée la maison de Hanovre, qui règne à Londres : *Thou, german lairdie...!*

M. Seignobos. — Pourtant aujourd'hui il n'y a plus d'animosité vivante en Ecosse contre les Anglais.

M. Belot. — A l'origine du patriotisme, à tous les éléments dont on a parlé il faut ajouter un élément psychologique. Il a fallu que quelque chose servît de symbole au patriotisme en train de naître ; je crois que si l'autorité, comme l'a indiqué M. Viollet, apparaît comme une condition du sentiment national, c'est qu'elle fournissait un symbole, et que la nation s'apercevait elle-même comme personnifiée dans le Roi.

M. Seignobos. — Vous avez un cas complet : la Prusse. Les Prussiens ne savaient d'abord pas comment s'appeler. Puis, comme leur prince avait pris le titre de « roi en Prusse », ils se sont appelés Prussiens, puis, bien que la Prusse ne fît pas partie de l'Allemagne, ce nom a fini par être appliqué à des territoires allemands dispersés un peu partout. Une Prusse royale s'est formée, de pièces et de morceaux. Ce lien, d'un même roi, a suffi pour qu'un patriotisme national prussien soit né, doué d'une telle vigueur d'assimilation que l'Allemagne a pu se constituer autour.

M. PAUL DESJARDINS. — Il y a donc là création artificielle de nation, et de patriotisme national.

M. SEIGNOBOS. — La France primitive n'était autre chose que le domaine du roi de France ; si bien que des provinces qui sont sorties du domaine du roi, la Flandre par exemple, ne sont plus regardées comme françaises à présent, et qu'au contraire des provinces ajoutées plus tard au domaine du roi, comme la Provence, sont restées une partie de la France. La Lorraine s'est ajoutée à la France comme un héritage que le roi de France recevait de son beau-père.

M. VIOLLET. — Quand il n'y a plus de guerres civiles, la *ceinturation* dont parlait M. Desjardins se fait si les individus ont de la sympathie pour l'autorité, mais il peut arriver que les individus se détachent de l'autorité.

M BELOT. — Alors la séparation se fait entre le

symbole et la réalité. La royauté a fait la France, et s'est trouvée, par suite, être le symbole grâce auquel la France a pris conscience d'elle-même ; puis, quand l'unité française est faite, le symbole est devenu inutile, il disparaît, ayant rempli sa fonction ; la royauté est supprimée, la France reste.

M. PAUL DESJARDINS. — Le roi manquant, la France est restée, parce qu'elle a senti sa cohésion.

M. SEIGNOBOS. — Oui, parce que cette cohésion politique était fondée sur une cohésion géographique. Ailleurs, comme en Suède et Norvège, où la cohésion géographique fait défaut, le royaume se divise quand on se sépare de la royauté.

M. PAUL DESJARDINS. — Vous introduisez ici l'élément sur lequel M. Vidal de la Blache, géographe, attirait notre attention dans la dernière réunion. L'idée de la patrie, nous disait-il, suppose un substrat géographique, elle est inséparable de l'image d'un pays.

M. SEIGNOBOS. — C'est évident. On a essayé de faire des Etats qui chevauchaient sur une mer, (l'Espagne et le royaume de Naples) mais ils n'ont pas duré.

M. RAUH. — Michelet dit que l'Allemagne est, par sa situation géographique, incapable de former une unité, et pourtant cette unité s'est faite.

M. SEIGNOBOS. — L'Allemagne tient avec des morceaux qui ne sont pas allemands. La Posnanie, par exemple, touche à des territoires allemands, mais les Posnaniens ne sont pas Allemands. Au contraire, les Tyroliens, qui sont Allemands, sont restés en dehors de l'Allemagne à cause de leur situation géographique, et ont continué à faire partie de l'Autriche. L'unité de l'Allemagne est paradoxale, instable.

M. BRUNSCHVICG. — Je crois qu'il y a intérêt à bien distinguer le point de vue de l'historien qui considère la formation historique des nationalités et le point de vue des nationalités elles-mêmes dans la conscience actuelle qu'elles ont de leur cohésion : des éléments qui n'entrent plus dans la conscience nationale ont pu contribuer à cette formation. Et à ce propos, puisqu'on parlait de Fichte, je rappelle qu'il a eu, l'un des premiers, l'idée de ce qui pouvait à l'avenir fortifier l'unité politique et de ce qui, en fait, a déterminé la réalisation et le mode de l'unité germanique, le lien économique.

M. SEIGNOBOS. — Le *Zollverein* embrasse le Luxembourg et la Posnanie, qui ne sont pas des pays allemands, c'est un lien artificiel. A l'origine des nations il y a des raisons ethnographiques, les habitudes communes de vie, la langue, mais

il y a surtout les actes des gouvernements. Les
limites des nations sont l'œuvre des gouvernements; c'est le gouvernement français qui a fait
entrer la Lorraine dans la France, c'est le gouvernement prussien qui a fait entrer la Posnanie
dans la Prusse.

M. PAUL DESJARDINS. — De la sorte, on pourrait
dire que c'est l'Etat qui fabrique les nations?

M. SEIGNOBOS. — Il les fabrique, mais dans les
conditions ethnographiques et géographiques qui
lui sont données; quand un gouvernement veut
unir l'Italie avec l'Espagne, ça ne dure pas.

M. PAUL DESJARDINS. — Vous observez que les
nations se forment autour d'un noyau préexistant?

M. SEIGNOBOS. — Historiquement, ce noyau est
un souverain.

M. PAUL DESJARDINS. — Tenons pour démontré
que les choses se sont passées ainsi, du moins
ordinairement. Les nations sont donc les œuvres
de leurs chefs d'autrefois; le vouloir, la force,
les combinaisons, les bonnes ou mauvaises chances
de ceux-ci les ont modelées. Mais cette matière a
été organisée. Une conscience de l'ensemble y est
apparue. Cette conscience a été cultivée par ceux
qui avaient intérêt à tenir la nation dans leur
main. La persuasion, en grande partie illusoire,
que les nationaux ont eue d'être relativement

homogènes entre eux, et relativement hétérogènes à l'égard des non-nationaux, cette persuasion a été entretenue et accrue par une certaine éducation exaltante. L'origine de cette éducation ne serait pas moins instructive à dégager pour notre discussion, que l'a été l'embryogénie du corps de la nation. Malheureusement nous n'en pouvons plus dire qu'un mot, et improvisé, alors que le sujet demanderait des recherches patientes. Je vous demande s'il faut accorder une importance grande à l'initiative prise, au milieu du xviiie siècle, par quelques citoyens, — c'étaient des parlementaires gallicans — de dessiner le plan d'une *éducation nationale ?* La Chalotais, le président Rolland, ennemis de l'Institut international des Jésuites, ont recherché comment on pourrait imprimer dans les esprits une marque commune et perpétuelle, spécifiquement française (1)...

M. SEIGNOBOS. — Est-ce que cette « éducation nationale » implique une animosité contre les peuples étrangers ?

M. BUISSON. — Non.

M. PAUL DESJARDINS. — La Chalotais et le pré-

---

(1) *Essai d'éducation nationale, ou plan d'études pour la jeunesse,* par messire Louis-René de Caradeuc de La Chalotais (1763). Cf. G. COMPAYRÉ, *Hist. crit. des doctrines de l'éducation en France,* II, p. 216-234.

sident Rolland ont le dessein de rompre avec l'éducation latine internationale.

M. Seignobos. — Parce que latine...

M. Paul Desjardins. — En effet, ce qu'il faudrait trouver, c'est l'opposition de cette idée, qu'il y a un « génie français » opposé au « génie » des autres nations.

M. Lanson. — On trouve au xviie siècle, chez les libellistes notamment, et chez les journalistes, l'allégation du génie français avec des reproches à ceux qui louent d'autres choses que les choses françaises. On lit dans une critique des *Lettres anglaises* de Voltaire, que l'inoculation de la petite vérole peut convenir aux Anglais, mais qu'elle est « contraire au génie du peuple français ». Quand un Suisse, Muralt, publie ses *Lettres contre les Français et les Anglais*, il est vivement pris à partie par l'amour-propre national (1).

M. Rauh. — Dans la littérature du xviie et du

(1) Sur le bernois Béat Louis de Muralt (1665?-1749), on peut consulter Joseph Texte, dans la *Rev. d'hist. littér. de la France*, 1894, p. 8-26, et le livre du même : *Jean-Jacques Rousseau et les origines du Cosmopolitisme littéraire* (Hachette, 1895), p. 45-53. Le livre de Muralt s'appelle : *Lettres sur les Anglois et les François et sur les Voiages* (1725). Publiées à cette date, elles avaient été composées vingt ans plus tôt. La réfutation de l'abbé Desfontaines est de 1726 : *Apologie du caractère des Anglais et des Français, ou observations sur le livre intitulé* : *Lettres sur les Anglais*, etc.

xvıᵉ siècle, chez les sceptiques, chez Montaigne,
chez Descartes même, on trouve toute une philosophie de la coutume qui peut se résumer ainsi :
Il faut être avant tout Français et catholique. Tel
est aussi le thème de la *Satire Menippée*.

M. Seignobos. — La *Satire Ménippée* n'a rien à
faire avec le patriotisme national ; elle est dirigée
contre les Espagnols, les Espagnols étant au service de la Ligue.

M. Rauh. — On ne peut dire que dans le discours de d'Aubray il n'y ait pas un sentiment
national très net.

M. Paul Desjardins. — Je crois que les faits
que M. Lanson vient d'apporter sont plus significatifs. On y voit poindre la conception, enfin,
d'un « génie français » qui s'oppose au génie des
autres nations, qui oblige les Français à se con-
former à ce qui leur est représenté comme étant
leur nature propre, et à repousser de l'étranger,
non seulement ses entreprises hostiles, mais ses
usages et ses inventions. Or ces faits portent
leur date, celle des *Lettres Philosophiques*, 1731
ou 1734.

M. Lanson. — L'exemple que j'ai cité de Muralt se place environ dix ans plus tôt. L'abbé Desfontaines manifestait beaucoup d'aigreur contre
ce Suisse, qui paraissait mettre les Anglais au-
dessus des Français.

8

M. Seignobos. — Les Anglais, dès le xve siècle, avaient eu un vif sentiment de leur supériorité.

M. Lanson.— On n'a qu'à se rappeler le « *french dog !* » avec lequel ils accueillaient, dit-on, les étrangers.

M. Paul Desjardins. — Nous rougirions, en France, d'une xénophobie si discourtoise, du moins dans les relations privées. Nous faisons de l'aversion contre l'étranger un lieu commun démagogique, rien de plus. Et cependant on peut dire que l'éducation exaltante dont je parlais a réussi même chez nous. Elle a produit à la fin cette relative homogénité nationale qu'elle avait proclamée comme un fait donné. Elle a suscité vraiment une spontanéité, ce qui, pour une éducation, est la réussite parfaite.

Messieurs, nous nous séparons après avoir dégagé seulement quelques thèmes pour la réflexion. Nous nous sommes pourtant rendu compte, je crois, que la différenciation des nations de l'Europe n'est pas un fait ancien; que c'est un phénomène produit automatiquement par l'antagonisme : rapacité des souverains se disputant des héritages, rancune des violences soufferées et terreur d'en souffrir encore, cela chez les petites gens, proie désignée, puis, dans les classes plus robustes, concurrence de gain, de pouvoir, d'honneur; — que ce phénomène a été souvent provoqué par une intervention de l'autorité qui commande, et qui a intérêt à ramasser ses forces en faisceau serré; — que le phénomène psychologique — manifestation du patriotisme national exclusif — qui accompagne le phénomène sociologique de la différenciation des nations, fut suggéré en grande partie par l'exemple du patriotisme essentiellement religieux des peuples antiques, opposés par leurs divers dieux ; — que ce sentiment national exclusif fut d'ailleurs cultivé assidûment, depuis deux siècles, avec une prodigieuse efficacité; — voilà pour les facteurs historiques et psychiques; — mais qu'il est aussi des conditions naturelles, disposition du sol, affinité ethnique, communauté de langue, qui, sans déterminer positivement le phénomène de la différenciation, interviennent cependant, de façon négative, en rendant caduques les combinaisons politiques qui les ont méconnues.

On se sépare à 6 heures 1/2.

Annexes
au Deuxième Entretien

I

Sur l'objet de cet Entretien nous avons reçu de notre associé M. Charles Andler, chargé de cours à la Faculté des Lettres de l'Université de Paris (pour la langue et la littérature allemandes), les indications complémentaires que voici :

Il m'est revenu que vous avez traité dans la dernière séance des origines du patriotisme [national]. Il y a lieu, en effet, de préciser qu'au patriotisme instinctif des barbares, qui n'est que le sentiment d'appartenir à la même horde, et à la fidélité féodale, se substitue peu à peu un patriotisme conscient. Je conjecture qu'il est né d'abord dans les républiques italiennes (1).

---

(1) A défaut d'un témoignage directement puisé aux sources, nous renvoyons ici à quelques pages de Burckhardt (*la civilisation en Italie au temps de la Renaissance,* trad. Schmidt, Plon, 1885), t. I, p. 160. Les textes principaux y sont cités sous ce titre : *l'Italie des Patriotes.* On y voit que c'est Pétrarque qui, le premier, a formulé ce sentiment.

Mais il se développe partout sous l'influence de l'antiquité. C'est, je crois, une part de l'héritage grécolatin.

Je vous envoie ci-joint un texte pris dans l'*Arminius* de Hütten (1520) (1). Je ne connais rien de plus ancien chez les Allemands, en fait de théorie *cohérente* de l'indépendance nationale. Je pense que vous avez des spécialistes pour vous renseigner sur les théoriciens italiens plus anciens. Il faudrait ensuite étudier les Hollandais et les Suédois. La forme classique de la théorie suédoise, et qui de Suède passe en Allemagne, est celle qu'elle revêt chez Grotius et Pufendorf. Le traité pseudonyme de Pufendorf (*Severini de Monzambano de statu imperii germanici epistola*, (1667) est trop connu pour que je l'analyse. L'idée de l'unité nationale n'est pas l'idée capitale du traité, mais elle y est très explicitement exprimée. Les Allemands ont eu très nettement, dès le xvie siècle, l'idée qu'ils pourraient faire l'unité nationale à la condition que l'Empereur se fît protestant. Ce qui équivaut à dire que l'unité nationale ne peut se faire qu'avec l'aide de l'opinion publique, et en utilisant un grand mouvement populaire, comme a été la Réforme.

L'occasion manquée au xvie siècle ne se retrouva pas. Mais au xviiie siècle les mêmes influences grécolatines ont fait revivre le patriotisme antique dans des théoriciens tels que Thomas Abbt : *Vom Tode fürs Vaterland* (1761). Abbt s'est formé par la lecture de Salluste et de Tacite. Ce patriotisme s'est développé

---

(2) Voyez ce texte plus loin.

surtout dans les armées de Frédéric II et parmi les
admirateurs de ce dernier.

C'est un point délicat de rechercher comment, très
sincèrement et très légitimement, les philosophes allemands du XVIII⁰ siècle, (Lessing, Nicolaï, Herder) ont
pu concilier leur patriotisme et leur humanitarisme.

*Voici maintenant le sommaire, annoncé plus haut,
de l'*Arminius, *de Hütten.*

ARMINIUS. Dialogus Huttenicus, quo homo patriae
amantissimus Patriae laudem celebravit (1) 1520. (Hut-
teni Opera. Ed. Bœcking, t. IV, 1860).

1. Idée principale : *l'indépendance nationale* :

Textes : (C'est Arminius qui parle devant le tribunal
de Minos).

a) « *Summumque* nefas proclamavi *quod inter Albim
et Rhenum virgœ et secures ac Romana illa toga
conspecta semel essent* (2) » p. 413.

b) « *Ibi tum excitatis ad capessendam libertatem* (3)
*popularium animıs, promisi fore paulo post ne ullœ
in Germania Romanorum saltem reliquiæ superes-
sent, pœne memoria aboleretur* » p. 413.

---

(1) *Dialogue de la façon de Hütten, où un homme très amant
de sa patrie a célébré le los de la dite patrie.*

(2) « J'ai proclamé chose abominable ceci, qu'entre l'Elbe et
le Rhin les faisceaux et les haches des licteurs ainsi que la
toge romaine aient pu paraître une fois ».

(3) « Alors les gens de notre peuple étant fort animés à
ressaisir leur liberté, je leur ai promis cet événement très prochain, qu'il ne resterait plus en Germanie nul reliquat de Romains, au point que le souvenir même en serait presque
aboli ».

c) *Qua re factum brevi est, ut Romanos Germania penitus ejecerim* (4) p. 414.

d) *Fuit mihi scopus, ad quem direxi omnia, reddere vi ademptam patriæ libertatem* (5) p. 415.

II. Idées secondaires.

1. *Gloire nationale.*

Neque aliud prius habui quam fas patriæ et avitum Germaniæ decus (6). Ibid. p. 414.

2. *Unité nationale* (non pas unité territoriale, mais union des cœurs).

Ego Germaniam intra se conjunctam reddidi et unanimem (7) p. 414.

3. Révolte contre l'*indignité* de la domination étrangère. L'oppresseur considère la nation opprimée comme intellectuellement *mineuré* (théorie des races inférieures). La nation opprimée supporte malaisément cette tutelle. *Ibique* (*in Germania*) *ea fuit superbia* (*Vari*) *et animi impotentia, ut mente conciperet bestias esse Germanos et ratione carentia bruta, non homines, neque ullam tantam esse indignitatem quam aversari nos deceret aut contra quam resistere* (8). Ibid, 417.

---

(4) « C'est ainsi qu'il advint bientôt que j'eus chassé complètement les Romains de la Germanie ».

(5) « Voici mon but, auquel j'ai tout ramené : rendre à ma patrie la liberté qui par violence lui avait été ôtée ».

(6) « Je n'ai rien mis au-dessus du droit (religieux) de la patrie et de l'honneur héréditaire de la Germanie ».

(7) « J'ai resserré la Germanie en un seul corps et lui ai donné une seule âme.

(8) « Et ici (en Germanie), telle fut la superbe de Varus et son outrecuidance, qu'il s'était figuré que les Germains sont bêtes brutes dépourvues de raison, et non pas hommes, et qu'il n'est si grande indignité que nous fussions capables de honnir et de repousser par force ».

Conclusion du dialogue : Minos fait réparation d'honneur à Arminius : *Quia vero fuisti liberator Germaniæ, et bello pro libertate suscepto invictum omnes confitentur, neque ibi vel periculi plus exhausit quisquam, vel commodi in publicum assecutus est, placet cum Brutis ponere te et inter patriae libertatis vindices, primo loco* (1) p. 416.

Arminius est proclamé : *liberrimus, invictissimus et Germanissimus* (2) p. 416.

L'Historia Arminii de George Spalatin (1535) est écrite dans le même esprit.

II

La cohésion de la nation en France ; la solidarité du nord et du midi

Dans la livraison de son *Histoire de France* publiée cette semaine même (décembre 1905), M. Ernest Lavisse nous apporte des observations importantes sur l'unification de la France au midi et au nord, par le gouvernement de Louis XIV :

---

(1) « Attendu que tu as été véritablement le libérateur de la Germanie, et que, dans la guerre d'indépendance tu as été, de l'aveu de tous, invaincu, et que là nul n'assuma plus de péril, ni ne contribua davantage au bien public, nous décidons que tu seras mis au nombre des Brutus et des libérateurs de leur patrie, et encore au premier rang ».

(2) « Excellemment libre, excellemment invaincu, et excellemment Germain ».

(Il existe une édition commode de l'*Arminius,* avec traduction française en regard, par E. Thion. (Paris, Lisieux, 1877, in-32).

« Gouverneurs, intendants, ministres essayèrent de
faire comprendre à « cette sorte de gens là » (noblesse
des États de Languedoc) que toutes les provinces doivent « songer à l'entretien du royaume ». Ils leur
représentèrent que « les considérations générales, qui
sont l'objet des grandes âmes, doivent être plus fortes
que les particulières ». Au moment où la session de
1662 (des États de Languedoc) va commencer, Colbert
donne à l'intendant la matière du discours qu'il devra
prononcer à l'ouverture : le Roi vient de racheter
Dunkerque ; le roi d'Angleterre en use le plus obli-
geamment du monde et avec une civilité singulière
envers Sa Majesté : il n'a pas attendu, pour ordonner
l'évacuation de la place, que l'argent lui fût délivré :
« ce qui marque assez la déférence que les princes
étrangers ont pour la personne du Roi ». Colbert
pense donc que le Languedoc doit se réjouir de la ren-
trée de Dunkerque dans la communauté française, et
se tenir honoré de l'honneur fait au Roi par les étrangers. Ici la royauté apparaît en sa fonction de créatrice
de la France. Mais, le plus souvent, lorsque les agents
du Roi se mettent en frais d'éloquence et qu'ils font
appel à de grands sentiments, c'est pour obtenir une
contribution plus forte, et l'effet de leurs belles paroles
était détruit par leur conduite envers les Etats, qui fut
malhonnête... Si Louis XIV et son gouvernement
l'avaient voulu, ils auraient élevé le petit esprit de ces
gens du Languedoc jusqu'aux « considérations générales qui font l'objet des grandes âmes ». Il y fallait du
temps, de la patience, car l'habitude était vieille et
chère, de vivre chez soi et entre soi. Les petites patries

tiennent les âmes par des liens très forts, ayant la vertu d'être naturelles. — Il aurait fallu aussi de l'honnêteté, et que le Roi, reconnaissant à la province des droits, cherchât à les concilier avec les droits de l'État». (*Histoire de France*, t. VII, 1ʳᵉ partie, p. 282, 287).

III

La nation et la langue

Voici un texte curieux, cité par M. Albert Sorel (*De l'origine des traditions nationales dans la politique extérieure avant la Révolution française*, broch. tirage à part du *Compte-rendu de l'Académie des Sciences morales et politiques*. Alph. Picard, 1882, p. 34).

L'historien Mathieu (*Histoire de Henri IV*, Paris, 1631) prête à Henri IV un mot qui résume ses tendances... En 1601, le roi qui avait réuni la Bresse et le pays de Gex, reçut les députés de ses nouveaux sujets. « Entre autres paroles que le roy dit aux deputez, rapporte l'historien, celles-ci furent recueillies : « Il estoit raisonnable que puisque vous parlez naturellement françois vous fussiez sujects à un Roy de France. Je veux bien que la langue espagnole demeure à l'Espagnol, l'allemande à l'Allemand, mais toute la françoise doit estre à moy ».

Internationalisme

économique

Ont pris part à cet Entretien :

MM. Gustave BELOT,
Paul BUREAU,
Mme L. COMPAIN (1),
MM. Émile DURKHEIM,
François FAGNOT (2),
Charles GIDE,
Henri HAYEM,
LUTOSLAWSKI (3),
Frédéric RAUH,
Charles SEIGNOBOS,
Émile VANDERVELDE,
& Paul DESJARDINS, *directeur annuel.*

---

(1) Inspectrice du *Sauvetage de l'Enfance*, auteur des romans : *L'Un vers l'autre, l'Opprobre*, etc.

(2) Ancien typographe, membre de la *Fédération du Livre*, enquêteur de l'*Office du Travail*, auteur de : *Le Chômage*, etc.

(3) De nationalité polonaise, professeur à l'Université de Londres ; auteur de *The origin and growth of Plato's Logic*, Londres, 1897, etc.

M. Paul Desjardins. — D'abord, Messieurs, un
court épilogue à notre dernier Entretien. Nous
avions essayé — il vous en souvient — de ressaisir dans l'histoire moderne l'origine du patriotisme national. Avant même qu'il y eût des nations
constituées, elles se battaient, elles se haïssaient.
Querelles de souverains autour d'un héritage,
brigandages de mercenaires, effroi de l'envahisseur qui amène avec lui la ruine (chez les pauvres
gens), donc haine ; haine encore, dans les classes
aisées, pour les intrus parasites, la concurrence
exaspérant la conscience d'une simple diversité ;
unification de la nation par l'État, et culture, par
celui-ci, du sentiment national qui consomme
l'unité ; reviviscence, à partir du xve siècle, du

patriotisme religieux des cités antiques, dilaté à
la mesure de sociétés politiques plus amples et
séculières, voilà ce que nous avons trouvé à une
sommaire analyse.

Mais le sentiment patriotique national a beau
être, pour l'historien des idées, d'une formation
complexe ; c'est, en fait, une énergie une. Et cette
énergie, nos analyses ne nous la font pas saisir :
il faut en avoir le contact. C'est pour nous procurer ce contact que j'ai demandé à un patriote
polonais, de passage à Paris, de nous communiquer ici la teneur de son patriotisme polonais.
Voici M. le professeur Lutoslawski, l'historien
fort connu de la pensée de Platon. Nomade de
condition, instruit de toutes les langues, hôte de
toutes les universités et de toutes les civilisations,
M. Lutoslawski, n'est pas pour cela un « déra-
ciné ». Il appartient sans partage à sa « nation
polonaise », — à telles enseignes qu'il part tout à
l'heure pour s'en aller, au prix de quels périls,
vous le savez, réchauffer ses compatriotes de sa
ferveur, les éclairer et les servir dans la grande
crise présente. En causant avec lui, j'ai recueilli
maints témoignages sur la conscience que les
ouvriers, les paysans polonais, sujets de l'empereur de Pétersbourg, de celui de Berlin, ou de
celui de Vienne, ont d'appartenir, malgré tout, à
une nation une. J'ai, plus encore, perçu en M. Lu-

toslawski lui-même, le principe vivant de ce
patriotisme national que nous avions anatomisé.
Je l'ai donc prié de venir aujourd'hui — avant
que nous abordions le sujet annoncé du troisième
Entretien — nous exposer le contenu positif de
sa foi nationale ; en s'appliquant toutefois, s'il le
veut bien, à prendre « le ton de la maison » —
c'est-à-dire à laisser parler les faits, à parler en
faits. — Vous trouverez, j'espère, que ceci n'est
pas nous écarter de notre propos. (*Assentiment*).

M. Lutoslawski.— Pour expliquer ici le patriotisme polonais, il faudrait d'abord éloigner de
nombreux malentendus. Notre conception du
patriotisme est essentiellement différente de la
vôtre. D'après le compte rendu que j'ai lu, je
vois que vous discutez des idées, que vous étudiez
des notions; nous autres, nous ne faisons rien de
tel. Il faudrait se rendre compte des faits qui ont
constitué le patriotisme de la Pologne. Par exemple, la langue. Chez vous autres occidentaux, en
France, en Espagne, en Italie, en Allemagne, la
société appelée nation est le résultat d'une évolution, d'une agglomération de plus petites sociétés, à la suite de laquelle une langue particulière
vient à prédominer : le toscan en Italie, le français de l'Ile-de-France en France, le castillan en
Espagne. Dans tous ces pays il arrive à un indi-

vidu de ne pas pouvoir se faire entendre hors de
sa province, de sa petite patrie; il pourrait arriver qu'un Provençal ne pût se faire entendre en
Normandie, par exemple. Au contraire, le polonais n'a pas de dialectes; pour toute la Pologne
il n'y a qu'une langue, absolument la même;
depuis Thorn au nord jusqu'à Odessa au sud,
un Polonais peut parcourir mille kilomètres en
ligne droite et partout se faire entendre. Cela
tient à des conditions historiques anciennes. Les
parlements ont joué un grand rôle dans notre histoire depuis les temps les plus lointains; or le
parlement, la diète, se réunissait tantôt à Cracovie, tantôt à Grodno, elle n'était pas fixée au
même endroit et la vie parlementaire a développé
l'unité de langue, Guerre ou parlement, nos
ancêtres n'ont fait que cela.

Il y a autre chose, une chose inouïe, surpre-
nante. Si l'on vous demandait quel est le sujet de la
littérature française ou de la littérature allemande,
vous seriez bien embarrassés pour répondre ; en
effet, il n'y a pas un sujet, mais cent, mille sujets.
Mais pour la littérature polonaise, il n'y a pas à
hésiter : partout et toujours, le sujet de toute
notre littérature, c'est la liberté; tous nos livres
ne parlent que de la liberté. Pourquoi ? Parce-
qu'au xvɪᵉ siècle nous étions la république la plus
libre qui puisse exister. Et nous trouvions que

nous n'étions pas assez libres encore, nous aspi-
rions toujours vers plus de liberté, ce qui nous
a conduits jusqu'à établir chez nous le *liberum
veto*. La conséquence de cet ancien état de
choses est énorme : tous les livres, chez nous,
sont tramés autour de ce fil rouge de la liberté.
C'est pourquoi la littérature des chefs-d'œuvre,
toute la littérature polonaise est accessible au peuple : l'ouvrier anglais ne lit pas Shakespeare, le
paysan italien ne lit pas Dante ; chez nous
tout le monde lit Mickiewicz. Les paysans, au
marché, s'entendent fort bien, avec des allusions
à Mickiewicz. Pourquoi ? Parce que l'amour de la
liberté, qui est le thème de Mickiewicz, est intelligible au plus inculte. A l'aide de ce senti-
timent de la liberté on met à la portée du
peuple tous les sentiments délicats : en France
on a de l'amour, par exemple, une conception
bien différente dans les différentes classes ; en
Pologne les conceptions de Mickiewicz sont
entrées dans le peuple, la liberté a introduit les
mêmes sentiments dans toutes les classes de la
nation polonaise, parce que toutes les classes
puisent les mêmes émotions dans la même littérature, la littérature est en Pologne plus unie à
la vie nationale que n'importe où.

La religion ensuite : elle fait partie du patriotisme polonais comme du patriotisme juif; les

Juifs et les Polonais sont les seuls peuples qui
aient un sens vif de la nationalité entendue
comme une nuance particulière d'émotion. Le
patriotisme a un ton différent chez les divers
peuples, de même que l'on joue, sur un piano et
sur un violon, une même mélodie dans des tons
différents. Le ton d'âme polonais s'est toujours
accordé à la liberté ; c'est là notre ton ; il nous
distingue absolument des autres nations. L'unité
de langue, dont j'ai parlé d'abord, n'est pas essentielle : on a vu des gens ne parlant pas polonais
qui se disaient polonais, et qui étaient vraiment
polonais. Par exemple, Chopin ; son père était
français, lui-même ne parlait pas le polonais,
il a vécu un peu partout, il était plutôt un
citoyen de l'univers, et pourtant sa musique est
polonaise profondément, et personne chez nous
ne s'y trompe. Voilà pour la nuance d'émotion qui
teinte aussi notre religion. Et quant à la religion
même, à son contenu, nous avons une grande
unité : nous sommes catholiques ; il y a moins
de *un pour cent* de dissidents chez nous, bien
qu'il n'y ait jamais eu de persécutions. Nous
jouissions d'une liberté complète et pourtant
nous sommes restés catholiques. Comment
expliquer cela ? Mais vous ne me demandez
pas des explications, vous me demandez des
faits. (*Rires*). Le catholicisme polonais est lié à

la vie nationale ; tous les grands hommes de
notre histoire ont été des catholiques pratiquants ;
aujourd'hui, tous les grands Polonais sont encore des catholiques pratiquants. C'est le ton
de l'âme polonaise. En Pologne, il y a eu des
réformateurs religieux, comme partout. Comment
sont-ils restés quand même catholiques ? C'est à
voir : il y a un sentiment différent à l'égard du
catholicisme dans les différents pays. Lorsque
quelque chose vous déplaît dans l'Église, vous
autres Latins, vous la quittez ; nous au contraire
nous disons : « Elle va bien mal, la pauvre
Église, restons y donc pour la rendre meilleure »
(*Rires*). Nous avons plus qu'aucun autre peuple
le sens de la divinité de l'Église. Je vous dis —
je vous dis comme un fait — notre conviction
que l'on peut corriger les erreurs humaines de
l'Église mais non changer son institution divine. C'est pourquoi lorsqu'il se levait des pro-
phètes chez nous, ils s'adressaient au pape, ils
lui disaient leurs affaires, si le pape ne les recevait pas, ils restaient tranquilles. Au commencement du xixe siècle, Wronski écrivit une lettre au
pape ; le pape ne lui répondit pas. En 1848,
Mickiewicz alla trouver le pape pour le prier de
se mettre à la tête du mouvement d'indépendance ;
comme il prit vivement à partie le pape et même
le bouscula un peu, celui-ci le crut fou. Ces réfor-

mateurs polonais n'ont pas réussi; alors ils sont restés tranquilles, se disant que les temps n'étaient pas arrivés. Towianski, le grand confesseur, qui possédait à un si haut degré le don de conversion, avait des idées extraordinaires, il croyait à la métempsycose, par exemple. Pour vous Latins, vous concevez la religion comme un système de dogmes. Pour nous, au contraire, le dogme, ce n'est rien; l'Église, c'est l'unité des gens de bonne volonté de tout l'univers. C'est, quand à moi, ma persuasion. Moi, pendant vingt années, je n'ai pas fait un acte de religion, je n'ai pas mis le pied sur le seuil d'une église ; j'avais fait mes études en Allemagne, les Allemands m'avaient enlevé la religion. Quand, il y a cinq ans, lorsque le grand mouvement national a commencé, je suis redevenu catholique, ce n'a pas été sans peine, j'ai d'abord longtemps tergiversé. Depuis, je me suis confessé, oui, des centaines et des centaines de fois, à Varsovie, à Berlin, à Paris, à Londres, à New-York, partout (Rires); eh bien, pas une seule fois on ne m'a refusé l'absolution. Une fois, à Varsovie, un prêtre qui avait lu mes ouvrages m'a dit : « Tu sais, tu es hérétique! » et il ne voulait pas m'absoudre ; je lui ai répondu : « Mon père, au nom de Jésus-Christ, je demande l'absolution, parce que je me repens de mes pé-

chés ». Et il m'a donné l'absolution. C'est ce qui
m'a convaincu que l'Église catholique est très
tolérante ; il n'y a qu'à savoir s'y prendre (*Rires*).
C'est qu'en effet dans la confession il y a deux
éléments, le prêtre et le pénitent. Qu'importe
le prêtre si le pénitent est bon ? et il est plus
facile d'être un bon pénitent qu'un saint prêtre.

— Ainsi donc notre ton religieux est différent du
ton religieux des autres nations ; Je vais vous
dire notre orgueilleuse conviction de Polonais :
la religion révélée a été un peu pervertie par les
Latins et les Germains : c'est à nous de lui rendre
sa pureté.

Outre l'attachement au catholicisme, le sentiment intime du patriotisme polonais est fait de
l'amour de la liberté, je l'ai dit, et aussi de
l'amour du sacrifice. L'amour du sacrifice éclate
dans tous les actes de nos grands hommes.
Mickiewicz, en 1848, voulut organiser une
légion internationale pour la défense des peuples opprimés ; il ne vint à lui que cent volontai-
res : ce résultat avait de quoi le décourager.
Il ne se découragea point. Pendant la guerre de
Crimée Mickiewicz se rendit à Constantinople
pour essayer d'unir les Slaves du sud ; là
encore il devait échouer. Cela ne fait rien. Il
faut ce qu'il faut. Cet esprit de sacrifice est donc
aussi ce qui donne le ton au patriotisme polonais.

Nous sommes très différents des autres peuples.
Et remarquez que nous ne les haïssons pas. Nous
considérons que nous devons aimer les autres
pour les convertir au paradis de la Pologne. Nous
sommes avec les autres peuples dans la même
relation que les chrétiens avec les Juifs : les chrétiens et les Juifs sont frères, le christianisme fut
d'abord la religion juive ; si les Juifs n'avaient
pas laissé passer le moment où la religion du
Christ leur fut proposée, le christianisme serait
aujourd'hui encore la religion juive, dans laquelle
juifs et chrétiens se rencontreraient...

M. Paul Desjardins. — Par quels faits expli-
quez-vous que le patriotisme polonais ait survécu
si vigoureusement à la séparation de l'État politique et de la Nation ?

M. Lutoslawski. — Par les mille années de
liberté dont nous avons joui avant cet évènement.
En France, la liberté ne date que de la Révolution, elle est récente ; chez nous elle existait de
temps immémorial. La séparation de l'État et de
la Nation est plus complète en Pologne que chez
aucun des peuples opprimés, chez les Irlandais
ou les Boers par exemple : nous sommes divisés
entre trois États, qui ont tous les trois des religions différentes de la nôtre...

M. Paul Desjardins. — Pas l'Autriche !....

M. Lutoslawski. — Les conceptions religieuses

des Autrichiens sont si corrompues que leur religion est peut-être celle qui est le plus opposée à
la nôtre. Les Moscovites, eux, sont sincères, ce
sont des brutes *(Rires)* ; les Autrichiens sont bien
pires, car ils font semblant d'être des hommes.

Ce sentiment que nous avons, d'être essentiellement différents des nations voisines amène
ce résultat que toutes les professions sont organisées pour toute la Pologne : il y a des associations de médecins polonais, de philologues
polonais, etc. Comme elles ne peuvent pas se
réunir à Posen parce que le gouvernement
prussien s'y oppose, elles se réunissent à Cracovie ou ailleurs.

Une voix. — Cracovie est à l'Autriche.

M. Lutoslawski. — N'attribuez pas le moindre
mérite à l'Autriche. Elle n'est pas plus libérale
que la Prusse. Seulement elle est plus faible, et
nous en profitons.

En Pologne, les trois États qui ont partagé
entre eux le pays se sont mis dans la tête qu'ils
pouvaient annuler la nationalité polonaise.
Comme ces États sont forts militairement, il y a
quelques années on pouvait penser que nous ne
pourrions pas secouer leur joug. Mais nous avons
toujours eu foi à la résurrection de la Pologne. Si
l'on nous eût demandé par quels moyens elle
devait se produire, nous aurions répondu que

nous n'en savions rien ; mais nous n'avons cessé
d'avoir foi à cette résurrection, parce que la justice
universelle l'exige, et que nous avons foi en cette
justice.

Les relations des Polonais et des Juifs sont très
importantes à étudier. Ce peuple persécuté partout a trouvé un refuge en Pologne ; nulle part
il n'y a plus de Juifs qu'en Pologne, on sait que
la Pologne est le pays des Juifs. Vous avez vu
que, ces derniers temps, les Juifs ont été massa-
crés partout en Russie, mais pas à Varsovie jusqu'à présent ; ce fait devrait vous donner à réfléchir, et donner aussi à réfléchir aux Juifs.

M. PAUL DESJARDINS.. — Comment interprétez-
vous la participation de vos compatriotes Polonais à la révolution russe, que vous, personnellement, vous vous en allez seconder ?

M. LUTOSLAWSKI. — La Pologne n'a pas pu se
garder entièrement pure ; les Juifs qu'elle a reçus
l'ont contaminée. Le mouvement juif et matérialiste du socialisme a gagné un tiers des ouvriers
polonais. Pour ceux-là sans doute la révolution
est une révolution socialiste. Mais la révolution
socialiste n'est pas la révolution polonaise : les
Polonais, quand ils font une révolution, vont
tout de suite à l'église, on l'a bien vu le 5 novembre 1905. Les socialistes se divisent en beaucoup
de sectes, nous autres nationalistes nous obéis-

sons tous à la « Ligue nationale. » Nous faisons le
bloc polonais. Nous combattons pour avoir nos
écoles, le libre usage de notre langue. Cela n'est
pas visible partout, parce qu'on nous étouffe.
Mais cela est, même dans la Silésie prussienne.
Là les Polonais sont réduits à l'impuissance. On
se bat, mais surtout on est battu. Au contraire,
dans la Galicie autrichienne, vous voyez se dessiner nettement et réussir le mouvement de la
nationalisation des écoles; on y apprend le
polonais; on étudie la littérature polonaise dans
les écoles. Jusqu'ici le gouvernement autrichien
supprimait dans les livres mis entre les mains
des enfants les passages qui lui déplaisaient.
Mickiewicz avait dit dans un de ses poèmes :
« La ville de Danzig était polonaise et redeviendra polonaise » ; bien que Danzig ne soit pas
en Autriche, mais en Prusse, l'Autriche, qui
prend les intérêts de sa grande amie la Prusse,
avait supprimé cette phrase. On la rétablit en
classe, et voilà nos petites batailles.

De même dans la révolution russe, nous ne
nous mêlons pas ; nous sommes à part. Nous
sommes décidés à la révolution, mais nous ne
voulons prendre les armes que si les moyens pacifiques échouent; de plus, nous ne voulons pas
mêler les questions économiques au soulèvement
national, nous ne voulons pas diviser les classes,

mais les unir pour la révolution. Notre révolution nationale polonaise, en Russie, s'est manifestée jusqu'ici par deux mouvements qui la caractérisent. Premier mouvement : pour la reconnaissance officielle de notre langue. Deux communes
d'abord ont voté la résolution de se servir uniquement de la langue polonaise dans les rapports
avec le gouvernement. Toute la Pologne les a
imitées. Au commencement il y a eu pour ce fait
des condamnations au bannissement, à la prison,
mais on ne peut emprisonner vingt millions
d'hommes, et rien ne peut vaincre leur résistance passive. Deuxième mouvement, celui des
écoles. Des jeunes gens ont refusé de fréquenter
les écoles russes ; ce sont des jeunes gens de
quinze à vingt ans qui ont pris d'eux-mêmes
cette initiative, le mouvement a été ensuite
accepté par leurs parents et appuyé par un ordre
de la Ligue nationale. Ce sont jusqu'ici les deux
seuls mouvements qui marquent la révolution.
Depuis la paix entre la Russie et le Japon jusqu'au
mois de novembre, il y a eu chez nous des *strickes* (1)
et le mouvement socialiste a eu des apparences
de succès, mais depuis novembre et actuellement, on a limité les *strickes*. La Révolution polonaise gardera son caractère national et religieux.
  Mickiewicz disait que chaque nation a sa mis-

_____

(1) *Grèves* (en anglais).

sion particulière. Vous reconnaîtrez que la Pologne a sa mission si vous réfléchissez à ce fil rouge de la liberté qui traverse toute la littérature polonaise, et si vous observez que la plaine de la Pologne, uniforme, avec un climat sensiblement égal, semble avoir été disposée par la Providence pour recevoir un peuple d'une parfaite unité.

Les choses économiques (dont vous voulez vous entretenir aujourd'hui) n'ont pas d'importance pour nous, par la raison que nous sommes toujours prêts à sacrifier nos intérêts matériels à l'amour de la liberté.

M. Paul Desjardins. — Je vous remercie. Vous nous avez persuadés, moins par votre témoignage que par votre accent, qu'il existe en effet une « âme polonaise ». Au fur et à mesure de la discussion, les personnes qui le voudront vous interrogeront sur ce que vous avez expérimenté.

M. Lutoslawski. — Je préférerais que les questions fussent posées tout de suite : je dois prendre le train dans deux heures.

M. Charles Gide. — Il y aurait un très grand nombre de questions à poser, mais elles seraient toutes également hors du sujet de notre conversation d'aujourd'hui.

M. Lutoslawski. — Il ne serait pas étonnant que je vous aie jetés hors de votre sujet. Quand un

Polonais fait irruption dans une assemblée, il la
désorganise toujours *(Rires)* ; c'est que nous
obéissons à l'inspiration, nous sommes incapables
de nous assujettir à un plan.

M. Paul Desjardins. — Personne ne désire
poser une question à M. Lutoslawski? — *(A
M. Lutoslawski)* Au revoir, cher Monsieur,
nous vous remercions et vous souhaitons heureux voyage.

(M. Lutoslawski quitte la salle).

M. Seignobos. — C'est un type très spécial de
nationaliste polonais.

M. Vandervelde. — On aurait tort de croire
que tous les Polonais parlent ainsi.

M. Seignobos. — Il représente le parti aristocrate.

M. Paul Desjardins. — Ne jugez-vous pas
intéressant de prendre contact avec une nationalité vivante, comme nous venons de le faire?
(Approbation).

M. Seignobos. — Il est intéressant, mais on
ne doit pas discuter avec lui.

M. Paul Desjardins. — Passons au sujet que
nous avions fixé pour notre Entretien : l'étude
des faits d'ordre économique qui paraissent concourir à effacer la différenciation des nations. Il
est fâcheux que M. Arthur Fontaine, qui avait sur
cette question une préparation spéciale, ait été

obligé de se trouver aujourd'hui même à Barce-
lone. M. Paul Bureau a bien voulu au nom de
M. Fontaine en même temps qu'au sien propre
— deux témoins compétents — nous apporter
là dessus une information que, pour ma part
j'écouterai en petit écolier, ne sachant rien du
sujet, et désireux d'en apprendre quelque chose.

M. Paul Bureau. — Sur votre invitation, j'ai
essayé de ramasser quelques idées sur le sujet que
nous devons traiter aujourd'hui. Comme l'heure
est un peu tardive, je tâcherai d'être bref et ne
ferai qu'esquisser une table des matières.

On doit aujourd'hui mettre en lumière les
faits d'ordre économique qui tendent à effacer
les barrières entre nations. Je m'occuperai uniquement de classer les faits de cet ordre ; mais je
dois dire tout d'abord qu'il y a d'autres faits
économiques qui tendent à accentuer la différenciation ; nous les laisserons de côté dans cet
entretien.

Un premier fait économique, assez souvent négligé, me frappe : l'identification des conditions
de la production dans les différents pays. Je veux
viser des produits particulièrement intéressants,
comme les briques, la tuilerie, l'imprimerie. Dans
ces industries il n'y a pas de concurrence, parce
que le produit est trop lourd et sa valeur trop

petite pour qu'on puisse songer à l'exporter; dans
le cas de l'imprimerie, la concurrence n'est pas
à craindre non plus, car des difficultés de langue
s'opposent à ce que les livres français soient
imprimés à l'étranger. Lorsqu'on observe ces
industries, on remarque que l'identité des conditions de la production amène une identification
des besoins sociaux, des attitudes et des mœurs
du personnel patronal et ouvrier dans les différents pays. Ainsi, lors de l'introduction de la
grande industrie en Angleterre, en 1805-1820,
les ouvriers se groupèrent; en France, entre
1830 et 1845, des difficultés économiques exactement semblables produisirent le même résultat : dans l'un et l'autre cas la constitution du
grand atelier suscita les coalitions ouvrières. On
pourrait signaler un fait curieux : Pour une
même industrie, les fraudes patronales au
préjudice des ouvriers sont les mêmes dans
tous les pays. Par exemple : L'ouvrier mineur
travaille au fond de la mine, loin de l'endroit
où l'on pèse la houille; il met sur sa benne un
numéro en bois, la benne traverse les galeries,
remonte le puits; sur le carreau de la mine on
pèse la benne et on en inscrit le poids au compte
de l'ouvrier, déduction faite d'un pourcentage
variable, pour les pierres et les détritus. De tout
temps les ouvriers ont eu à souffrir de fraudes

dans l'évaluation du poids du charbon, et dans
tous les pays les ouvriers ont lutté pour obtenir que leur délégué concoure avec le représentant de l'employeur à la pesée des vagonnets. Le
fait seul de l'identification des conditions de la
production engendre l'identification des besoins
de l'ouvrier et l'identification des tendances morales. A Saint-Pétersbourg, lors d'une grève
récente, les ouvriers ont demandé à ne plus
être tutoyés par les employeurs : le fait de l'établissement des grands ateliers a élevé ces ouvriers à une conscience de leur dignité, particulière à leur condition de travailleurs de grande
industrie ; car vous savez qu'en Russie on est
habitué à être tutoyé, et on ne s'en choque pas.

Deuxième fait : L'établissement des communications internationales et la multiplication des
moyens de transport. Les industriels de chaque
pays voient désormais la possibilité d'être les
fournisseurs de la clientèle mondiale : les industriels de Manchester prétendent livrer des
cotonnades au monde entier, ils savent que la
chose est possible. Or, le commerce est par
lui-même un élément de paix. On voit dans
toute l'histoire que les commerçants ne sont pas
les représentants les plus authentiques du patriotisme, ils sont toujours partisans des arran-
gements : tels nous apparaissent les Phéniciens,

les Carthaginois, les commerçants anglais. En
Norvège, ce sont les paysans et non pas les
commerçants qui ont engagé contre la Suède la
grande bataille de 1882 ; à ce moment les commerçants se sont opposés à la séparation d'avec
la Suède ; en 1903, ils ont suivi le mouvement
parce que leurs intérêts étaient en jeu, la question consulaire était sur le tapis. La langue juridique constate bien cette vérité lorsqu'elle ,dit
qu'un commerçant n'est étranger nulle part. Il ne
faut pas oublier que les mêmes forces économiques qui ont unifié l'intérieur d'un pays agissent
par delà les frontières ; la même locomotive
qui va de Paris à Marseille et rapproche ainsi
ces deux villes n'éprouve pas un frisson national à la frontière : au delà et en deçà, elle poursuit toujours son œuvre de rapprochement.

Troisième fait : La solidarité de la condition
des travailleurs manuels dans les différents pays.
Lors des grèves de Marseille, les ouvriers du port
de Gênes se sont solidarisés avec ceux du grand
port rival comme l'ont fait les ouvriers du port
de Cette. Les dockers de Gênes avaient le sentiment d'une communauté d'intérêts qui les
rattachait aux dockers de Marseille. Il y a eu
d'autres faits non moins significatifs : il y a
quelques années, lors de la grève des ouvriers
dentelliers de Saint-Pierre-lès-Calais, les ouvriers

de Nottingham et d'autres villes étrangères sont
venus affirmer leur solidarité avec leurs émules
de France : chacun savait que la condition du
travail en un lieu influait sur la destinée des travailleurs manuels des autres lieux. Le congrès des
mineurs qui se tient chaque année est une expression de la même tendance. Il est inutile de multiplier les exemples.

Quatrième fait : Ce qui vient d'être dit vise les
intérêts des travailleurs manuels. Chez les
employeurs, le sentiment de la concurrence l'a
emporté jusqu'ici sur le sentiment de la solidarité ; pourtant les syndicats patronaux, les
« comptoirs de vente », les *trusts* se multiplient à
l'intérieur des frontières et déjà ils commencent
à s'étendre par delà les frontières. Le trust de
l'Océan, qui a d'ailleurs échoué, mais qui sera
repris sous une forme différente, est une indication qu'il ne faut pas négliger : on sait que
chaque semaine, pendant l'hiver, il part des
ports d'Europe, pour l'Amérique, un nombre
beaucoup trop considérable de paquebots de première classe ; on doit un jour arriver à une
entente et limiter le nombre des départs.

A leur tour, les gouvernements ont suivi le
mouvement qui tend à abaisser les frontières :
des « bureaux internationaux », dont les dépenses
sont couvertes par les budgets des différents signa-

taires des conventions qui les ont constitués,
fonctionnent aujourd'hui en grand nombre : plus
de cinquante États participent aujourd'hui à
l'Union postale universelle, fondée en 1874 et
élargie et modifiée par la convention du 15 juin
1897. Il suffit de mentionner le *bureau interna-*
tional des administrations télégraphiques, auquel
sont reliés 31 États, le *bureau international de*
l'Union pour la protection de la propriété indus-
trielle, l'*Union pour la publication des tarifs*
douaniers, le *Bureau international des poids et*
mesures, etc., etc. (1)

L'*Office central des transports internationaux*
installé à Berne en exécution de la Convention
du 14 octobre 1890 mérite une spéciale mention,
parce qu'il nous montre qu'on a déjà réussi à
constituer une sorte de tribunal international
chargé de trancher les litiges que soulèvent les
contrats de transport. En effet, il est stipulé que
l'Office central a pour mission : . . . . .
. . . .

3° De prononcer, à la demande des parties, des
sentences sur les litiges qui pourraient s'élever
entre les administrations de chemins de fer. »

Nul ne peut dire où l'on ira dans cette voie,
d'autant plus que l'initiative des associations pri-

---

(1) Voyez, en *Annexe* (n° 2) à cet Entretien, le relevé des
principaux organismes internationaux existant en 1905.

vées fraye la route aux gouvernements encore
timorés ; ainsi l'*Union internationale pour la
protection légale des travailleurs*, dont l'Office
n'est encore qu'une institution privée.

M. Paul Desjardins. — Nous vous remercions,
cher monsieur, d'avoir ainsi marqué les étapes
de notre conversation. Nous allons' sérier les
questions en suivant l'ordre que vous avez tracé.

M. Vandervelde. — Il est difficile de sérier
ainsi les questions, d'autant plus que sans doute
nous serons tous d'accord sur la plupart des points
exposés par M. Bureau. Il vaudrait mieux limiter nos observations aux points où l'on n'est pas
d'accord.

Je n'ai à présenter que des observations de
détail. M. Bureau a très bien marqué que ce qui
tend à effacer les frontières, c'est que les industries ne produisent pas surtout pour 'le
marché national, mais pour le marché du
monde ; or ce fait, que la concurrence devient mondiale, peut aussi amener des conflits
entre les capitalistes des divers pays, car si les
industriels anglais veulent vendre au monde entier, les industriels français, qui ont la même
prétention, chercheront à évincer les anglais.

En revanche, d'autres facteurs interviennent,
dans le sens de l'effacement des frontières.

M. Bureau faisait remarquer que pour certains
produits pondéreux, de peu de valeur, la concurrence internationale ne peut se produire. Mais si
les briques ne voyagent pas, les ouvriers brique-
tiers voyagent. D'autre part, les capitaux passent
les frontières comme les ouvriers. La Belgique,
à ce point de vue, est un pays type, en Belgique,
il y a pléthore de capitaux ; les capitaux belges
sont engagés dans une foule d'entreprises internationales. Or, l'organisation même de ces entreprises internationales est, dans une certaine mesure un obstacle aux conflits entre nations.

Les déplacements d'ouvriers travaillant au-
delà de la frontière se produisent sous trois
formes : ils s'établissent en permanence dans le
pays voisin, ou ils s'y rendent tous les jours, ou ils
y vont périodiquement pour des travaux d'une
durée déterminée. Ces trois formes de déplace-
ment s'observent à notre frontière. Beaucoup
d'ouvriers de la Flandre belge prennent le train
chaque jour pour venir travailler en France, dans
les usines de Roubaix ou de Tourcoing ; beaucoup d'ouvriers belges, cinquante mille environ,
viennent passer en France une saison agricole,
viennent faire la moisson, et s'en retournent
après ; enfin un million d'ouvriers belges s'établissent à demeure en France et ne se distinguent
en rien des populations environnantes. Les mi-

grations périodiques, saisonnières, se rencontrent
en beaucoup d'endroits. Les ouvriers polonais
qui vont en Saxe faire la récolte de la betterave
sont remplacés en Pologne par des Russes qui
travaillent à un prix moins élevé. Des milliers
d'Italiens de la Calabre et de la Pouille prennent
le paquebot chaque année, au printemps, pour
aller faire la récolte en Argentine pendant l'été ; à
mesure qu'ils ont fait la récolte dans une région,
ils descendent vers le sud, où il fait de plus en
plus froid, et à la fin de la saison ils retournent
en Europe. Des faits semblables amènent un
brassage de la classe ouvrière des divers pays ;
les conflits entre capitalistes persistent, mais les
ouvriers apprennent à se connaître, ils aperçoivent l'uniformité de leur condition par tous
pays, ils se sentent solidaires, et cette solidarité
des ouvriers s'affirme par des organisations internationales de mineurs, de verriers, de gantiers ;
il se forme une sorte de franc-maçonnerie
ouvrière d'une puissance incomparable, qui
doit agir de plus en plus puissamment dans le
sens de l'unification internationale.

M. FAGNOT.— Je voudrais faire une observation
sur un point de détail. A propos des grèves des
ouvriers du port de Marseille citées par M. Bureau, il faut se rappeler qu'à Marseille, la proportion des ouvriers italiens est très élevée :

70 o/o environ. Les ouvriers du port de Gênes
ont fait grève, pour soutenir les intérêts de leurs
compatriotes. D'ailleurs à Gênes, et à la suite
d'une intervention des pouvoirs publics, la grève
a été très courte.

J'aurais une seconde observation à faire, au
sujet de la solidarité patronale. Je crois que la
solidarité patronale va se manifester de plus en
plus, non seulement pour régler, pour assainir la
concurrence, mais aussi pour résister à la solidarité ouvrière. Le *lock-out* prendra sans doute
une importance de plus en plus grande.

M. Vandervelde. — Pour la verrerie l'entente
est très près de se faire.

M. Fagnot. — Pour le diamant, elle est faite.

M. Charles Gide. — Un mot de M. Paul
Bureau m'amène à faire une remarque. Je ne
connais aucun fait économique qui soit de nature
à créer ou à aggraver la *différenciation* entre
nations. J'en connais, il est vrai, un grand
nombre qui sont de nature à créer des *antagonismes* entre nations, à commencer par la concurrence; mais ce n'est pas la même chose. La
différenciation ne crée pas nécessairement les
antagonismes, puisque tout au contraire c'est elle
qui créa la solidarité ; en sens inverse, la tendance à l'unification peut créer des conflits. Sous
la Révolution et le premier Empire, on voulait

l'unification de tous les hommes : il en est résulté vingt ans de guerre. Car l'unification que chacun veut à son profit crée nécessairement des conflits. L'ambition du fabricant, du marchand, c'est d'avoir pour clients tout le monde, et par là ils tendent à supprimer toute différenciation ; mais, comme chaque nation, tout en désirant que le monde ne forme qu'un *marché unique,* désire que ce marché lui soit réservé, il s'en suit que cette non, différenciation est la principale cause, aujourd'hui, des conflits entre nations.

M. Durkheim. — Ce qui me frappe dans tout ce qui a été dit jusqu'ici, c'est le peu de part que les faits économiques paraissent avoir dans la formation de l'internationalisme. Deux ordres de faits ont été indiqués : l'homogénéité morale des travailleurs, puis les faits de concurrence et de solidarité industrielle et commerciale. Le premier phénomène est un phénomène d'ordre moral, préparé par les phénomènes économiques. Quant aux phénomènes de solidarité industrielle, ils ont toujours un double aspect, comme il a été dit, ils opposent autant qu'ils rapprochent. Ce qui montre bien, d'ailleurs, l'efficacité restreinte des phénomènes économiques, c'est qu'ils ont une influence très différente chez les patrons et chez les ouvriers. Les ouvriers sont inter-

nationalistes et les patrons ne le sont pas, bien
que les seconds soient plus fortement liés économiquement que les premiers. Quand on songe à
la force des intérêts capitalistes, on est même
étonné de la passivité opposée par les patrons
à la menace des guerres. Au contraire, la résistance est très vive dans les milieux ouvriers.
L'action des causes économiques est donc tout à
fait différente suivant les milieux moraux où ils
agissent. C'est l'influence du milieu moral qui est
prépondérante.

M. Seignobos. — Il y a bien eu, en réalité, chez
les capitalistes, une tendance à s'opposer à la guerre, mais ils ont moins d'énergie que les ouvriers.

M. Durkheim. — La plupart des commerçants,
des industriels, tiennent à la paix, et pourtant ils
ne font rien pour éviter la guerre.

M. Paul Desjardins. — Voici donc que, selon
M. Durkheim, les facteurs moraux ont une action
prépondérante, — s'il est vrai que les mêmes
phénomènes économiques produisent des réactions différentes, suivant les milieux, soit ouvriers,
soit patronaux. On pourrait dire toutefois que, si
les uns réagissent dans un sens et les autres
dans le sens inverse, cela tient encore aux conditions économiques, à la différenciation des
classes aisées et du prolétariat...

M. Paul Bureau. — La question que soulève

ici M. Durkheim est très intéressante et je sou-
haiterais qu'on pût l'examiner attentivement.
J'avoue ne pas partager l'opinion de M. Durkheim.
M. Arthur Fontaine, avec lequel j'ai eu le plaisir
d'échanger quelques idées au sujet de cette réunion à laquelle il savait ne pouvoir assister, me
faisait remarquer que les travailleurs manuels,
alors même qu'ils souffrent dans leurs propres
ateliers, de la concurrence des ouvriers étrangers
qui viennent offrir leur bras pour un moindre
salaire, n'ont aucun sentiment hostile à l'égard de
ces étrangers : les grèves d'Halluin, il y a quelques
années, et les grèves récentes de Longwy attestent
bien que, malgré les souffrances nées de la com-
pétition, le sentiment de la solidarité et de la *fraternité* domine, même entre ouvriers étrangers.

M. SEIGNOBOS. — Ils se sentent appartenir à la
même corporation.

M. PAUL BUREAU. — Et il est fort naturel que
l'ouvrier n'ait pas en face de la guerre la même
attitude que le patron ; ses intérêts sont loin d'être
engagés au même point. L'employeur expose de
gros capitaux qui seraient compromis par la conquête du territoire et qui au contraire, en cas de
victoire, peuvent rapporter de gros profits. Voyez
les énormes bénéfices réalisés par les industriels
allemands depuis 1871 ; pourtant, la condition de
l'ouvrier allemand s'est peu améliorée. Il est donc

naturel que l'effet moral produit sur l'ouvrier soit différent, puisque les conditions économiques sont différentes.

M. Durkheim. — Qu'est-ce que l'ouvrier peut bien perdre à la guerre ?

Plusieurs voix : La vie !

M. Durkheim. — Le patron aussi. Ce ne sont pas des raisons d'ordre économique qui poussent l'ouvrier à résister à la guerre. Le patron, au contraire, est actionné par des motifs économiques, et sa résistance est nulle. Au moment où la guerre éclatait, en 1870, nous étions sûrs de la victoire, je m'en souviens fort bien ; toutefois pas un commerçant ne désirait la guerre. Mais la seule résistance qu'il y ait eu s'est montrée chez les ouvriers ; c'est que pour manifester de la résistance il faut le dédain du qu'en dira-t-on ; il faut ne pas avoir peur de froisser certaines idées reçues.

M. Rauh. — Je crois avec M. Bureau que la différence des sentiments du capitaliste et de l'ouvrier relativement à la patrie tient pour une grande part à la différence de leurs conditions économiques. Il est bien certain que, à prendre les choses en gros, tout l'arsenal de la législation d'un pays, toute l'armature économique nationale profite au capitaliste. L'ouvrier sait au contraire que les conditions de la vie économique du prolétariat sont sensiblement les mêmes, que la

domination capitaliste pèse sur lui d'un poids
sensiblement égal partout. Mais je suis aussi de
l'avis de M. Durkheim. L'intérêt économique
bien ou mal compris ne suffit pas à expliquer une
conduite sociale. Il faut donc expliquer comment
certains ouvriers en sont venus à ne plus sentir
l'effet des mobiles sentimentaux ou idéologiques
du patriotisme. Il faut expliquer comment à
l'idéal patriotique ils en ont substitué un autre,
car c'est bien un idéal et non un intérêt qu'ils
opposent au patriotisme, quoique cet idéal ait un
objet purement économique. Dans la classe capitaliste, toute l'éducation cultive les sentiments
patriotiques, qui plus encore que l'intérêt, — d'au-
cuns diraient : qui *seuls* — sont dans cette classe
les mobiles du patriotisme national. Pourquoi ces
sentiments tendent-ils à s'affaiblir dans une partie de la classe ouvrière ? Les causes essentielles
de ce fait me paraissent être, non pas l'influence
de tel ou tel homme, de telle ou telle doctrine,
mais, d'une part, la disparition des sentiments
hiérarchiques : l'ouvrier a cessé de recevoir de la
bourgeoisie sa direction et sa culture ; — et,
d'autre part, l'affaiblissement, la disparition du
sentiment religieux même sous sa forme rationaliste, sentiment vivace encore dans les classes
populaires en 1848. On assiste donc dans ce
siècle au développement d'un positivisme popu-

laire, ouvrier. La première forme en a été le patriotisme même. Détaché de la foi monarchique, parfois de la religion traditionnelle, le peuple est en quelque sorte retombé sur lui-même, il a pris conscience de lui, de sa race, de sa civilisation. Les premiers mouvements nationaux sont en général démocratiques, mais toutes les classes y sont emportées d'un même élan. Au contraire, le problème de la lutte des classes se mêle aujourd'hui aux mouvements même nationaux. Voyez la Pologne, le mouvement juif russe, etc. Ce réalisme ouvrier se développant avec la brutalité naturelle aux simples, le prolétaire a voulu dépouiller toute idéologie, tout sentimentalisme, et s'est trouvé face à face en quelque sorte avec sa condition économique toute nue. Il en a saisi immédiatement le caractère le plus saillant, l'internationalisme. Il en est venu ainsi au sentiment d'un internationalisme de classe, et il a conçu, par opposition aux morales religieuses, idéologiques ou sentimentales, une morale purement économique, une morale du travail.

Mme Compain. — J'ai assisté au dernier procès antimilitariste, et j'ai pu me rendre compte, là et ailleurs, que si les ouvriers n'ont plus la foi religieuse, ils ont un autre sentiment qui l'a remplacée. Les ouvriers vivent dans l'avenir et travaillent pour lui, ils savent que, s'ils n'en profitent pas eux-mêmes, d'autres profiteront de leurs efforts, et c'est cette pensée qui les anime.

M. Durkheim. — L'ouvrier n'a pas le sens de l'avenir concret, il vit en dehors du temps, dans l'idéal. S'il avait le malheur de songer trop à l'avenir, sa situation serait épouvantable.

Qu'est-ce que cette éthique purement économique dont parle M. Rauh ? Pour expliquer la foi internationale, il ne suffit pas de dire qu'on a cessé de croire en Dieu, il faut expliquer comment s'est formée la morale nouvelle.

M. Rauh. — C'est cette explication que je crois avoir esquissée en montrant les causes et les progrès du patriotisme ouvrier. L'homme ne peut pas se passer de morale. S'il ne voit plus que les faits économiques, il tirera nécessairement une morale des faits économiques.

M. Belot. — Auguste Comte exprimait déjà cette idée que le prolétariat était naturellement positiviste et que la morale positive était appelée à devenir la morale populaire.

M. Durkheim. — Saint-Simon émet cette théorie, que la vie morale et la religion elle-même est partie des faits économiques, que c'est de là qu'il faut tirer la religion et la morale. J'entends bien, mais à l'intérieur du système il y a autre chose.

M. Rauh. — La morale populaire cherche au contraire à se débarrasser de toute idéologie. En

réalité elle substitue à un idéal religieux ou intellectuel, spirituel, un idéal terrestre, économique,
dans l'espoir d'ailleurs que cet idéal de justice
transformera, tout au moins transposera toutes
nos autres croyances. Pour Saint-Simon, pour
Comte, l'Idée mène le monde, la vérité vient d'en
haut : leur morale est encore de forme religieuse.
Pour le prolétaire moderne, l'action immédiate,
directe, comme ils disent, lui révèle la règle, la
marche de sa classe, mais il prétend toujours
universaliser cette morale, faire du syndicat l'institution sociale, et par là supprimer les classes.
C'est la conception d'une morale sociale révélée
par l'action syndicaliste, et étendue à toutes les
classes. Des intellectuels, comme MM. Sorel,
Lagardelle, Charles Guieysse, etc., ont essayé
d'interpréter cette morale, y ont lu même toute
une philosophie de l'action, que quelques-uns
mettent volontiers sous le patronage de M. Berg-
son. Les prolétaires sont sans doute très étrangers à ces spéculations. Mais qu'ils aient, quelques-uns du moins, la conception d'une morale
nouvelle fondée sur une idée nouvelle de l'association ouvrière, révélée, vivifiée dans et par la
lutte, c'est ce dont on se convaincra si l'on
observe leur conduite, si l'on étudie leurs écrits,
les brochures éditées par la *Confédération générale du Travail*, les ordres du jour syndicalistes, etc.

Mme Compain. — Puisqu'on parle des ouvriers, il est regrettable que des ouvriers n'aient pas été convoqués à cet Entretien ; ils nous auraient dit eux-mêmes ce qu'ils pensent.

M. Fagnot. — Je comprends très bien que la diminution croissante des sentiments religieux peut en partie expliquer l'attitude des ouvriers français. Mais cet aspect de la question n'apparaît pas en Angleterre. *(Approbations)*. Ainsi le fait de la diminution du sentiment religieux semble une explication insuffisante.

L'étude des conflits entre ouvriers et patrons depuis 1848 montre qu'aux réclamations des ouvriers les patrons répondent presque toujours : « C'est la concurrence étrangère qui nous empêche de vous donner satisfaction ». Les patrons ont raison jusqu'à un certain point en disant cela, Mais le patron le dit aussi dans l'imprimerie, où la concurrence étrangère n'est pas sensible (pourtant on trouverait des faits pour restreindre l'assertion de M. Bureau : des maisons de Leipzig, par exemple, impriment pour l'étranger). Donc le patron est sincère, mais je crois qu'il exagère considérablement ; il fait trop intervenir cet argument à tout propos et souvent hors de propos. Alors, sous l'influence des faits cités par M. Rauh et M. Durkheim, — et non pas sous l'influence des livres, que les ouvriers ne lisent pas — les ouvriers ont dit : « Il faut que nous réglions cette concurrence qu'on nous oppose sans cesse ». Ils ont été ainsi portés à l'internationalisme dans l'ordre économique d'abord, et surtout pour détruire l'argument de la concurrence étrangère, puis bientôt, par simplisme d'idées, dans l'ordre politique et social tout entier. (*Très bien !*)

M. Henri Hayem. — Nous avions à rechercher quels étaient les faits d'ordre économique tendant à supprimer l'antagonisme entre les nations. Parmi ces faits, ceux dont il nous a été spécialement parlé, sont les faits de production des richesses. On a touché aussi, d'une manière incidente, les phénomènes de circulation des richesses.

On semble avoir oublié les faits de consommation. La consommation, pourtant, méritait d'autant plus d'être mentionnée dans notre Entretien, que son action évidemment est génératrice de solidarité internationale. Les producteurs ou les banquiers de tels pays peuvent avoir des intérêts diamétralement opposés aux producteurs ou aux banquiers de tel autre pays. Mais, qu'on soit Allemand ou Français, il faut bien qu'on mange, et l'on a le même intérêt : se procurer des aliments sains, fussent-ils anglais, pourvu qu'ils soient bon marché.

A la vérité, les consommateurs sont loin d'avoir

toujours conscience de leurs vrais intérêts. Les
producteurs et les intermédiaires ont eu pendant
fort longtemps l'habileté de persuader aux malheureux consommateurs que ceux-ci devaient
s'estimer heureux et reconnaissants chaque fois
qu'il leur était demandé d'accomplir des sacrifices patriotiques en faveur de la production et du
commerce nationaux. Mais mon maître, M. Gide,
qui cherche à faire l'éducation des consommateurs au moyen des coopératives de consommation, ne me contredira pas, si je dis que, le jour
où aurait été inauguré ce qu'il a lui-même appelé
« le règne du consommateur », les faits d'ordre
économique auraient aussi cessé pour toujours
de provoquer l'antagonisme entre les nations.

M. PAUL DESJARDINS. — Messieurs, je me sens
hors d'état de conclure, au pied levé, une conversation si riche de faits et d'aperçus. Je laisse
ce soin à vos réflexions solitaires.

On se sépare vers 6 heures 3/4.

Annexes

au Troisième Entretien

I

Sur la question discutée : Faits d'ordre économique tendant à effacer la différenciation, *nous avons reçu la note suivante de notre associé, M. Charles Andler, qui n'avait pu assister à l'Entretien :*

Le grand fait social du XIXᵉ siècle me paraît bien être la naissance d'un prolétariat international. Je ne suis pas de ceux qui pensent qu'il n'y a pas eu de prolétariat avant le XIXᵉ siècle ; mais avant le XIXᵉ siècle les causes de la misère étaient différenciées et locales. Le XIXᵉ siècle a vu la grande misère simultanée des populations ouvrières de tous les pays où s'est introduite la production capitaliste, et dont les caractéristiques uniformes sont : le travail des enfants, le travail des femmes, le travail de nuit, le prolongement excessif de la journée de travail, l'ignominie de l'atelier collectif

malsain, le danger des machines nouvelles insuffisam-
ment munies d'appareils de protection, le chômage
chronique, l'excessive concurrence des salariés entre
eux. Ces conditions d'existence uniformes sont la véritable cause de la solidarité internationale des ouvriers.
C'est pourquoi les efforts pour y remédier ont été
également internationaux ; et nous assistons : 1° à des
tentatives de législation ouvrière internationale ; 2° à
des tentatives de syndicalisme international et de
défense politique ouvrière internationale.

Ces faits sont archi-connus dans leur ensemble. Il
resterait à parachever les enquêtes de détail. Il y
aurait à se demander si les causes ci-dessus énumérées
de souffrance ont sévi dans tous les pays avec la même
intensité. Il ne manque pas de théoriciens pour soutenir que l'Allemagne en a moins souffert que les
autres pays, parce qu'elle est entrée plus tard dans la
voie du développement capitaliste et qu'elle a pu bé-
néficier ainsi de l'expérience acquise par les révolutions chartistes et par les émeutes françaises du règne
de Louis-Philippe. D'autres théoriciens pensent au
contraire que la classe ouvrière française a moins
souffert du capitalisme moderne que les autres pays,
parce qu'elle a eu affaire à une bourgeoisie plus
débonnaire.

Enfin, il faudrait voir si la régénération physique de
la classe ouvrière est également avancée dans les différents pays. Ceci regarde les spécialistes de l'hygiène
sociale. Dans les dernières années, le Dᵣ Gaube (du
Gers) a entrepris une série de travaux tendant à établir que la faible proportion de tuberculeux parmi les

ouvriers anglais tenait à la *forte alimentation* anglaise, laquelle suppose les *forts salaires* de l'industrie anglaise. Ses travaux ne me paraissent pas avoir été assez remarqués. Mais je n'ai pas dans ces questions de compétence.

Ch. ANDLER.

II

RELEVÉ DES PRINCIPAUX ORGANISMES INTERNATIONAUX
EXISTANT EN 1905 (1)

—

A. *Administration d'intérêts communs.*
(*Ententes officielles ou officieuses entre les États*).

1. *Union postale universelle,* fondée en 1874; Bureau international permanent à Berne.

2. *Union internationale des administrations télégraphiques,* fondée en 1865 ; également Bureau permanent à Berne.

3. *Union pour la protection des câbles sous-marins ;* Convention de mars 1884, signée à Paris par 27 États.

4. *Bureau international des transports par chemins de fer ;* Convention d'octobre 1890 ; 10 États adhérents.

———

(1) La plupart de ces renseignements sont tirés de l'*Annuaire de la vie internationale* rédigé par Alfred H. FRIED, sous les auspices de l'*Institut international de la Paix,* de Monaco. — Publication n° 3 du dit Institut. Monaco, 1905.

5. *Règlement international de navigation maritime,* établi en 1879 entre 12 États. La Grande-Bretagne adhère à ce règlement à la suite de la Conférence de Bruxelles de 1905 ; un *Office central* est créé à Bruxelles.

6. *Union internationale pour l'emploi d'un code uniforme de signaux maritimes,* fondée en 1864. Toutes les nations du globe en font partie.

7. Entente internationale pour l'établissement et l'entretien d'un *Phare à la pointe du cap Spartel* (Maroc), par une Convention de mai 1865.

8. *Commission européenne du Danube,* résidant à Galatz ; organisée par l'article 16 du Traité de Paris (mars 1856).

9. Entente internationale pour assurer la *Libre navigation du Niger et du Congo* (Traité de Berlin, 1885).

10. *Union internationale des Poids et Mesures ;* Convention du Mètre, mai 1878, bureau à Sèvres ; 23 États adhérents, à ce jour.

11. *Union monétaire latine ;* Convention de 1865, entre la Belgique, la France, l'Italie, la Grèce et la Suisse.

12. *Union monétaire scandinave,* fondée en 1873, entre le Danemark, la Norvège et la Suède.

13. *Union internationale pour la réunion et la publication des tarifs douaniers,* fondée en juillet 1890 ; Bureau à Bruxelles.

14. *Convention internationale sucrière,* Bruxelles 1903.

15. *Union internationale pour la protection de la propriété industrielle* (Paris, 1883), — *littéraire et artistique* (Madrid, 1886), avec bureau permanent à Berne, s'occupant également des traités signés entre différents États pour la répression des fausses indications de provenance, et de l'enregistrement des marques de fabrique et de commerce (Conventions de Madrid, 1891).

16. *Office international du travail, pour la protection légale des travailleurs,* siégeant à Bâle depuis 1901.

17. Association internationale de *la Croix rouge*, pour le secours aux blessés en temps de guerre (août 1864) (2).

18. *Union internationale contre la propagation du choléra* (Dresde, 1893), *de la peste* (Venise, 1897), avec Conseil hygiénique international.

19. *Convention internationale pour prévenir l'introduction et la propagation du phylloxera*, Berne, 1878.

20. *Union pour la répression de la traite des esclaves en Afrique*, avec Bureau à Zanzibar.— Acte général de Bruxelles; juillet 1890.

21. Ententes internationales pour la création d'une *Police de pêche* et la répression des cabarets flottants dans la mer du Nord. La Haye, 1887.

22. *Union internationale pour les échanges de documents officiels et les publications scientifiques.* Convention de Bruxelles, mars 1886.

B. *Organismes d'étude et de propagande*
sans caractère officiel.

—

23. Etablissement international de la *Carte du Ciel* par tous les Observatoires du monde, sous la direction de celui de Paris.

24. *Association géodésique internationale,* avec Bureau

---

(2) Création de l'initiative privée, mais dont le rôle officieux est considérable. Il faut joindre ici, à côté des « organismes », une législation internationale dont l'objet est le même : *Protection des neutres en temps de guerre* (Paris 1856) ; *Lois et coutumes de la guerre* (La Haye, 1899).

central permanent à Potsdam, fondée en 1864, définitivement
constituée en octobre 1895 (1).

25. *Comité central pour l'exploration des mers,* créé à Co-
penhague en 1902. Une *Association internationale,* spécialement destinée à la découverte *des régions polaires,* est
fondée en 1904.

26. *Association internationale des Académies,* fondée à
Paris en 1900. Se réunit tous les deux ans. Première réunion
à Paris en avril 1901. Comprend les dix-huit principales
Académies du monde, avec Commissions spéciales « pour la
prise en considération, l'étude ou la préparation de recherches
scientifiques d'intérêt international (2).

27. *Sociétés internationales de Chirurgie ;*

—	—	*Ophtalmologie ;*
—	—	*Zoologie ;*
—	—	*Botanique ;*
—	—	*Géologie ;*
—	—	*Météorologie ;*
—	—	*Magnétisme terrestre ;*
—	—	*Statistique ;*
—	—	*Sociologie ;*
—	—	*Droit pénal ;*
—	—	*Droit international.*

---

(1) Il faut signaler ici l'adoption, par les *Électriciens,* d'un
mode commun de mesures (système C. G. S.) voté par le
Congrès international de l'Électricité (Paris, 1881), et la
création d'une *Nomenclature chimique uniforme,* décidée par
le *Congrès international de Chimie* (Paris, 1892). Même
réforme est en préparation pour la Botanique.

(2) Sur l'idée d'une Association académique universelle,
voy. ch. V. Langlois, *Questions d'histoire et d'enseignement,*
ch. IX, et, sur les réalisations déjà obtenues de cette idée, le
même : *Manuel de Bibliographie historique,* p. 562-560.

28. *Commission pénitentiaire internationale,* etc. à Budapest.

29. Délégation pour l'adoption d'une *Langue auxiliaire internationale,* créée à Paris en 1900 (Secrétariat : 6, rue Vavin, Paris).

30. *Unions du cyclisme,* de l'*Aumobilisme* et du *Tourisme,* toutes internationales, etc.

C. *Associations industrielles, et commerciales.*

—

31. *Bureau central international des Associations de la Presse,* à Paris.

32. *Bureau permanent des Éditeurs,* à Berne.

33. *Union internationale des stenographes.*

34. *Fédération internationale de l'enseignement du dessin,* à Berne.

35. *Union internationale de la Photographie,* à Anvers.

36. *Union internationale de l'industrie du coton,* à Manchester.

37. *Union internationale agricole pour la fixation du prix des céréales,* à Berlin.

38. *Syndicat international des Glaceries,* à Bruxelles.

39. *Association des chimistes de l'Industrie du cuir,* à Milan.

40. *Union internationale des Hôteliers,* à Aix-la-Chapelle.

41. — — *des Employés d'Hôtel,* à Genève.

42. *Cartells internationaux des Rails* (siège à Londres), des *Producteurs de fer et de coke,* etc.

43. *Union internationale des armateurs de voiliers,* à Londres.

44. *Association internationale de la marine,* à Paris.

45. *Congrès internationaux des typographes, des mineurs,*

des ouvriers en textiles, etc. etc., qui ont des *Secrétariats internationaux* permanents (1).

Les manifestations temporaires d'entente internationale ont compris environ 150 Congrès en la seule année 1905, — dont à peu près la moitié à l'occasion de l'Exposition internationale de Liège.

Communiqué par M. Léon Bollack, auteur de « la Langue Bleue », chroniqueur pacifiste à *la Revue ;*
Soumis à la révision de M. Arthur Fontaine, Directeur du Travail.

(1) Il en est de même pour les *Congrès internationaux du parti socialiste,* qui eussent, pu, à ce titre, trouver place dans la section précédente.

QUATRIÈME ENTRETIEN

28 Janvier 1906

—————

Cosmopolitisme. —
Idées Humanitaires

Ont pris part à cet Entretien :

MM. Charles ANDLER (1),
   Paul BOYER (2),
   Léon BOLLACK (3),
   Léon BRUNSCHVICG,
   A. DARLU (4),
   Arthur FONTAINE,
   Victor-H. FRIEDEL (5),
   Henry GÉRARD (6),
   Henri HAYEM,
   Hippolyte HEMMER.
   Albert HOUTIN,
   André LALANDE (7),
   Anatole LEROY-BEAULIEU,
   Pierre-Félix PÉCAUT,
   Frédéric RAUH,
   Théodore REINACH,
   Paul SABATIER,
   Jean VIOLLET,
   & Paul DESJARDINS, *secrétaire des Entre-*
      tiens.

---

(1) Chargé de cours à la Faculté des Lettres de l'Université de Paris, pour la langue et la littérature allemandes.
(2) Professeur de langue russe à l'Ecole des Langues Orientales Vivantes.
(3) Chroniqueur pacifiste à *La Revue* ; auteur de : *La Langue Bleue,* etc.
(4) Inspecteur général de l'Instruction publique pour l'ordre de la philosophie.
(5) Secrétaire de l'*Office d'informations et d'études* de l'Université de Paris.
(6) Lieutenant de chasseurs à pied, chargé de mission en Afrique.
(7) Professeur de philosophie au Lycée Michelet.
Pour la profession des autres Interlocuteurs, voyez les précédents *Entretiens.*

M. Paul Desjardins. — Froideur critique en
écoutant, et en parlant simplicité populaire, souvenons-nous, messieurs, de ces deux règles de nos
Entretiens. Peut-être a-t-on manqué à la première,
l'autre dimanche, quand on s'est laissé aller à
applaudir légèrement, au cours de la discussion
entre MM. Durkheim et Fagnot : ces marques
d'adhésion par entraînement n'ont pas cours ici.
Nous échouerions en ce que nous voulons, si ce
public des Entretiens, très différent certes des
autres publics, ne se maintenait pas capable
d'apprécier attentivement, froidement, sans illusion, la solidité des arguments que nos paroles
enveloppent. Et pour la gaucherie bon enfant des
paroles, je suis excité à vous la recommander,
quand je rencontre ce préjugé que nous sommes

ici un cénacle de professeurs vieux-jeu, entraînés
à l'éloquence et nous y adonnant. Un tel préjugé
est cause que ceux qui auraient une opinion à nous
communiquer, mais se sentent inhabiles à parler,
n'osent pas intervenir dans notre recherche, et
c'est grand dommage. Pour aujourd'hui (Entretien sur l'idée humanitaire) j'avais invité M. Jean
Grave, l'auteur de *la Société mourante et l'Anarchie*, que je sais être vraiment une personne, et il
m'écrit cette excuse, dont je me sens humilié :

> Cher Monsieur,
>
> A votre aimable invitation j'aurais voulu répondre
> par une non moins aimable acceptation ; malheureuse-
> ment il y a un empèchement à peu près insurmon-
> table, c'est qu'il m'est tout à fait impossible de parler
> cinq minutes sans m'embrouiller.
>
> Evidemment, la discussion une fois en train, je puis
> y prendre part et dire mon mot, mais là encore, je
> n'ai que l'esprit de l'escalier, c'est-à-dire que les meil-
> leurs arguments ne me viennent que lorsque je suis
> seul, et repasse la discussion en ma tête.....
>
> Bien cordialement.
>
> J. GRAVE.

P. S. — Pour un camarade à ma place, cela vous
semblera peut-être étrange, mais dans le milieu des
Temps nouveaux, nous sommes à peu près tous logés
à la mème enseigne quant à la facilité de parole. Et

comme je ne voudrais vous présenter que quelqu'un
avec qui je serais complètement en communion d'idées,
je ne veux pas chercher ailleurs.

Vous entendez bien pourquoi cette humilité de
Jean Grave m'a humilié. Nous ne voulons pas
être pris pour des parleurs, même pour les plus
beaux parleurs du monde. Et c'est faire tort à nos
auditeurs que de les croire incapables de priser
une pensée qui se livre incomplètement et difficilement. Des *silences brisés* avec effort, des balbu-
tiements douloureux à force d'être sincères, une
simple présence d'homme aux traits énergiques et
au regard droit, cela vaut pour nous. Il faut qu'on
le sache. Et j'ai confiance qu'à la fin on le saura,
quand nous aurons prouvé longuement, par notre
détachement manifeste de toute habileté, que telle
est, en effet, notre échelle des valeurs et notre
règle.

La conversation précédente nous a fait voir les
facteurs économiques ourdissant, au travers et
au-dessous des frontières nationales, une communauté plus large. La condition du travailleur uni-
formisée, à mesure que l'industrie se détache du
sol; la monotonie, pour les ouvriers, par tous
pays, du labeur, de la misère et de la lutte; d'autre
part, les communications et les échanges forçant
les nations à se pénétrer et à se mêler; les ouvriers

itinérants transportés en wagon et en paquebot
d'un pays à l'autre, d'un continent à l'autre, se
retrouvant à même niveau dans des sociétés politiques diverses et prenant conscience ainsi de
cette uniformisation que nous avons dite; enfin,
les intérêts internationaux produisant des organismes, d'abord occasionnels, puis permanents et
entr'appuyés les uns aux autres, comme des poly-
piers, d'abord îlots semés, qui peu à peu se sou-
dent en soubassements fermes : voilà ce qui
nous a été montré. Mais il nous a été montré
aussi que cette action des facteurs économiques
n'est pas mécanique, fatale et simple. Elle
traverse des consciences humaines, et elle est
réfractée diversement par celles-ci. La conscience
d'un patron capitaliste et celle d'un ouvrier prolétaire réagissent différemment sous le même
phénomène économique. C'est dans ces consciences humaines qu'il faudrait pouvoir entrer par
une analyse attentive.

Nous allons l'essayer aujourd'hui. Parmi les
faits qui paraissent concourir encore à effacer la
différenciation entre nations, ceux que nous voudrions saisir à présent sont d'ordre psychologique : *concepts* ou *sentiments*. Certains concepts
paraissent concourir à effacer la différenciation
parce qu'ils n'en tiennent aucun compte, et nous
habituent à la négliger. Nous réunirons ces concepts sous l'étiquette : *idées cosmopolites*. D'autre

part, certains sentiments paraissent concourir
dans le même sens, parce qu'ils se heurtent à
la différenciation des sociétés politiques et ne
l'acceptent pas, sont froissés par leur antagonisme
et nous poussent à le détester. Nous réunirons ces
sentiments sous la rubrique : *sentiments humanitaires*. L'objet de notre conversation, aujourd'hui,
est donc de saisir, comme faits, le *cosmopolitisme*
et *l'humanitarisme*. Bien entendu, il ne s'agit ni
d'approuver, ni de honnir, mais de comprendre.
C'est le point le plus délicat, sans doute, de ceux
que nous toucherons dans ces Entretiens. Il faut
examiner les faits que les cosmopolites inter-
prètent, et critiquer leur interprétation ; cela
demande du soin. Il faut prêter attention aux
motifs des humanitaires et les essayer, chacun à
part soi, par une confrontation à nos principes
propres ; cela exigerait une bonne foi, un sens
froid, une *dépréoccupation* presque anormale...
Essayons pourtant.

Le cosmopolitisme intellectuel, d'abord. Nous
rencontrons ici quantité de faits très connus
depuis Mᵐᵉ de Staël, signalés et commentés par
MM. Paul Bourget, Edouard Rod, Emile Hen-
nequin, André Hallays, etc., étudiés méthodiquement par des spécialistes : on connaît assez
M. George Brandes, M. Saintsbury, M. Joseph
Texte, M. Fernand Baldensperger... La « littéra-

ture comparée » n'est plus seulement un réper-
toire de rapprochements curieux, une statistique
de traductions ou imitations d'une langue à l'autre.
En faisant l'histoire des relations réciproques des
diverses littératures et des migrations, par dessus
les frontières linguistiques, d'un thème imaginatif,
d'un lieu-commun, d'une esthétique, d'une notion,
d'une méthode, d'une habitude intellectuelle ou
sentimentale, — on dégage ce qui, d'une part,
s'est internationalisé, est devenu terrain banal de
« la république des lettres », et ce qui, d'autre
part, résiste à l'assimilation, reste particulier, sau-
vagement ethnique, physionomique d'une nationalité. Ceci est une recherche de sociologie et de
« psychologie des peuples ». On voit d'emblée
en quoi elle contribue à éclairer la question de
l'internationalisme. J'ai donc interrogé M. Fernand Baldensperger, professeur à l'Université de
Lyon, comme l'historien de la *Weltliteratur* le
mieux informé qui soit aujourd'hui en France.
Voici la note qu'il m'a fait tenir, par l'obligeant
intermédiaire de M. Henri Lichtenberger :

La façon même dont a pu se poser le problème des
relations littéraires internationales semble avoir beaucoup varié dans l'Europe moderne. La littérature
issue de la Renaissance, vivant sur fonds d'humanisme,
se soumettant à des règles réputées générales, n'enga-

geant guère les singularités d'imagination et de sensi-
bilité, tendant à perdre tout accent national, pouvait
constituer, pour les différents peuples, une sorte de
communauté idéale et transcendante. Il y a véritablement, vers 1700, une « République des lettres »
analogue, en somme, à ce que pouvaient être, au
moyen âge, la Chrétienté, la Chevalerie, pour des
hommes que rien n'empêchait, d'ailleurs, d'être fort
attachés à leur coin de terre ou à leur suzerain particuliers.

Cette conception se modifie au cours du XVIIIᵉ siècle ;
les littératures se nationalisent. Mais la constatation et
la découverte réciproques des idiosyncrasies ne rompt
pas d'abord l'harmonie de l'ensemble.

Aux alentours de 1750, le cosmopolitisme littéraire
consiste en une mise en commun des productions
intellectuelles, un système d'échanges, une maison de
commerce dont le français était la monnaie courante.
(Cf. les prospectus du *Journal Étranger*, du *Nouveau
Journal Étranger*, etc.) L'idée d'un libre-échange
nécessaire et d'une interdépendance favorable à
l'« émulation » est volontiers admise.

A prolonger les confrontations, on s'avise qu'il y a
des limites à la « pénétrabilité », et que des prédilec-
tions peut-être irréductibles rattachent les différents
groupements et leurs productions littéraires. On se
comprend de moins en moins, à mesure que chaque
peuple retrouve son propre passé intellectuel (Cf. les
discussions concernant Shakespeare et Dante, vers 1776).
Il semble que littérature, nationalité et langue doivent
faire corps étroitement.

De 1815 à 1840 environ, retour à la conception libre-échangiste : les littératures, quoique différenciées, peuvent très bien communiquer et s'emprunter l'une à l'autre (« *Weltliteratur* », de Gœthe, prospectus du *Globe*, de *l'Europe littéraire*, etc.) Ce qui dans la période antérieure, était la conception d'une minorité suspecte (Mme de Staël, Benj. Constant), est communément admis par gens de lettres et critiques.

De 1840 environ à 1880, nouvelle période de repliement sur soi-même; nulle large mise en commun, en dehors de la science, de l'érudition, de la philosophie. Tendance à monopoliser, au bénéfice d'une « tradition nationale » généralement limitée à dessein, les préférences littéraires de chaque peuple (Nisard : « Entre peuples civilisés, on n'échange pas les choses de l'esprit sans perte pour chacun. »)

Le point de vue qui semble devoir triompher (non sans des résistances et des reculs) est le suivant :

Différenciation de plus en plus grande, dans l'intérieur de chaque littérature, et dissociation des stricts concepts de nationalité et de goût.

« Les genres appartiennent à tout le monde, et les Allemands n'ont pas plus le privilège de la lune que nous celui du soleil et l'Ecosse celui des brouillards ossianiques. » D'où une possibilité de plus en plus grande de former des « groupements d'affinités intellectuelles » à travers l'Europe, qui ne soient pas déterminés par la communauté du sang, de l'idiome, de l'habitat.

La superposition trop exacte de l'idée nationale et du concept littéraire paraît destinée à céder la place à

une série de liens électifs qui contribueront au rapprochement des hommes modernes en formant des associations intellectuelles différentes des communautés
politiques et historiques. Ce n'est pas, selon toute apparence, un nivellement, une uniformisation complète
des particularités littéraires qui se produira, et il ne
serait pas souhaitable qu'il en fût ainsi. Mais, puisqu'on
peut ramener à trois types, à cet égard, les productions de l'esprit :

1° celles qui intéressent un groupe inférieur ou
extérieur à la nationalité (province, religion, spécialité
professionnelle, affinités de tempérament ou d'esprit);

2° celles qui intéressent uniquement un peuple
(œuvres intraduisibles, « esprit français », « gemüth »,
« humour », etc..);

3° celles qui intéressent un groupe plus compré-
hensif qu'une nation (chefs-d'œuvre « humains », etc.),

il est permis de croire que la seconde catégorie est
assurée du moins définitif avenir.

Fernand Baldensperger.

Monsieur Andler, auriez-vous à présenter, sur
ce schéma historique, quelques observations complémentaires ou quelques critiques ?

M. Andler. — C'est plutôt à un spécialiste de la
littérature comparée à répondre... Je crois que la
République des lettres est en dissolution dès la
fin du xvıᵉ siècle. Pour les siècles suivants, ce
que je reprocherais à M. Baldensperger, ce

serait d'avoir fait une division chronologique. Or
il semble bien que les divers courants dont il
parle sont parallèles : à aucun moment l'Allemagne ne cesse d'être envahie par les idées et les
formes littéraires du dehors. Cette invasion est
très reconnaissable même en 1750, et à mesure
que l'Allemagne se fait plus allemande, elle
emprunte davantage aux Anglais. Il y a substitution d'influence, voilà tout. Encore faut-il accorder que Rousseau, Montesquieu, Diderot tiennent
une place considérable dans la formation des
idées allemandes de la seconde partie du xviiie
siècle. M. Baldensperger l'accorderait sans doute;
mais on est bien obligé de simplifier.

M. Paul Desjardins. — Ainsi vous n'êtes pas
très persuadé que l'histoire des littératures
modernes européennes montre en effet ce rythme,
ce balancement dont l'idée, quant à moi, me
séduit, entre les deux courants d'imitation définis
par Tarde : imitation des contemporains hétérogènes, ou *mode*, — imitation des homogènes pré-
décesseurs, ou *coutume* ? Il ne vous apparaît pas
que dans l'Allemagne, que vous connaissez bien,
les deux mouvements aient alterné si nettement ?

M. Andler. — Ce balancement me paraît élé-
gant, mais un peu factice.

M. Paul Desjardins. — Entendons-nous. On ne
prétend pas qu'il y ait eu, de propos délibéré

dans le petit groupe des auteurs, deux politiques
qui aient alterné, une de libre-échange, une de
protection. On considère moins les auteurs individus, que le public collectivité, et on croit apercevoir que dans un public national, circonscrit
par l'usage de la langue nationale, il se produit,
par retours réguliers, des courants d'appel qui
aspirent l'activité intellectuelle d'une ou de plusieurs nations étrangères....

M. Andler. — Quand un pays se trouve épuisé,
il faut bien qu'il fasse appel aux autres pays. C'est
un phénomène vital analogue à la respiration. Je
ne vois là ni internationalisme ni cosmopolitisme.
Les Allemands, après la guerre de Trente Ans,
sont un peuple appauvri, politiquement, économiquement appauvri, et par suite intellectuellement appauvri; alors ils prennent de toutes parts,
de la France, de l'Angleterre... L'appauvrisse-
ment est ce qui nécessite l'emprunt, ce qui produit, non pas ce dépassement de la nationalité
qu'on peut appeler « cosmopolitisme », mais un
parasitisme de la nation pauvre. A ce compte,
établir par la force la prépondérance d'un pays,
et ravager tous les autres serait le plus sûr moyen
de fonder une « République des Lettres ».

M. Paul Desjardins. — Disons, je le veux bien,
— j'aime les explications simples, — que les peuples appauvris sont forcés de s'alimenter par des

emprunts : comme chaque peuple à son tour a
passé par là, il y a donc eu réciprocité d'emprunts, circulation, mouvement de navette, et ce
weltverkehr a dû préparer un *weltbürgersinn*. (1).
Jugeons en par nous mêmes qui avons assimilé,
au moins un peu, indifféremment Kant et Descartes, Balzac et Tolstoï, Shakespeare, Molière,
Gœthe, et, pêle-mêle, Ibsen, Maeterlinck, Wagner,
Ruskin, Poë, Kipling, d'Annunzio, Ferrero... et
qui nous sommes donnés sans grande peine une
petite culture européenne ; ne sentons-nous pas
que cette culture nous garde de considérer comme
des Barbares ceux qui s'expriment en d'autres
langues que le français, qu'elle nous permet de
causer avec des gens moyennement lettrés de
Londres, de Berlin et de Rome, à peu près
comme avec des condisciples, qu'elle nous prépare
à être avec eux *d'intelligence*, et qu'enfin elle nous
rend *apathiques* à un nationalisme impulsif et
exclusif ?

M. ANDLER. — Cette culture « européenne »
existe chez les quelques dilettantes qui se promènent sur la Côte d'Azur ; mais elle n'est pas
très répandue. D'ailleurs est-ce bien une culture ?

M. PAUL DESJARDINS. — En effet, il faudrait

---

(1) Universel échange (*Weltverkehr*), cosmopolitisme,
(*weltbürgersinn*).

nous garder d'une illusion convenue. Mais on peut distinguer, je crois, des *naturalisations* mondaines, celles de Shelley, de d'Annunzio, d'Oscar Wilde, de Gorki, si vous voulez, et des *assimilations* universitaires, plus laborieuses, plus réelles, celle de Hegel qui fut assez profonde au temps de Renan et de Taine, celle de Mommsen, celle de Jhering, qui nous ont travaillés, celle de Nietzsche, que je constate chez nos élèves ; en somme des emprunts aux Allemands surtout (1); — en ajoutant que l'élaboration universitaire a souvent repris, creusé et profité tels auteurs que les gens du monde avaient signalés sans savoir, comme Ibsen ou Nietzsche. Mais peut-on constater des *pénétrations* vraiment *populaires* ? Je me le demande et vous le demande.

M, Paul Boyer. — Il y a Jules Verne.

M. Théodore Reinach. — Walter Scott me paraît un exemple d'assimilation meilleur que Jules Verne. Jules Verne est très peu lu en Allemagne, malgré la haute attestation de Guillaume II : Walter Scott a eu un succès prodigieux dans tous les pays.

M. Andler. — Il a pu entrer du Walter Scott,

---

(1) Il faut voir l'*Enquête* importante de M. Jacques Morland *sur l'Influence allemande*. — Société du *Mercure de France, 1903.*

dans les romans feuilletons des journaux quoti-
diens qui l'ont ainsi fait passer dans le peuple.

M. Théodore Reinach. — Il peut entrer dans les
historiens ; il y a certainement du Walter Scott
dans quelques-uns de nos grands historiens, dans
Augustin Thierry par exemple ; et Walter Scott
peut exercer par leur intermédiaire une influence
immense. Parmi les écrivains populaires, il ne
faut pas oublier Shakespeare, qui est regardé en
Allemagne comme un écrivain national.

M. Paul Desjardins. — Notons pourtant que
si l'assimilation populaire est médiate et s'opère
au moyen d'un démarquage, elle n'a plus l'effet
qui nous intéresse. Il faut que le lecteur sache
qu'il est entré en conversation amicale avec un
auteur étranger, appartenant à une nation virtuellement ennemie....

M. Darlu. — La littérature me paraît un assez
mauvais échantillon pour l'étude du cosmopolitisme ; la littérature est l'expression d'une multitude de sentiments et d'idées liés à l'esprit d'un
peuple particulier. Il faudrait chercher les caté-
gories de choses cosmopolites par nature : ce sont
les idées — non pas les idées poétiques ou littéraires — mais les idées scientifiques, les idées
philosophiques, j'ajouterai, dans une certaine
mesure, les conceptions religieuses, qui, il est
vrai, sont aussi nationales en partie. Quant à la

littérature, elle donne lieu à des emprunts, à des échanges, mais ce n'est pas là du cosmopolitisme ; la langue est liée au génie de la race ; la littérature exprime des idées sentimentales qui ne sont pas universelles. Ce qui est universel, je le répète, ce sont les idées scientifiques, les idées philosophiques, et dans une certaine mesure les idées religieuses.

M. Arthur Fontaine. — Il me semble aussi que dans les échanges d'idées, ce sont uniquement les idées scientifiques qui étendent d'une manière durable le cosmopolitisme. La science a partout des méthodes identiques, un but indépendant de toute tradition. Elle fait de tous les hommes des collaborateurs à la recherche d'une vérité unique. La littérature sentimentale exprime surtout la grâce de la race, elle reflète ses traditions et les circonstances qui l'ont particularisée. Le sentimentalisme internationaliste dont elle déborde à certains jours fait place facilement, suivant les incidents et les impressions, à un nationalisme aigu.

M. Andler. — Je crois que M. Fontaine fait trop grande la part des découvertes scientifiques dans la formation des idées cosmopolites. Il y a une constante migration d'idées philosophiques, morales et politiques ; beaucoup de sentiments aussi sont contagieux de peuple à peuple. J'estime qu'il y a là un fait permanent.

13

M. RAUH. — Je crois qu'il faut ici distinguer les temps. Aujourd'hui le vrai lien spirituel entre les peuples, c'est la science, mais il n'en a pas été ainsi dès le jour où la science. positive est née. Au xviie siècle, la science n'unissait pas les peuples, elle les unissait moins que la littérature. Descartes conçoit la science comme une méthode et un système dont il livre le secret au monde, non pas comme un trésor commun où tout le monde puise, un domaine collectif. Descartes et Fermat ne correspondent pas comme des citoyens de la république des lettres, mais comme des seigneurs féodaux, qui ont conscience de leurs droits sur leurs domaines respectifs. Pour d'autres savants du temps, la science est une collection de curiosités. Telle est l'idée de la première Académie des sciences et du P. Mersenne. Ce que M. Fontaine a dit est vrai pour la science contemporaine, c'est faux pour la science du xviie siècle.

M. LALANDE. — Ce que vient de dire M. Rauh est vrai pour Descartes, individualité sans expansion, concentrée sur elle-même ; c'est faux pour Bacon, qui prévoit très nettement l'internationalisation de la science. Bacon fait le projet d'une organisation qui grouperait les universités de l'Europe entière : « De même, dit-il, que la nature crée la fraternité dans les familles, que les arts

mécaniques créent la fraternité dans les corporations, que l'onction divine crée la fraternité entre
les rois et entre les évêques, etc... de même il est
impossible qu'il ne s'établisse pas une brillante et
noble fraternité entre les hommes par les sciences
et par les lumières. » (1)

M. RAUH. — Je me demande si l'idée de Bacon
n'est pas un legs du moyen âge. Bacon était
rempli d'idées du moyen âge, c'est sous le couvert des idées religieuses que la sienne est internationale. On peut douter qu'avant Leibnitz la
science comme telle ait été conçue comme un lien
international.

M. LALANDE. — Ces idées sont religieuses dans
leur forme, mais cela n'en change pas la nature et
la portée. Le culte de la raison s'est exprimé au
XVIIe siècle par des formules toutes religieuses :
les « vérités éternelles » sont Dieu lui-même.
Bacon, d'ailleurs, mettait systématiquement les
idées modernes sous la forme ancienne et traditionnelle ; il a expliqué expressément cette méthode,
— qui a d'ailleurs beaucoup nui à sa réputation.

M. ARTHUR FONTAINE. — L'action de la science
et des méthodes scientifiques s'exerce, que les

---

(1) « Fieri non potest quin intercedat fraternitas illustris
et generosa inter homines per doctrinas. » !— *De la valeur
et du progrès des sciences*, II, 12. Mêmes idées dans la *Nouvelle Atlantide*.

hommes en soient ou non conscients. Je n'ai pas
dit que les savants aient toujours eu conscience
du rôle de la science, comme facteur d'unification, et je suis sur ce point d'accord avec M. Rauh.

M. ANATOLE LEROY-BEAULIEU. — La littérature
a un caractère national par ses sources et par ses
moyens d'expression ; c'est une des raisons pour
lesquelles nous devons désirer le respect de la
nationalité et du sentiment national. Mais, par
ses effets, la littérature n'a pas le même caractère ;
son influence déborde bien au-delà des frontières.
Au moyen âge, la littérature française, celle de
nos trouvères et de nos chansons de gestes, s'est
répandue par toute l'Europe, comme l'architec-
ture française, en suivant la même marche. Au
xviie siècle, il est vrai, l'influence de notre littérature, à l'extérieur ne répond pas à son éclat à
l'intérieur. Mais au xviiie siècle, la littérature française est bien européenne, et plus qu'européenne,
puisque son influence s'exerce aux Etats-Unis ;
elle est cosmopolite. Un de nos critiques, Faguet
je crois, a dit de notre xviiie siècle qu'il n'était « ni
français, ni chrétien » ; je crois quant à moi, que
les écrivains du xviiie siècle étaient français sans
le savoir et plus chrétiens qu'ils ne pensaient,
mais notre littérature n'en était pas moins européenne et humaine.

La littérature allemande de l'époque classique a

eu, elle aussi, un caractère humanitaire et cosmopolite. Les grands écrivains de l'époque actuelle
sont presque tous des hommes connus du monde
entier : Ibsen, Tolstoï, ont agi sur toutes les littératures, non seulement sur la forme, mais aussi
sur les idées. Je crois qu'on ne peut nier l'influence universelle de la littérature.

M. Paul Desjardins. — Méfions-nous : la conversation va devenir vague... Pour la resserrer
un peu, si nous considérions un petit fait ? —
Vous avez lu dans les journaux de cette semaine
la communication qu'ont échangée quelques écrivains ou savants tant d'Allemagne que d'Angleterre. Ils ont essayé, de part et d'autre, de contre-
peser par un témoignage solennel d'*euxénie*
l'hostilité provoquée entre les deux nations par la
concurrence économique. Deux choses me semblent à considérer dans cette manifestation :
d'abord, que quelques dizaines de particuliers,
en Europe, sans qualité officielle, s'attribuent, de
par leur supériorité reconnue dans leurs techni-
ques diverses, un crédit international, tel qu'ils
le puissent utiliser en faveur de la paix ; ensuite
qu'ils s'adressent à leurs compagnons de gloire
et de travail non comme à des étrangers, mais
comme à des confédérés. On a déjà vu de semblables échanges de propos entre « intellectuels »
français et allemands. Vous vous rappelez qu'en

1841 Becker s'est adressé à Lamartine et que
Lamartine lui a répondu. En 1870, Renan et
Strauss, Fustel de Coulanges et Mommsen ont
conversé dans leur langage d'historiens, d'un
camp à l'autre camp. Il est vrai que dans ces
conversations l'interlocuteur français seul a gardé
une sérénité entièrement exempte de nationalisme démagogique; — cela tient sans doute à ce
que chez nous, comme l'a remarqué un observa-
teur très original, M. René Quinton (1), *l'intelligence est parvenue à l'état d'organe différencié.*
Au demeurant, on se parle; entre « intellectuels »
de diverses nations, comme entre gens qui, habitués à une commune méthode, s'entendent à demi-
mot. Que vous en semble?

M. Théodore Reinach. — Il me semble que les
faits de 1870, que vous rappelez, prouvent le contraire de votre thèse. Ils prouvent qu'entre personnes habituées à se servir des mêmes méthodes
il peut subsister des antagonismes frappants.
Renan était pacifiste, mais au fond il était Français, et Strauss était Allemand; pour Fustel et
Mommsen on doit dire la même chose. Ces faits
semblent indiquer que les sciences ne sont pas

---

(1) On peut lire la dissertation importante de M. René
Quinton dans l'*Enquête* de M. Jacques Morland, citée plus
haut, p. 167-172, 281-293.

un lien très étroit : ce sont plutôt les sentiments
qui unissent. Pour rappeler le cas d'un autre
savant, nous avons tous connu Pasteur, et nous
savons qu'il était très nationaliste de sentiments.
Je doute que la science puisse prévaloir contre les
sentiments.

M. Darlu. — On ne dit pas que la science,
agglutinant les nationalités, soit plus forte que les
autres sentiments réunis, mais nous disons que le
cosmopolitisme créé par la science peut contre-
balancer les sentiments d'un caractère national
dans une certaine mesure. Je dis le *cosmopolitisme*,
et non pas l'*internationalisme* : le cosmopolitisme s'oppose à l'internationalisme aussi bien
qu'au nationalisme.

M. Anatole Leroy-Beaulieu. — Pratiquement,
beaucoup de personnes entendent l'internationalisme comme la suppression des nations. La tendance à prendre le mot dans ce sens est commune.

M. Darlu. — On peut toujours faire des fautes
de français (*Rires*).

M. Henry Gérard. — Je vais présenter une
observation qui paraîtra peut-être une naïveté :
Vous avez parlé de la technique commune. Il y a
une technique commune à tous les êtres humains,
la technique de la vie. Un courant sympathique
s'établit entre les mécaniciens de tous les pays, et
un courant sympathique s'établira entre tous les

êtres humains au moyen des coopératives de production et des coopératives de consommation. (*Approbation.*) C'est là le seul terrain commun à tous les êtres humains; on peut appliquer cela aux tribus du cœur de l'Afrique comme aux paysans de nos campagnes.

M. Paul Desjardins. — Ce qui constate les relations internationales d'ordre intellectuel, ce qui permet d'en mesurer l'activité, et ce qui les resserre encore, ce sont les institutions *inter-scolaires, inter-universitaires, inter-académiques.* Nous avons à Paris un *Office d'informations et d'études* auquel viennent aboutir toutes les manifestations de cet ordre. Notre bon collègue, M. Victor-Henri Friedel est le secrétaire de cet Office. Il n'y a donc personne à Paris qui soit mieux en situation que lui pour nous documenter sur ces organes internationaux. Ecoutons-le.

M. Friedel. — Les faits que vous me demandez se trouvent condensés dans une conférence que j'ai faite au mois d'août 1905 à l'Exposition de Liège. Cette conférence a été publiée dans le numéro de décembre de la *Revue de Belgique* (1); je l'ai déposée sur votre bureau et je la tiens à votre dis-

---

(1) Sous ce titre : *Le rapprochement des nations par les institutions scolaires.*

position, si vous jugez utile de la répandre. Je crois que j'y ai ramassé tout ce qui, à l'heure actuelle, est fait par l'école, à tous les degrés, en vue de faire connaître et estimer aux jeunes générations les pays et les peuples étrangers.

A l'école primaire élémentaire il faut se borner à apprendre aux enfants, dans les leçons de civisme et de morale, que les hommes de tous les pays et de toutes les couleurs sont également respectables. On agira contre le chauvinisme pernicieux de l'ignorance par la morale humaine.

Dans les écoles primaires supérieures d'où sort l'immense majorité des travailleurs, et dans les écoles secondaires où on forme, en plus, des chefs de file, les divers enseignements (histoire, géographie, histoire naturelle, langues vivantes) servent directement à faire connaître aux élèves tout ce qu'il est dans leur intérêt, intellectuel et matériel, de savoir des pays étrangers, de leurs habitants, de leurs industries, etc., etc. Evidemment, la pédagogie suivie doit être conforme, pour que l'intérêt des élèves reste éveillé dans les différentes classes, et que, par exemple, l'enseignement des langues vivantes apparaisse avec son vrai but, qui est de mettre les gens cultivés à même de connaître par eux-mêmes le pays dont ils étudient la langue. Je m'explique : si les classes d'histoire, de géographie, de sciences naturelles précèdent celles

de langues vivantes, de sorte qu'un élève ait
entendu parler de l'histoire, de la géographie,
de la science de l'Angleterre avant la leçon d'anglais, celle-ci ne lui semblera plus une corvée
grammaticale. Les professeurs ont à s'entendre,
naturellement, en vue de cette unité réelle.

Comme moyens pratiques, l'école peut favoriser
l'échange de correspondances entre élèves, les
voyages scolaires, les échanges d'élèves ; ces
moyens ont été tentés avec succès. Un de ces
moyens a été établi officiellement par des conventions entre les Ministères de divers pays sur l'ins-
tigation de notre Ministère : c'est l'échange de
jeunes maîtres, hommes et femmes, qui causent
dans leur langue maternelle avec les élèves de nos
lycées, collèges, cours secondaires, écoles normales. L'Allemagne et l'Angleterre nous ont
envoyé de cent à deux cents jeunes gens ; nous
avons envoyé en Prusse et en Angleterre environ
soixante jeunes gens français. Nos nationaux qui
sont à l'étranger sont très contents ; ils sont payés ;
non seulement ils apprennent la langue, mais à
connaître les gens parmi lesquels ils vivent, et
qu'ils n'auraient pu connaître sans leur séjour
dans le pays. Tous les étrangers ne sont pas également contents de la France, car jusqu'à présent
nous ne pouvons offrir à ces jeunes gens que
l'internat de nos écoles, et vous savez combien

peu un étudiant de Cambridge ou de Berlin
s'accommode du modeste et restrictif régime de
nos internats. Mais cela s'arrangera. Les résultats
sont des plus encourageants, autant pour la propagation des langues que pour la connaissance
réciproque entre gens intelligents des divers pays.
C'est là un intérêt capital. Pour ne rien dire des
écoles spéciales, commerciales, par exemple, dont
tous les élèves doivent passer par l'étranger, les
Universités ont fait beaucoup. On recommence à
appeler dans les chaires des professeurs étrangers
pour professer à tour de rôle leur spécialité. La
migration des étudiants, jadis si fréquente, est
redevenue ordinaire. Dans nos Universités, on a
organisé des cours de technologie spéciale qui
attirent des jeunes gens étrangers; vous savez ce
qui a été fait à Grenoble à ce point de vue. Mais
il y encore trop de barrières, provenant des commissions d'examens, qui ne tiennent pas toujours
compte, pour les inscriptions, du temps passé à
l'étranger. En Allemagne, par exemple, un futur professeur de français ou d'anglais se voit compter un,
au minimum, ou deux semestres passés en France
ou en Angleterre, dans la scolarité totale requise
pour ses examens. Mais je ne veux pas vous refaire
ma conférence. Je vous rappelle seulement les
institutions franco-écossaise, franco-scandinave,
franco-américaine, qui sont des Associations uni-

versitaires et qui ont pour but de rapprocher les
jeunes gens de hautes écoles, et aussi les bourses
de voyage franco-américaines, Kahn, Lebaudy,
Carnegie, Cecil Rhodes et autres. Voici, je pense,
comment les institutions scolaires servent à rapprocher les nations. Appelez cela de l'internationalisme, si vous voulez ; il est certain qu'un tel
internationalisme n'affaiblira en rien les forces
nationales de ceux qui le protègeront. Au contraire, l'un fortifie l'autre.

M. Darlu. — Tout ce qui est dit là se réfère à
l'internationalisme, qui consiste en échanges
entre les nations. Les Universités des différents
pays échangent des étudiants comme les industriels de France et d'Angleterre échangent des
produits. Ce n'est pas la question du cosmopolitisme tel que nous devons l'entendre, je crois.
Pour qu'on pût voir dans des faits de ce genre
du cosmopolitisme, il faudrait imaginer que des
étudiants de différents pays vinssent dans une
ville comme La Haye faire de communes études
et y *restassent* fixés, véritables savants sans
patrie.

M. Bollack. — Pour compléter ce qu'a dit
M. Friedel, on pourrait mentionner un grand
nombre de faits dans l'ordre de l'enseignement
supérieur. Beaucoup d'organismes internationaux
sont énumérés dans l'*Annuaire de la vie interna-*

tionale, publié par l'Institut de la Paix de Monaco : Bureau international des poids et mesures,... Association géodésique, siège à Potsdam ; Association permanente de navigation à Bruxelles ; Union pour les échanges officiels de documents à Washington ; Comités internationaux de botanistes à Leyde, de météorologistes à Londres, de statisticiens à Rome. La carte du ciel est entreprise en commun par tous les observatoires du monde sous la direction de celui de Paris. Annuellement se tiennent de nombreux congrès scientifiques...

M. Arthur Fontaine. — Un grand nombre de ces organismes n'ont pas pour objet les échanges d'idées, mais l'administration des choses. A ce titre, ils ont une importance capitale ; ils forment un embryon d'administration internationale, s'appliquant à des intérêts positifs et définis. Il en a été question trop brièvement au cours du dernier entretien, et il y a lieu d'insister sur leur signification, mais je ne pense pas que nous devions nous occuper aujourd'hui de l'administration des intérêts communs. A la dernière réunion, nous avions par devers nous les statuts d'un certain nombre de ces associations...

M. Bollack.— J'assistais à la dernière réunion. Il n'y fut question que de l'Office central du travail de Bâle et du Bureau international des chemins de fer et télégraphes, dont le siège est à Berne....

M. Arthur Fontaine. — La discussion s'est en effet trouvée écourtée faute de temps. Il serait peut-être utile de publier les notices sur ces organismes que j'avais fait copier pour M. Paul Bureau, et aussi une liste des asssociations de toute espèce dont parle M. Bollack (1).

M. Pécaut. — Quand on parle de la pédagogie de l'internationalisme dans les lycées, il ne faut pas oublier l'influence des sports. Il est incontestable que le foot-ball, par exemple, a beaucoup contribué à supprimer l'animosité des lycéens à l'égard des Anglais. (*Rires*.)

M. Henri Hayem. — Ce qui a empêché jusqu'à présent les échanges d'élèves et d'étudiants de donner tous les résultats attendus, au point de vue de la constitution d'une mentalité cosmopolite, c'est qu'il en résulte trop souvent une désorganisation des études. Pour que la pratique pût en être généralisée, il faudrait qu'il existât un enseignement conçu suivant un plan uniforme et sanctionné par des diplômes équivalents dans tous les pays civilisés. Le Congrès universel de la Paix,

---

(1) Cette liste a paru en annexe au précédent Entretien. Elle est complétée ci-après par un relevé des organisations féministes, communiqué par Mme Odette Laguerre.

tenu à Lucerne au mois de septembre dernier a
traité cette question. Il n'a pas cru devoir demander aux divers États d'introduire une entière
identité dans l'organisation de l'instruction
publique. C'eût été certainement prématuré, peut-
être même injustifiable. Mais le Congrès de la
Paix a demandé que, dans chaque État, quelques
établissements soient fondés, comportant un système d'enseignement identique à celui qui serait
créé parallèlement dans quelques établissements
des autres États. Ce serait comme un essai d'enseignement cosmopolite en miniature.

M. ANATOLE LEROY-BEAULIEU. — Il y a une institution internationale toute récente, la fédération
des Académies. Depuis trois ou quatre ans, il
s'est formé entre les Académies une fédération
qui les amène à entreprendre certains travaux
ensemble. Notre Académie des sciences morales
et l'Académie de Berlin doivent ainsi publier les
œuvres de Leibnitz ; d'autres travaux communs
sont en projet.

M. FRIEDEL. — Cette association est mentionnée dans ma conférence. Elle ne s'occupe pas des
corps enseignants ni des écoles. Mais elle ne
pourra pas ne pas le faire ultérieurement.

M. LALANDE. — A la fédération des Académies
se rattache la question d'une langue internationale ; on sait combien de langues auxiliaires de

ce genre ont été inventées. Quelques-unes sont tout à fait pratiques, ont déjà permis à leurs adhérents de tenir des Congrès internationaux sans autre moyen de communication ; elles se sont formé déjà une bibliothèque importante. Une *délégation* s'est fondée, il y a quelques années, pour étudier la question du choix à faire entre ces langues ; une pétition signée par plus de deux cents membres des Académies ou professeurs des Universités européennes, a demandé à la Fédération des Académies de vouloir bien prendre une décision officielle et internationale à ce sujet.

M. Paul Boyer. — D'après M. Friedel, le séjour des jeunes gens à l'étranger trouverait un obstacle dans la scolarité non effectivement remplie. Cet obstacle n'existe plus : Les Universités de Paris se sont mises d'accord sur ce point et ont permis qu'avec un ou deux semestres de séjour à l'étranger, les jeunes gens puissent passer l'examen de fin d'année. Le même esprit existe en Prusse dans les enseignements similaires. A Grenoble deux cours de droit se font en allemand, les jeunes Allemands peuvent suivre ces cours et passer leur examen une fois revenus chez eux.

M. Friedel. — On pourrait ajouter que dans certains pays on admet des inscriptions cumulatives pour *toute* la scolarité : en Allemagne, par exemple.

Je répète qu'un semestre ou deux semestres de séjour à l'étranger sont trop peu pour connaître le pays et apprendre la langue : il arrive souvent qu'on rencontre des compatriotes à l'étranger et que l'on parle beaucoup plus le français que la langue du pays. Il faudrait laisser aux jeunes gens une liberté beaucoup plus complète, il faudrait se contenter des certificats d'études qu'ils rapportent et leur donner l'équivalent chez nous. Ce que dit M. Boyer, je l'ai dit aussi, mais c'est insuffisant.

M. Darlu. — Sur le fond du sujet, on peut dire que les relations entre nations vont se multipliant, que ces relations impliquent la création et le fonctionnement d'organismes internationaux ; on peut donc dire que l'internationalisme va croissant. Mais, d'autre part, il paraît bien que le sentiment national se précise, s'intensifie et même s'échauffe de plus en plus. Qu'on pense à la place que tiennent dans la vie actuelle de l'humanité le sentiment national anglais, le sentiment national américain, le sentiment national allemand, le sentiment national japonais, et même le sentiment national hongrois, le sentiment national norvégien, le sentiment national bulgare... En France sans doute nos institutrices chantent l'*Internationale*. Mais on peut affirmer que natio-

nalisme et internationalisme sont deux faits qui
croissent parallèlement. La question du cosmopolitisme est tout autre. Elle se pose en ces termes :
l'influence des éléments universels dans la vie
de la masse des hommes va-t-elle croissant ? Les
idées scientifiques, philosophiques, esthétiques et
religieuses prennent-elles dans la vie des hommes
une importance de plus en plus considérable ?

M. Paul Desjardins. — Alors le cosmopolitisme sera toujours restreint aux hommes qui ont
des loisirs ?

M. Darlu. — Non. Il se produit une réverbéra-
tion perpétuelle des consciences les plus éclairées
sur les plus obscures. Aujourd'hui tout paysan,
dans tout pays, se sert du thermomètre ; l'usage
du thermomètre et du baromètre est entré dans
les mœurs populaires. Cet usage emporte avec lui
des idées scientifiques.

M. Arthur Fontaine. — Il paraît trop absolu
de considérer le cosmopolitisme comme engen-
dré uniquement par les idées communes des
peuples : scientifiques, philosophiques, esthétiques ou religieuses. Il faut faire une large part
aux conditions économiques. Les valeurs mobi-
lières, la facilité des transports, la possibilité de
vivre en divers points de la planète sans presque
modifier ses habitudes, l'identité des conditions
du travail dans les pays ayant notre civilisation :

ce sont, au sens où l'entend M. Darlu, des facteurs
de cosmopolitisme autant que d'internationalisme.

M. PAUL DESJARDINS. — L'idée de M. Darlu est
qu'en considérant la vie mentale d'un individu,
on trouve que cet individu est cosmopolite dans
la mesure où l'instinct, en lui, cède la place aux
idées.

M. DARLU.— Aux idées en tant qu'universelles.
Je croyais avoir compris les faits économiques
dans les relations internationales, quand j'ai dit
que les relations internationales vont croissant.
L'identité des conditions du travail est-elle un
facteur d'internationalisme? Oui, évidemment ;
de cosmopolitisme? c'est possible, c'est à examiner ; je n'ai pas pris parti sur cette question.

Mais c'est une chose énorme, quand on y pense,
que la représentation du monde, du soleil, des
étoiles, de la terre, des mers, de la pluie, des
sources, etc... soit la même dans toutes les têtes
humaines, françaises, anglaises, allemandes, etc.

M. ANATOLE LEROY-BEAULIEU. — Le phénomène
n'est pas nouveau. Au moyen âge, la représentation du monde était autre qu'aujourd'hui, mais
elle était aussi commune à toutes les nations civilisées.

M. DARLU. — La représentation du monde au
moyen âge était chrétienne, elle n'était la même

que pour les peuples chrétiens. Et elle était alors
infiniment courte et réduite, elle tenait sur les
murs d'une cathédrale.

M. Anatole Leroy-Beaulieu. — Aujourd'hui
encore la plupart des peuples non chrétiens sont
impénétrables à nos idées et à notre civilisation.

M. Rauh. — Les Japonais, les Chinois, acceptent notre civilisation.

M. Anatole Leroy-Beaulieu. — Oui, mais
regardez les peuples musulmans, par exemple : ils
constituent encore un monde fermé.

M. Paul Desjardins. — Nous allons maintenant
aborder l'humanitarisme sentimental : nous allons
tenter d'en faire l'étymologie, c'est-à-dire d'en
dégager le sens vrai en remontant à ses origines.
Une première thèse est que ce sens est mystique,
que l'humanitarisme n'est que la foi en la fraternité des hommes enfants de Dieu, que c'est donc
un commmandement de Dieu et que l'origine en
est religieuse. Je m'adresse d'abord à l'historien du
peuple juif, à M. Théodore Reinach, et je lui
demande si l'on est fondé à tenir l'humanitarisme
comme une création d'Israël. C'est, vous le savez,
la thèse de quelques critiques, et·non pas de critiques juifs seulement, mais encore et surtout
d'antisémites patriotes, qui ajoutent ce grief à
beaucoup d'autres qu'ils pensent avoir contre les

Juifs. M. Georges Goyau fournit à l'appui quelques textes qu'il estime probants... (1).

M. Théodore Reinach. — Je n'ai pas eu le temps de rechercher et de vérifier les textes de M. Goyau. Mais il reste vrai que l'élément juif a contribué dans une mesure importante au rapprochement des diverses nations. Cela semble au premier abord paradoxal, car à l'origine le peuple israélite était très fermé, très hostile aux autres peuples, très convaincu de sa supériorité éthique et religieuse. Mais ensuite il s'est produit une évolution que nous pouvons saisir et expliquer.

Cette évolution a deux causes : la première cause a été le principe de vie religieuse du peuple d'Israël. Quand on étudie l'histoire de la religion israélite, on constate continuellement un élargissement de l'idée de la divinité. Au début, le dieu des Hébreux est le dieu d'un peuple, il les protège contre les autres peuples et les autres dieux. Peu à peu, instruits par les revers, les Juifs regardent Dieu comme le père commun de toutes les nations. Or il est incontestable que la notion de la paternité divine est génératrice de la notion de la fraternité humaine. Cette conception de la

---

(1) G. Goyau : *L'idée de patrie et l'humanitarisme.* Perrin (4ᵉ éd. 1903), p. 373-376. Citations contemporaines, du rabbin Isaac Bloch, et de quelques romanciers.

paternité divine apparaît d'abord dans le Livre des Psaumes et dans le second Isaïe. J'ajoute que le Dieu Père est surtout conçu comme un Dieu de justice, qui se manifeste et qu'on révère en faisant régner la justice dans chaque nation et entre toutes les nations : nouvel élément, sinon de cosmopolitisme, du moins d'internationalisme.

La seconde raison a été le changement politique de la nation. Le sentiment national a été transformé chez les Juifs en croyance. Cette transformation a été accomplie par la destruction de l'unité nationale. Pendant très longtemps, il est vrai, la racine nationale étant détruite, les Juifs dispersés ont eu encore une vie nationale ; mais, peu à peu, ils ont pris les habitudes des pays où ils résidaient. Alors voici quelle est leur situation. D'une part, ils ont une nationalité, celle du pays où ils habitent ; d'autre part, ils ont des frères et des amis dans tous les pays du monde. Ce double sentiment est très visible dès le moyen âge dans les écrits de Benjamin de Tulède, par exemple. Le lien n'existe qu'entre les Juifs, mais, comme les Juifs appartiennent à diverses nations, c'est, en réalité, un lien entre les diverses nations.

Pour ne pas généraliser, on peut diviser les Israélites d'aujourd'hui en trois classes : les gros capitalistes, les prolétaires et la classe moyenne. Dans tous les pays tout à faits civilisés (j'exclus

par conséquent la Russie), le prolétaire juif a le
sentiment international dans les mêmes conditions
que les autres prolétaires, peut-être plus, à cause
de la survivance de l'esprit prophétique révolutionnaire et de la facilité avec laquelle le Juif se
déplace; vous savez quels exodes étonnants de
prolétaires juifs a vu le xixᵉ siècle, exodes qui étaient
la suite des exodes des siècles précédents. — Les
capitalistes israélites ont des sentiments internationaux à un autre point de vue : ils ont des capitaux, des relations, des représentants dans tous
les pays du monde. Prenons un exemple, qui ne
peut froisser personne, l'exemple de la famille
Rothschild; je ne mets en doute le patriotisme
d'aucun des membres de la famille Rothschild;
mais si une guerre éclate entre l'Angleterre et la
France ou entre la France et l'Autriche, leur sentiment patriotique aura évidemment une couleur
un peu spéciale, car il y aura des membres de la
famille dans tous les camps; en tout cas, ils n'auront pas le patriotisme agressif. Les haines entre
nations sont faites d'ignorance réciproque; or,
les Juifs sont bien placés pour connaître toutes
les nations. — Quant aux classes intermédiaires,
au boutiquier, au médecin, à l'avocat israélites,
français ou anglais, je ne crois pas que leur mentalité soit en principe différente de celle de leurs
compatriotes; il peut y avoir parmi eux des natio-

nalistes, et j'en ai connu. En général toutefois, *l'atavisme nationaliste* faisant défaut, leur patriotisme n'est ni âpre ni exclusif.

Dans le temps, je me suis occupé de cette question dans un petit livre, et cela m'a même valu des injures de la part de Drumont (*Rires*) : « Le patriotisme juif, disais-je, ne repose pas sur une longue hérédité ; il tire sa source des inspirations réfléchies de la raison, il naît de l'élan reconnaissant du cœur;... il est forcément exempt de tous ces préjugés dits nationaux, de toutes ces haines « sucées avec le lait » qui vicient trop souvent le patriotisme (de terroir)... Comme cette héroïne du théâtre antique, le Juif peut dire : « Mon cœur est né pour aimer et non pour haïr. » (*Histoire des Israélites*, 2ᵉ édit., p. 375).

Voilà la formule à laquelle je m'étais arrêté ; quelques-uns l'ont dépassée depuis. La crise qui a éprouvé dernièrement les Israélites, lors d'une affaire qu'il est inutile de nommer, aurait été de nature à ranimer le sentiment du nationalisme juif, à l'exclusion du patriotisme français. Si les Israélites avaient cédé à cette excitation, vous auriez eu en France un bon nombre de recrues au sionisme ; mais cela ne s'est pas produit.

M. Paul Desjardins. — Ce que j'aurais souhaité, c'est quelque texte précis de l'Ancien Testament ou de la littérature rabbinique, exprimant un

humanitarisme antiguerrier très net. Je me rappelle vaguement qu'il y en a de tels dans le
Talmud...

Sur la tradition juive s'est greffée la tradition
chrétienne. Celle-ci est sans doute une source
reconnaissable du sentiment humanitaire. Vous
vous rappelez qu'au IIe siècle, Celse (dans des
textes qui sont connus par Origène), accuse les
chrétiens d'être des « sans patrie ». Et combien de
textes chrétiens primitifs, à commencer par saint
Paul, autorisent cette imputation ! Or aujourd'hui
nous voyons que la profession de christianisme
et un nationalisme exclusif vont très bien
ensemble, — au grand scandale de Tolstoï. — Il
y a longtemps déjà que l'on chante dans les églises
Te Deum laudamus pour des égorgements plus
larges que celui de Thessalonique, pour lequel
saint Ambroise ferma son église à Théodose. Ce
ne sont pas seulement les homélies du P. Coubé
ou les toasts de Guillaume II qui font intervenir « le
Dieu des armées » dans des exhortations à l'homi-
cide patriotique : cette association de croyances
hétérogènes est fort répandue. Eh bien, je voudrais
savoir s'il y a dans ce christianisme nationaliste un
reniement récent de l'ancienne tradition chrétienne
humanitaire, ou si, au contraire, c'est l'humanitarisme antiguerrier qui est, dans la tradition
chrétienne, une excentricité, un excès d'une mino-

rité répudiée, Vaudois, Quakers, Doukhobors...
C'est la question que je pose à un historien de
l'Eglise catholique, M. l'abbé Hemmer.

M. Hemmer. — Il est difficile de traiter ce sujet,
étant donnée la difficulté de s'entendre sur le sens
des mots « internationalisme », « cosmopolitisme », « humanitarisme », la difficulté de séparer
les concepts et de les définir.

L'idée de la fraternité est très accusée dès l'origine dans l'Evangile, dans les Epitres de saint
Paul ; elle l'est dans la pratique chrétienne
par la communauté des biens ; dans l'ordre
économique et social par l'influence de l'Eglise
sur la suppression de l'esclavage. L'Eglise recom-
mandait l'affranchissement des esclaves comme
une œuvre de charité. Peut-être bien, quand elle
est devenue propriétaire, l'Eglise, rendue sou-
cieuse de ses intérêts matériels, a-t-elle été parfois amenée à interdire, — en quelque concile
particulier, — sur ses propres domaines, les
affranchissements qu'elle continuait à recommander sur les domaines privés ; mais cela n'empêche pas la marche générale des faits. L'Eglise
partait du point de vue de la fraternité chrétienne : les hommes sont frères parce qu'ils
ont une identité de nature et qu'ils sont rachetés par le sang de Jésus-Christ. Les humanitaires, aujourd'hui, s'appuient à d'autres prin-

cipes, non à la fraternité des hommes créés par
Dieu, et rachetés par Jésus-Christ, croyance que
beaucoup de contemporains n'admettent plus.

Si l'on a pu attaquer les chrétiens sur leur antipatriotisme ou leur incivisme dans l'empire
romain, c'est qu'ils ont été amenés à poser la distinction du spirituel et du temporel, à opposer
les droits de la conscience à ce qui semblait être
la forme nécessaire du patriotisme romain. Mais
ils se sont défendus, par la plume de leurs apolo-
gistes, d'être des sujets rebelles, d'avoir refusé le
service militaire, d'être des citoyens inutiles, de
déserter les villes : Tertullien fait un tableau très
nourri de l'activité des chrétiens, tableau peut-
être un peu exagéré pour l'époque où il écrit —
et ajoute que si les chrétiens se retiraient, l'Empire deviendrait un désert.

On comprend qu'après la conversion de Cons-
tantin les chrétiens, ayant trouvé dans l'Empire
une patrie, l'aient adoptée. Cette forme de natio-
lisme romain a persisté chez les chrétiens après la
dissolution de l'Empire. Avec saint Ambroise,
avec saint Augustin, ils ont regretté la disparition
de l'Empire, ne pouvant prévoir ce que deviendrait le monde sous la domination des Barbares
encore païens ou même convertis ; ils ont vu les
Barbares comme nous les Japonais : avec appré-
hension pour l'avenir.

Mais pendant tout le moyen âge, c'est bien l'idée de fraternité chrétienne qui se trouve à la base de cette unité supérieure aux nations, qui est la Chrétienté, sous l'autorité suprême des papes. Si les papes ont regretté la dissolution de la Chrétienté dans les temps modernes, c'était, en partie du moins, par le regret de voir naître des inimitiés entre nations, et de ne plus pouvoir jouer le rôle d'arbitres. Au moyen âge, ils se sont donné quelquefois le tort d'imposer leur arbitrage, mais dans l'ensemble leur intervention leur fait grand honneur, et les résultats obtenus ne sont pas contestables.

Au point de vue du nationalisme, dont on constate parfois une recrudescence chez les chrétiens, on pourrait dire que le christianisme, étant la religion de la majorité, et le judaïsme étant la religion de la minorité, l'attitude de l'un et de l'autre doit être extrêmement différente. Les minorités peuvent se dispenser de prendre parti dans les questions qui concernent les intérêts vitaux du pays, les majorités ne le peuvent pas. Sur le service militaire, les chrétiens sont arrivés à prendre position par l'idée du devoir : la majorité a pris le parti des intérêts du pays. On fait nécessairement partie d'un groupe, d'un duché ou d'un comté, puis d'un royaume, plus tard d'une république ; vis-à-vis de ces groupes il y a une attitude pratique à prendre.

Chez beaucoup de catholiques, le nationalisme tient non à des idées religieuses, mais à une représentation particulière de l'idée de devoir ; on règle son attitude à l'égard de son groupe, selon l'idée qu'on se fait du devoir de maintenir la persistance de ce groupe (1). Quand les idées humanitaires auront pénétré davantage, l'idée du devoir subira une transformation, et l'attitude des chrétiens pourra être différente. Dans aucun cas, il n'y a contradiction avec les idées inspirées de doctrine chrétienne.

M. Paul Desjardins. — J'aurais voulu savoir s'il y a sur ce point une autorité scripturaire et dogmatique. Les formules que je vous rappelais tout à l'heure, (*Dieu des Armées*, *Te Deum*, etc.), constituent-elles une régression de l'esprit chrétien vers l'esprit de l'Ancien Testament ?

M. Hemmer. — J'avais oublié votre formule : « Dieu des armées ». Il y a un emprunt d'expression à la Bible, mais seulement d'expression. Le christianisme n'en a pas moins conservé ses idées propres et ses doctrines sur l'horreur que lui inspire le sang versé. C'est ainsi que les Pères commentent le chapitre de l'Ecriture qui raconte que Nathan s'en vint trouver David pour lui

(1) Sur cette question, M. Goyau (*op. cit.*, p. xxvi), signale le livre du Dr Wendelin Haidegger : *Der nationale Gedanke im Lichte des Christenthums.* (*Brixen*, 1900).

défendre de construire un temple (*II Samuel*
ch. vii). L'honneur, disent-ils, de bâtir la maison
du Seigneur est réservé à Salomon parce qu'il
n'aura pas les mains souillées du sang des ennemis d'Israël. Voilà une conception toute chrétienne et presque humanitaire introduite dans
leur exégèse de l'Ancien Testament. Le sang versé
est toujours objet de regret et d'horreur sacrée,
même quand la cause pour laquelle il est versé
est juste et raisonnable. Cependant on invoque le
« Dieu des armées » parce que, si le service militaire est objet de devoir par suite de la nécessité
de préserver le groupe, il est naturel que ce devoir
devienne, comme tous les devoirs, l'objet d'une
prière subordonnée elle-même, comme toutes les
prières, à l'idée que Dieu l'exauce selon ce qu'il
croît le meilleur ; la victoire fait l'objet d'une
prière pour le Français, pour l'Allemand aussi, —
et Dieu fait ce qu'il croit le meilleur.

M. Théodore Reinach. — N'y a-t-il pas plutôt
dans ce cas un raisonnement sophistique ? Voici
quelle serait la majeure de l'argument : « Dieu
fait triompher la cause juste » ; mineure : « notre
cause est juste » ; donc Dieu doit étendre sa protection sur l'armée qui représente la cause juste,
c'est-à-dire sur notre armée ».

M. Hemmer. — La justice de la cause est
évidemment au moins sous-entendue. On ne

concevrait pas une prière adressée à Dieu pour
une cause proclamée injuste. Mais autre chose
est l'expression particulière d'une idée, autre chose
sa justification théorique. Il est toujours difficile
de dire dans quelle mesure la cause nationale est
juste.

M. Théodore Reinach. — Mais on le dit toujours. (*Rires*).

M. Hemmer. — On le dit, mais on le dit de
bonne foi. Les causes d'une guerre sont toujours
complexes, en grande partie cachées à l'ensemble
des citoyens, lesquels se portent d'instinct à la
défense du groupe que leur intérêt primordial est
de défendre. Un pays où l'on discute, le lendemain d'une déclaration de guerre, la justice de la
cause nationale est un pays sans défense.

M Anatole Leroy-Beaulieu. — Je crois qu'on
peut aller plus loin que M. l'abbé. Je crois, quant
à moi, que le christianisme s'est identifié dans
une certaine mesure aux nations qui l'ont adopté,
à quelque Église que se rattachent les différentes
nations, cela est encore apparent chez les peuples
modernes : la Russie, identifiée à la religion orthodoxe, se croyait jusqu'à ces derniers temps le
champion de Dieu. Et cela s'est passé pour tous les
grands peuples. Rappelez-vous pour la France,
le *Gesta Dei per Francos* ; ce sont les évêques
qui ont fait la France, et beaucoup d'entre nous

ont été élevés par leur pères dans cette croyance que la France catholique avait une mission providentielle à remplir. Une croyance analogue existait chez presque tous les peuples, catholiques, protestants ou orthodoxes.

M. Théodore Reinach. — Cette croyance n'a pas empêché la France catholique de faire la guerre contre l'Espagne catholique au XVIᵉ siècle.

M. Anatole Leroy-Beaulieu. — Il s'est produit une identification de l'idée religieuse avec certains peuples : l'Espagne a fait pendant des siècles la guerre aux musulmans ; un des principaux facteurs du sentiment national, en Espagne, a donc été l'idée religieuse. Cela est également vrai de plus d'un peuple moderne. Les Anglais se regardent comme le peuple élu de Dieu ; ils sont imbus des idées de l'Ancien Testament plus qu'aucun autre peuple peut-être. En Allemagne on rencontre la même tendance, à un moindre degré peut-être. Cela suffit pour expliquer que le sentiment religieux et le sentiment national soient souvent joints ensemble ; le sentiment religieux a été l'un des créateurs du sentiment national ; il y a eu presque partout tendance à unir les deux choses.

Il y a peut-être une autre raison. Le nationalisme outré est contradictoire avec la véritable idée religieuse. Mais, pendant longtemps, l'Eglise

ayant été liée à l'Etat, les novateurs se trouvaient
attaquer l'Eglise en même temps que l'Etat. Par
suite, les partis révolutionnaires, et même souvent
les partis libéraux cherchant à renouveler la forme
de l'Etat, ont inspiré de la terreur à l'Eglise. De
là le nationalisme particulier qu'on rencontre
chez certains catholiques.

M. PAUL DESJARDINS. — L'humanitarisme qui
nous intéresse est celui qui va jusqu'à sacrifier
la prépondérance et même le salut de la société
polilique, celui qui ne veut pas se battre, qui a
horreur même de la victoire. Je faisais allusion
tout à l'heure à un texte hébreu du *Talmud.*
Voici ce texte, que je retrouve. — C'est à propos
du Chant de triomphe, après le passage de la
mer Rouge et la submersion de l'armée ennemie
— : « Le jour du passage de la mer Rouge, les
anges de service (de la première aurore) vou-
lurent chanter, comme ils font chaque jour,
devant la face de Dieu. Dieu leur dit : Comment
pouvez-vous chanter en un jour où mes hommes,
mes créatures (littéralement mes légions) périssent
dans les flots ?» (1) Le sentiment traduit dans
cette prosopopée me paraît tout à fait singulier.
Les ennemis sont considérés en tant qu'enfants

(*1*) *Talmud de Babylone* : *Traité Sanhédrin,* *39* b. —
Traité Megilla 10 b. — *Midrasch.* R. *sur Exode,* ch. XXIII.

de l'unique Dieu, et au lieu de chanter *Te Deum* sur leur désastre, on en prend le deuil. Moralement ceci vaut les *Perses* d'Eschyle. Le degré de civilisation ici manifesté dépasse peut-être nos actions de grâces chrétiennes au « Dieu des armées». Eh bien, je demande si on trouverait dans les textes ecclésiastiques chrétiens quelque désaveu semblable de l'égoïsme national et guerrier.

M. Paul Sabatier. — Je puis vous donner le renseignement que vous demandez. Pendant soixante ans environ l'Eglise a protégé d'une façon complète et efficace les sans-patrie — ou du moins les pacifistes absolus. — En 1221, saint François d'Assise fonda le Tiers-Ordre ; pour y entrer il fallait s'engager à ne pas porter d'armes, dans aucun cas. Pendant près de soixante-dix ans, de 1221 à 1289, les papes ont lancé un grand nombre de bulles que je pourrais vous citer, dans lesquelles non seulement ils reconnaissaient aux membres du Tiers-Ordre le droit de ne jamais prendre les armes, mais même ils ne permettaient pas aux barons d'exiger une compensation en nature pour ce service militaire manqué. En 1289, seulement, Nicolas IV, d'un léger coup de pouce, si l'on peut dire, renversa ce privilège : au texte « *Arma mortalia contra quempiam non recipiant vel secum ferant* », il ajouta : «,.. *nisi pro defensione romanæ Ecclesiæ, christianæ fidei, vel etiam terræ ipsorum...* » (1). Dès lors il ne restait plus que le brigandage pour lequel les armes fussent interdites.

M. HEMMER. — Le fait est exact. Il a sa contrepartie dans l'obstination de l'Eglise à interdire le service militaire à ses clercs. Lorsque des évêques appartenant à des familles féodales faisaient la guerre, l'horreur du sang était toujours invoquée par l'Eglise pour les réprimander.

M. PAUL SABATIER. — Le Tiers-Ordre était composé de purs laïcs, de paysans.

M. HEMMER. — Ces laïcs étaient embrigadés dans une confrérie et s'engageaient à des pratiques religieuses.

L'Eglise a toujours eu l'horreur du sang : la Paix de Dieu, l'arbitrage du Pape au moyen âge en sont la preuve. Il devait arriver un moment où l'arbitrage du pape ne saurait s'opposer aux conflits des nations ; alors il s'est posé un cas de conscience auquel on a dû faire des réponses

---

(1) « Que les Frères ne reçoivent ni ne portent avec eux des armes mortelles contre qui que ce soit .. » — « si ce n'est pour la défense de l'Eglise romaine, de la foi chrétienne, ou bien encore de leurs propres terres ». Ce texte est tiré de la *Regula antiqua fratrum et sororum de Pœnitentia*, découverte et publiée par M. Paul SABATIER lui-même. (Fischbacher, 1901). La correction de Nicolas IV est dans la Bulle *Supra montem*.

individuelles, d'après l'idée du devoir; mais l'Eglise conserve sa doctrine de l'horreur du sang.

M. Houtin. — A l'origine, l'Eglise défendait le service militaire, non seulement aux clercs, mais aux laïcs, et il a fallu toute une casuistique pour le permettre à ces derniers.

M. Hemmer. — Les textes donnent l'impression générale que la défense était motivée par le péril d'idolâtrie. La question humanitaire n'existait pas dans ce temps-là : Tertullien défend les chrétiens de l'accusation de fuir le service militaire.

M. Houtin. — Avant Tertullien, l'Eglise défendait certainement le service militaire (1).

M. Andler. — A partir de quel moment y a-t-il des chrétiens non seulement pour dire : « L'Evangile nous défend l'effusion du sang, nous n'allons plus vider nos conflits par les armes », mais pour dire : « Organisons-nous en cité universelle; nous portons tous au cœur une même croix sanglante, qui est celle de Jésus-Christ, conformons notre pratique à notre doctrine, par une organisation effective. » Il doit y avoir des faits : j'en connais un ; mais à partir de quel moment des faits semblables se sont-ils produits ?

---

(1) Voyez les textes justificatifs produits par M. Houtin en *Annexe* au présent Entretien.

M. Darlu. — A partir du moment où l'Evangile fut prêché, puisque c'est la doctrine de l'Evangile.

M. Andler. — Prenez garde : il ne s'agit plus ici de doctrine, mais de pratique et d'institution.

M. Viollet. — De tout temps, le plus grand nombre des saints a refusé de porter les armes ; la force leur est en horreur. C'est la tradition chrétienne entretenue dans une minorité. Mais tous les chrétiens ne sont pas appelés à la sainteté, bien que tous soient appelés à un progrès.

M. Anatole Leroy-Beaulieu. — Chez les hérétiques, on trouve des groupes qui se refusent à porter les armes. Il en est des exemples partout, jusque parmi les sectes populaires de Russie. On peut citer les Quakers, les Frères moraves. En France, Napoléon Ier dispensait les anabaptistes d'Alsace du service militaire ; cette dispense peut s'accorder quand il s'agit d'infimes minorités. L'idée sort de l'Evangile ; elle a dû se produire à tous les âges.

M. Andler. — L'idée est ancienne et évangélique, d'accord. Mais l'organisation pratique ?

M. Viollet. — A tous les âges en effet les saints ont répugné à porter les armes. Mais le chrétien peut être amené à se poser un cas de conscience relativement au sort de sa patrie ou de son maître et à prendre les armes pour les défendre, comme l'a très bien fait remarquer M. Hemmer.

M. Hemmer. — Il y a plusieurs sectes ou partis de Vaudois et de Cathares qui ont proscrit le service militaire ; mais ils proscrivaient tant d'autres choses (et notamment entravaient le mariage), qu'ils ne purent pas exercer une influence très grande.

M. Brunschvicg. — Je puis vous citer un trait qui montre quelle était la pratique des chrétiens rigoureux de Port-Royal à cet égard. Un ancien officier retiré à Port-Royal, M. de la Petitière, avait été chargé d'amener un sac de farine, sur le dos d'un âne, pour l'approvisionnement de la communauté. En chemin il rencontre des voleurs qui le dépouillent. Quand il arrive à Port-Royal, on lui dit : « Mais vous ne vous êtes pas défendu ! Il ne fallait pas vous laisser faire ! » — « Est-il donc permis de se défendre à un chrétien dans notre morale ? » demande-t-il. — « Pourquoi non ? » lui répond-on. Aussitôt il retourne sur ses pas, rattrape les voleurs sur la route, les bat, et revient avec son sac (1). (*Rires*).

M. Paul Desjardins. — Voici quelque temps que notre ami M. Andler insiste et demande qu'on lui cite un exemple d'organisation chrétienne contre la guerre ; toujours on répond à côté. Lui-

---

(1) Voy. Sainte-Beuve, *Port-Royal*, II, p. 235, n.

même annonce un fait précis. Il serait temps de savoir lequel.

M. ANDLER. — Ce fait date des années qui précèdent la guerre de Trente-Ans. C'est l'organisation des *Rose-Croix* en Allemagne. En 1616 des gens se disent : Formons dans tous les pays des groupes de frères qui influeront sur les différents gouvernements pour le maintien de la paix. Nous avons essayé de la guerre, qui est impie, et elle a tourné contre nous. Peut-être le refus de faire la guerre, ne tournera-t-il pas contre nous :

Ast agmen Christus (quanquam fremit orbis et Orcus)
Defendit : Fratres lœdere nemo potest

dit l'un d'eux en 1619(1). Ils fondent une amitié universelle, une Cité chrétienne répandue dans tout l'univers, et dont le « courtier », le pacificateur sera le Christ. « *Id vocabant amicitiam christianam, quasi Christo parario idem volentes, idem ambientes convenerint, atque pium aliquid animœque expediens unanimiter meditarentur* ». (2).

_____

(1) RHODOPHILUS STAUROPHORUS. *Raptus philosophicus*, 1619. « Mais leur cortège (dussent la terre et l'enfer en grincer des dents) est protégé par le Christ ; et il n'est au pouvoir de personne de violenter les Frères ».

(2) « Ils appelaient amitié chrétienne ce lien par lequel, Christ étant leur courtier, ils s'unissaient dans un même vouloir et des efforts communs, méditant ensemble seulement des entreprises pieuses et salutaires à l'âme. VALENTIN ANDREÆ. *Civis christianus*, 1660.

Les *Rose-Croix* projettent une réforme générale et
universelle de la civilisation et du christianisme.
Il ne s'agit plus d'une sainteté d'exception. Les
textes les plus importants pour connaître les
théories des Rose-Croix sont les écrits de
Valentin Andreæ.

M. Hemmer. — Quelle a été la mise en pratique
de cette théorie ? On peut former une société en
vue de maintenir la paix, sans pour cela condamner
en principe toute effusion de sang.

M. Andler. — Les Rose-Croix ont été tout de
suite très persécutés. Ils ont dû inventer plus
d'un roman pour se tirer d'affaire. Des mystifica-
teurs ont abusé de leur nom. Au xviii⁰ siècle ils
se sont fondus dans la franc-maçonnerie (1).

M. Paul Desjardins. — De quel ordre sont les
motifs des Rose-Croix ?

M. Andler. — D'ordre philosophique et gnostique.

M. Paul Desjardins. — Pourriez-vous nous
dire quelle est l'origine de ce mouvement ?

M. Andler. — Il manque un spécialiste ; je n'ai
pas de compétence hors des sujets que j'ai étudiés.
Je dis que ceci est une franc-maçonnerie, mais
non pas sans doute la plus ancienne : les franc-

---

(1) V. von Murr. *Ueber den wahren Ursprung der Ro-
senkreuzer*. 1805.

maçonneries anglaise, française, et, très probablement, italienne, sont plus anciennes que la
franc-maçonnerie allemande.

M. ANATOLE LEROY-BEAULIEU. — On est sûr que
les loges françaises, vers le commencement du
xviiie siècle, ont été fondées par des Anglais ou
Ecossais émigrés avec les Stuarts.

M. ANDLER. — C'est une hypothèse. Nous avons
tous nos opinions, nos hypothèses; mais c'est
une certitude de fait que nous cherchons. Vous
donnez votre hypothèse pour une certitude de
fait. Pour vous, l'histoire de la franc-maçonnerie
se confond avec l'histoire des loges actuelles. Rien
n'est plus contestable. Mais puisque vous êtes
dans cette tradition, vous devez admettre, sur
l'origine de la franc-maçonnerie anglaise, la propre
hypothèse de cette franc-maçonnerie, qui se
regarde comme provenant des confréries de
maçons venues du continent, au moyen âge.
Or les plus anciennes confréries ne seraient pas
alors anglaises, mais françaises ou allemandes.

M. PAUL DESJARDINS. — Vous pouvez-nous dire
du moins quelle est l'origine de la franc-maçonnerie allemande.

M. ANDLER. — Je pourrais vous dire mes hypothèses, mais je ne le ferai pas. D'hypothèses, il y
en a trop; il faut balayer tout cela.

M. ANATOLE LEROY-BEAULIEU. — Si j'ai bien

compris M. Andler, l'idée des Rose-Croix semble
être un lien entre la fraternité chrétienne, religieuse, et la fraternité humanitaire, philosophique.
Il était impossible que du judaïsme et du christianisme cette idée ne sortît pas. La transition
paraît nettement marquée; vous pourriez sans
doute nous la montrer, dans les faits.

M. Andler. — Je pourrais faire comme les précédents orateurs, qui nous ont apporté leurs
croyances, en s'imaginant appliquer la méthode
critique. J'ai apporté un fait, je puis apporter des
faits, ou plutôt des textes : on ne peut pas apporter les faits, ils sont passés et ne peuvent revenir.

M. Théodore Reinach. — A quel moment apparaissent les loges, en Allemagne ?

M. Andler. — En 1733 nous trouvons pour la
première fois des loges à Hambourg, à la suite
d'une immigration de maçons anglais. Mais il y
avait une franc-maçonnerie avant; d'où venait-
elle ? Je ne le sais pas.

Pour en venir à la franc-maçonnerie du
xviiiᵉ siècle, je dirai qu'elle a trois idées métaphysiques et trois idées sociales. Je laisserai de côté
les idées métaphysiques, cela ne nous intéresse
pas.

Plusieurs voix. — Dites-les tout de même.

M. Andler. — Ces idées métaphysiques concernent : 1° le ressort intérieur de l'homme; —

2° les rapports de l'homme avec l'univers matériel; — 3° les rapports de l'homme avec Dieu.

Les trois idées sociales de la franc-maçonnerie
consistent : 1° à régler les rapports entre les religions; — 2° à régler les rapports entre les nations;
— 3° à la fin du xix° siècle, à régler les rapports
politiques et sociaux entre les classes et les castes
différentes. Il s'agit désormais d'effacer l'antagonisme des classes; les francs-maçons y travaillent.

A quel moment cela surgit-il? En ce qui concerne l'idée religieuse, c'est aussi vieux que les
gnostiques; mais la méthode n'est pas restée la
même. Les gnostiques travaillent à concilier dans
une synthèse métaphysique supérieure les idées
religieuses différentes. Ils concilieront, par
exemple, le christianisme et la philosophie
grecque. Cette méthode de conciliation transcendante a été pratiquée durant dix-huit siècles. Le
principal franc-maçon français, Saint-Martin, est
encore un gnostique. Brusquement il se produit
un changement de méthode dont il importerait
de fixer la date. Des hommes se trouvent pour se
demander non pas comment on pourrait, par une
conciliation supérieure et factice, effacer l'antagonisme des religions, mais quelle est, en toutes les
religions, la racine rationnelle commune; quel
est le fonds de *religion naturelle* commun à toutes
les religions révélées. Cette méthode nouvelle a

dû être découverte sous la Renaissance. Il nous faudrait un spécialiste de la Renaissance. Qui a lu Marsile Ficin ? c'est très important, — ou Pomponace ? Qui a lu Jean Bodin ? Qui a lu le *Colloquium Heptaplomeres* de Jean Bodin (1) ?

M. Rauh. — Moi, je l'ai lu.

M. Paul Desjardins. — Moi aussi.

M. Andler. — Qu'est-ce qu'il y a là-dedans?

M. Paul Desjardins. — Il y a cette idée, que les diverses religions (représentées par les sept interlocuteurs du dialogue), si on les pratique pleinement et jusqu'à la sainteté, s'harmonisent très bien. Et qu'ainsi les diverses confessions, sans se confondre, peuvent et doivent maintenir entre elles une concorde fraternelle.

M. Andler. — Laissez-moi maintenant poser une *définition*. Ces hommes, munis de cette méthode nouvelle, mais préoccupés d'effacer les antagonismes d'abord religieux, puis nationaux, je les appelle des *francs-maçons*. Il serait trop long de dire pourquoi. Sans doute ils ont eu aussi une organisation. Je ne veux vous imposer aucune hypothèse. Je veux faire le départ de ma

---

(1) *Joannis Bodini Colloquium Heptaplomeres de rerum sublimium arcanis abditis.* Conservé manuscrit pendant près de trois siècles en Prusse. L'édition princeps en a été donnée seulement en 1841 à Berlin, et la 2e en 1857, à Schwerin (Mecklembourg), par Ludwig Noack. (Paris, Fr. Klincksieck).

croyance et de ce qu'il y a dans les textes. La
franc-maçonnerie est-elle un creuset où les idées
du dehors sont venues se fondre, ou bien est-elle
un foyer rayonnant d'une activité propre ? Je ne
veux pas me prononcer.

A partir d'une certaine date, il y a en Allemagne
des gens qui disent : « Nous venons de subir de
tels maux capitaux, à cause des guerres inces-
santes, que nous refusons de souffrir plus longtemps. Nous allons faire une union générale de
l'humanité ». Cela se dit pour la première fois
pendant la guerre de Trente-Ans. Je vous ai cité
Valentin Andreæ. Mais voici un homme plus
grand, Amos Comenius. Prenons seulement sa
Panegersia, de 1645. Voici ce que nous lisons :

> Il faut que tous les hommes se réunissent pour parer
> à la corruption. Il faut apporter la lumière à tous les
> hommes. Toute la science politique consiste à gou-
> verner l'homme ; mais on n'a le droit de le gouverner
> que selon la justice et l'équité. Il nous faut revenir de
> la diversité et de la discorde à l'unité, et de nos égare-
> ments à la simplicité, de la violence à la liberté innée.
> Nous tous nous vivons en un domicile commun, la
> terre ; un souffle de vie est ardent en nous tous ; nous
> sommes tous concitoyens du monde. *Qui nous défen-
> dra de nous réunir dans une république unique ?*
> Mais pour cela, il nous faut revenir à la voie royale,
> que dis-je ? à la voie divine de la lumière, de la paix et

de la sécurité, à la voie d'unité, de simplicité, et de
liberté... *La voie d'unité consiste dans une union géné-*
rale de toute la race humaine... Venez donc tous, qui
avez à cœur votre salut et le salut de l'humanité ; vous
tous, de tout peuple, de toute langue, de toute secte,
qui craignez Dieu, et à qui les égarements humains
sont en horreur. Unissons nos pensées, afin que dis-
paraisse tout ce qui nous exclut de la lumière de l'esprit, tout ce qui nous sépare de Dieu et tout ce qui
nous sépare les uns des autres. Ayez sous les yeux un
seul but, le salut de l'humanité, et mettons de côté
entièrement toute considération de personne, de
langue, de *nationalité*, de secte.

Ce texte est évidemment humanitaire. Le sentiment qui lui a donné naissance, c'est l'impérieux
désir de sortir des souffrances de la guerre de
Trente-Ans.

Vous allez me dire : Amos Comenius était-il
maçon ? Je répondrai que ses écrits ont la forme
maçonnique. Déjà son *Prodromus Pansophiæ* (1639)
décrit le « temple de Salomon », symbole de
l'humanité nouvelle. Il a vu de près, lors de son
voyage à Londres, en 1641, les loges maçonniques
anglaises. Il a composé ses livres sur le plan et
dans l'ordre architectural recommandé par la
maçonnerie. D'abord le plan des fondements
(*diatyposis ichnographica*), puis le profil (*diatypo-*
sis orthographica), enfin le plan en relief, le

modèle, la maquette réduite de la cité idéale. De
là aussi tant de plans utopiques de cités idéales
au xviie siècle.

Une voix. — Êtes-vous franc-maçon ?

M. ANDLER. — Je dois vous dire que je ne con-
sidèrerais pas comme un déshonneur d'être franc-
maçon (*Rires*) ; mais la franc-maçonnerie actuelle,
qui fait consister ses occupations en opérations
électorales et en déplacements de gardes-cham-
pêtres, n'a rien de commun avec la franc-maçonnerie à laquelle je m'intéresse. La franc-maçonnerie appartient au passé; je la regarde avec une
indifférence scientifique, et quant aux « mys-
tères » de la Franc-Maçonnerie, contre eux,
Mgr Fava seul peut se passionner (*Rires*) (1).

M. THÉODORE REINACH. — Elle survit dans la
Flûte enchantée.

M. PAUL DESJARDINS. — Nous pourrons nous
procurer un supplément d'information pour le
prochain entretien, et revenir sur ce sujet. (*Assentiment*).

M. ANDLER. — La franc-maçonnerie allemande
du xviiie siècle a pleinement développé la doctrine
humanitaire.

M. PAUL DESJARDINS. — Lessing était-il franc-
maçon?

---

(1) Voy. FAVA. *Le secret de la Franc-Maçonnerie,* 1883.

M. ANDLER. — Lessing était assurément franc-maçon.

M. PÉCAUT.— Kant était-il franc-maçon ?

M. ANDLER. — J'ai une opinion sur ce point, mais je m'abstiendrai de l'exprimer ; ce n'est qu'une hypothèse.

M. PAUL DESJARDINS. — M. Paul Boyer pourrait ajouter ici deux mots sur la franc-maçonnerie en Russie, sujet où il est spécialiste autorisé.

M. PAUL BOYER. — Après l'exposé de M. Andler, je puis dire que la franc-maçonnerie russe, dont le commencement remonte à l'année 1731, a été le reflet de la franc-maçonnerie anglaise, d'abord, allemande ensuite, avec des tendances qui se peuvent résumer ainsi : fraternité entre les hommes sans acception de personnalité ou de condition sociale ; religion chrétienne idéale, mais libérée d'intolérance ; aide mutuelle ; éducation populaire ; devoirs civiques. La déviation vers les sciences occultes et le mysticisme des Rose-Croix, très forte, n'est venue que plus tard.·

Toute la classe littéraire, dans la société russe à la fin du XVIIIe siècle, est maçonnique. La franc-maçonnerie a pris une telle extension qu'il s'est formé un mot populaire russe pour désigner les francs-maçons : *Farmazon*. Catherine avait été d'abord favorable aux francs-maçons ; puis, en même temps que grandissait sa crainte, et ensuite

sa haine de la Révolution française, elle se méfia
d'eux. A la suite d'une affaire restée obscure,
Novikov qui, avec ses éditions, ses écoles, ses
bourses d'enseignement supérieur, demeure le
plus pur produit du maçonnisme russe, est empri-
sonné à Schlüsselburg, pour quinze ans. Mais,
après la mort de Catherine, l'ordre de liberté est
signé par l'empereur Paul; on raconte même à ce
sujet une anecdote assez difficile à contrôler :
l'empereur se serait jeté aux genoux de Novikov
pour lui demander pardon de l'injustice dont il
avait été la victime.

Le maçonnisme russe a eu une influence
énorme; la tradition maçonnique est reconnaissable dans les événements de 1825. La franc-
maçonnerie a répandu les idées de la fraternité
universelle et du développement intégral de
l'homme; ces idées sont demeurées dominantes
et acceptées de tous dans les milieux littéraires
russes. L'influence maçonnique n'apparaît cependant pas dans les mouvements récents.

M. Anatole Leroy-Beaulieu. — Est-ce que les
tsars, l'empereur Nicolas Ier notamment, n'ont pas
supprimé la franc-maçonnerie ?

M. Paul Boyer. — Ils l'ont à plusieurs reprises
inquiétée et poursuivie, pour la supprimer enfin
dans les dernières années d'Alexandre Ier, en 1822.
—Et cette suppression a été plus effective que celle

17

du fouet, tant de fois interdit et tant de fois rétabli
(*Rires*), fût-ce en cet an de grâce 1906, à l'usage
des paysans et des maîtres d'école lettes et estho-
niens des provinces baltiques. —

Déjà Catherine avait chargé le métropolite
Platon, de Moscou, d'interroger Novikov sur la
question religieuse, Il semble que dans ses
réponses Novikov ait laissé de côté le dogme et
s'en soit tenu à la morale ; toujours est-il qu'à la
suite de cet interrogatoire Platon écrivit à l'impératrice qu'il souhaiterait qu'il y eût en Russie
beaucoup de chrétiens comme Novikov.

M. Andler. — Aux Etats-Unis, la guerre de
l'Indépendance fut un événement maçonnique.
Washington était franc-maçon. Ceci montre qu'il
peut y avoir des guerres maçonniques.

M. Paul Desjardins. — J'avoue que je n'en
savais rien.

M. Andler. — Les historiens ont négligé ce
point.

M. Théodore Reinach. — Et personne n'est plus
mal renseigné que les maçons sur les origines de
la maçonnerie.

M. Andler. — Pour entrer dans certaines loges
il faut admettre une tradition toute faite sur
l'origine de la maçonnerie, et cela décourage ceux
qui tiennent à la liberté de recherche (*Rires*).

M. Paul Desjardins — Messieurs, si vous le

voulez bien, nous reviendrons sur cette question
grave et neuve, dans notre prochain Entretien.
Celui-ci, qui s'est prolongé, déborde déjà d'informations et d'idées.

On se sépare à 7 heures.

Annexe

au Quatrième Entretien

Sur l'interdiction du service militaire par le chris-
tianisme primitif, M. Houtin nous communique
la note suivante, justificative de l'opinion qu'il
a soutenue dans cet Entretien :

La doctrine antimilitariste des premiers chrétiens
se basait sur deux textes : 1° la parole du Christ :
« Remets ton épée à sa place ; car tous ceux qui prendront l'épée, périront par l'épée ». (MATTH., XXVI, 52);
2° le mot de l'Apocalypse : « Celui qui fait des captifs
ira en captivité ; celui qui frappe de l'épée périra par
l'épée ; c'est ici que doivent se montrer la patience et
la foi des saints » (XIII, 10).

Origène représente encore la doctrine traditionnelle.
Par exemple, il répond ainsi à Celse, (VIII, 73) :
« Nous, chrétiens, nous combattons pour l'empereur
plus que les autres, mais nous ne faisons pas la guerre,
alors même qu'il nous le commanderait ; nous combattons pour lui en mettant à son service les prières à

Dieu ». — Au temps de Tertullien, il y avait des chrétiens dans l'armée ; mais Tertullien croit que si, à la rigueur, un païen qui se convertit peut rester dans le métier militaire, il n'est pas permis à un chrétien d'y entrer. Voici quelques phrases de son argumentation : « Sera-t-il permis de faire profession de l'épée quand le Seigneur a prononcé que celui qui se servira du glaive périra par le glaive ? Ira-t-il au combat, le fils de la paix, lui à qui la dispute n'est pas permise ? (*De Corona*, XI). « Comment le soldat combattra-t-il, comment même fera-t-il son devoir pendant la paix, s'il n'a pas d'épée ? Et le Seigneur a défendu cette arme ... Nous ne pouvons pas admettre, comme licite, cet état ». (*De Idololatria*, XIX). Dans un livre qu'il semble avoir écrit entre 3o6 et 3i3, *les Institutions divines*, Lactance, sans distinguer entre les guerres offensives et défensives, les proscrit toutes : « Il n'est pas permis à un homme juste d'être soldat ; la justice est sa milice. Il n'est pas permis de dénoncer personne pour un crime capital ; car, il n'y a pas de différence entre tuer par l'épée ou par la parole ; il est défendu de tuer, de quelque manière que ce soit. « (*Inst.*, VI, 20), Lactance semble le dernier représentant de la vieille doctrine. Peu de temps après, quand l'Empire reconnut le culte chrétien, les Pères du Concile d'Arles, en 3i4, portèrent ce canon : « Celui qui déserte, même en temps de paix, doit être excommunié. *Qui arma projicit in pace, excommunicetur.* »

Rectifications et Addition
au Troisième Entretien

I

Les déclarations enthousiastes de M. Lutoslawski, à l'entretien du 7 janvier, ont provoqué les critiques de plusieurs lecteurs informés. Nous reproduisons ci-dessous trois de ces critiques, en remerciant les personnes qui nous les ont adressées. C'est une pratique à encourager. Le cercle de nos interlocuteurs est ainsi élargi.

A. — Sur la question : les Polonais sont-ils plus attachés à leur indépendance nationale ou à leur liberté politique ? « deux fidèles amies de l'*Union*», Mlles Thérèse et Marie-Louise Jeanroy font la communication suivante :

Nous avons remarqué ce mot de M. Vandervelde
après les déclarations de M. Lutoslawski : « Tous les
Polonais ne parlent pas ainsi », et nous avons pensé
qu'il vous plairait de savoir comment parlait une
jeune Polonaise que nous avons eu l'occasion de connaître au moment où se passaient en Russie les plus
graves événements.

C'était une nationaliste polonaise déterminée, ce
dont on se rendait compte, rien qu'à l'entendre parler
des défaites russes avec une joie vraiment féroce, —
une joie de vaincu. Son intention était de s'établir en
Suisse et de se lancer dans le journalisme pour servir
auprès des étrangers la cause de son pays.

Aussi fûmes-nous très étonnées d'apprendre que,
lors de la guerre sud-africaine, ç'avait été, non pour le
petit peuple vaincu et opprimé, mais pour l'oppresseur
qu'elle avait pris parti.

Comme nous lui en demandions la raison, elle nous
dit froidement : « Je ne peux mieux vous répondre
que par ce mot de Sienkiewicz quand on lui demanda
de signer une pétition en faveur des Boërs : Je
ne signerai jamais rien contre l'Angleterre, dit-il,
car elle traite toujours bien les peuples qu'elle a soumis ».

Cette déclaration produisit sur nous une impression
pénible, et, depuis ce jour, nous avons gardé le sentiment que les Polonais ne comprennent pas la liberté
et la Justice, ou du moins, qu'ils ne les comprennent
pas comme nous.

Pour nous la question n'est pas de savoir si la Russie et l'Angleterre traitent durement ou non les

peuples qu'elles ont soumis, mais si elles avaient le
droit de les soumettre. Ce que doivent revendiquer
les Polonais et les Boërs, c'est, non pas une certaine
somme de liberté politique, mais la liberté nationale,
l'indépendance.

Cependant, si les sentiments que cette jeune fille
prêtait à Sienkiewiz sont ceux de la majorité polonaise, on ne s'explique plus pourquoi, comme nous le
disait M. Lutoslawski, la Pologne refuse de prendre
part à la révolution russe : en effet, si les Russes obtenaient la représentation nationale, les Polonais en
pourraient profiter pour réclamer légalement ces
droits qui leur tiennent à cœur, la reconnaissance
officielle de leur langue, la création d'écoles polo-
naises, etc.

Thérèse et Marie-Louise JEANROY.

B. Sur l'assertion de M. Lutoslawski, que l'unité
confessionnelle de la Pologne a été obtenue
sans nulle persécution, M. Rodolphe Reuss,
directeur d'études adjoint (pour l'histoire
moderne) à l'Ecole pratique des Hautes Etudes,
nous adresse cette rectification :

Cher Monsieur,

De mon coin tranquille à la campagne, je suis avec
un vif intérêt vos *Libres Entretiens*, encore que je me
décide bien difficilement au trajet qui me permettrait

d'en jouir autrement que par la lecture. Peut-être y prendrais-je un peu trop de fièvre à l'*audition directe* de certaines affirmations, non conformes à la réalité des faits, que je préfère subir, *légèrement amorties* par la rédaction postérieure, et dont je prends note en silence. Mais, tout à l'heure, en lisant votre dernier Entretien, j'ai éprouvé un *étonnement trop vif* à la lecture du discours de M. Lutoslawski pour ne pas vous en infliger le contre-coup, pour l'acquit de ma conscience scientifique.

M. le professeur Lutoslawski a fait preuve d'une *ignorance bien singulière* de *l'histoire nationale*, ou d'un *mépris* bien caractérisé pour la *vérité historique*, en racontant à vos auditeurs le développement religieux de la Pologne et en leur affirmant (p. 126) qu'IL N'Y A JAMAIS EU DE PERSÉCUTION EN POLOGNE, qu'on y a « joui d'une liberté complète », et qu'on est « pourtant resté catholique. »

Tous ceux au contraire qui se sont tant soi peu occupés de l'histoire religieuse et politique du XVIᵉ siècle, savent qu'il s'est produit d'abord un mouvement *luthérien*, puis un mouvement *calviniste* plus vif encore (sans compter les *sociniens*) en Pologne entre 1540-1560, qui a duré et s'est accru jusqu'à l'avènement de Sigismond III. Pour ne pas vous accabler d'érudition à bon marché, je vous renvoie simplement à deux ouvrages français, celui de M. *Pascal* sur *Jean de Lasco* (Paris, 1894) et celui du comte *Krasinski*, qui a écrit une *Histoire de la Réformation en Pologne*, en deux volumes, mais dont je n'ai en ce moment sous la main que l'*Essai sur l'histoire religieuse des*

nations slaves (Paris, Garnier, 1853). A un moment
donné, *le tiers au moins* de la noblesse polonaise et
lithuanienne était gagné aux idées nouvelles, grâce à
l'influence de Calvin et à sa correspondance assez suivie
avec le prince Radzivill. Nombre de personnages mar-
quants dans l'État appartenaient à l'hérésie.

Cela changea quand Sigismond Vasa eut contracté
une étroite alliance avec les Jésuites et que le cardinal
Hosius, diplomate d'une habileté supérieure, eut organisé, comme représentant du Saint-Siège, la contre-
réformation avec une énergie constante et une entente
parfaite des moyens pratiques pour la faire triompher.
On finit par obtenir de la Diète que les *hérétiques fussent
privés de leurs droits politiques;* on reconquit de la
sorte les seigneurs; ceux-ci ralliés, les serfs durent suivre,
et pendant le XVIIe et la majeure partie du XVIIIe siècle
la « persécution », — n'en déplaise à votre platoni-
cien ! — n'a pas cessé. Tout le monde connaissait, il y
a cent ans, la fameuse « Tragédie de Thorn », de 1724,
où l'on vit le vieux bourgmestre protestant de Thorn,
Roesner, décapité, avec plusieurs collègues du conseil,
sur l'accusation, mensongère d'ailleurs, d'avoir profané
le Saint-Sacrement, parce que les Pères Jésuites voulaient s'emparer des biens des églises et des écoles pro-
testantes. Il a fallu, en 1767, l'intervention menaçante
de Catherine II et de Frédéric II pour arracher enfin
à la République polonaise la *réintégration* de ce qui
restait de dissidents dans leurs anciens droits.

Voici le motif pour lequel « il y a moins de *un* pour
cent de dissidents parmi nous », et non pas parce que
c'est « le ton de l'âme polonaise »; l'âme *actuelle*, oui,

sans doute; encore je suis bien sûr qu'il y a plus d'un
slave *libre penseur* à l'heure actuelle. Mais pour le
passé, il est certain qu'il y eut des « grands hommes »
de l'histoire polonaise qui ne furent pas des « catholiques pratiquants. » En réalité il a tenu à peu de chose
que la liberté de conscience ne triomphât sur les bords
de la Vistule, vers 1550. S'il y avait eu en Pologne un
tiers-état véritable comme en *Allemagne*, en *Angleterre*, en *France*, aux *Pays-Bas*, le protestantisme
y aurait gardé au moins de solides racines.....

ROD. REUSS.

C. — D'un Polonais, M. Georges Kumatowski,
nous avons reçu, par l'intermédiaire de
M. Charles Gide, une longue discussion des
assertions de son compatriote. Le manque de
place nous force à n'en donner que trois extraits,
portant sur trois points importants : 1º l'unité
linguistique de la Pologne; 2º les rapports
du nationalisme polonais et du catholicisme
romain; 3º la part que prend la Pologne à la
présente révolution russe.

1º « Le polonais n'a pas de dialectes; pour toute la
Pologne, il n'y a qu'une langue, absolument la même;
depuis Thorn au nord jusqu'à Odessa au sud », déclare
M. Lutoslawski (p. 124). Erreur. La langue *littéraire*
polonaise est une, mais les dialectes *populaires* varient
sensiblement. Voici les principaux : 1º dialecte Kachoube,

— environs de Thorn jusqu'à Danzig, sur la rive gauche de la Vistule.— 2° Dialecte Mazoure, — environs de Varsovie et de Cracovie, [rives gauche et droite de la Vistule : c'est le dialecte le plus rapproché de la langue litttéraire; dialecte vibrant, trépidant, surchargé de consonnes. — 3° Dialecte Grand-Polonais (historiquement c'est la vieille Pologne, le noyau de l'état polonais, contenu dans ses limites géographiques du xe au XIVe siècle); — 4° dialecte de la province de Posen (Posnanie) et de l'Ouest de la Pologne russe; — 5° dialecte de la Silésie du Sud. Bien entendu, si on connaît la langue littéraire, on comprend ces dialectes; mais on en perçoit très bien les différences. M. Lutoslawski a tort d'ignorer les ouvrages du savant linguiste polonais, M. Karlowicz, publiés pour la plupart dans la revue ethnographique « Wisla » (la Vistule).

Aux environs d'Odessa (de même de Kieff et de Lemberg) il n'y a que les intellectuels et les grands propriétaires fonciers qui sont polonais; la masse du peuple est Ruthène (petite-russienne, comme disent les grands-russes) et ne veut pas être ni russe, ni polonaise; elle veut rester ce qu'elle est; elle travaille avec une ardeur intense à élaborer sa langue littéraire et à la faire respecter à la fois des Russes et des Polonais (poésies de Szewezenko : Chevtschenko, Ivan Franko et son œuvre, le théâtre très remarquable des Ruthènes, l'œuvre de la société « Oukraïna », etc., etc.). Grodno, historiquement, est situé dans la Russie blanche, mais ici M. Lutoslawski a raison : on parle polonais à Grodno et aux environs de cette ville; les « Mazour's » polonais ont colonisé la Russie blanche et le peuple russe-

blanc a accepté pour la plupart la langue polonaise
dans l'usage quotidien. La partie ouest du gouvernement de Grodno est polonaise, parce que le peuple y
parle cette langue avec un dialecte mazoure.

Cette différence entre les dialectes tient réellement
« à des conditions historiques anciennes »

[Ici M. Kumatowski montre, par une analyse détaillée
de l'histoire de son pays, que chaque dialecte polonais
correspond à un groupe distinct qui fut prépondérant
à son heure. Groupe non régional seulement, mais
social. Ainsi le dialecte grand-polonais correspond à la
prééminence de Cracovie, au règne de Casimir-le-
Grand, le « roi des Paysans », puis à la constitution de
la République fédérative du xv⁰ siècle, qui est une
république de classe, les grands seigneurs accaparant
tout le pouvoir. La noblesse, jusqu'au xvⁱᵉ siècle, gère
bien les affaires de « la Sérénissime République ».
Quand toute l'Europe est en proie à une sanglante
guerre religieuse, le principe de la tolérance est déclaré
en Pologne. Le calvinisme y pénètre, il obtient un
succès rapide; il fait naître la littérature polonaise :
Rey, qui le premier abandonna le latin pour écrire
dans la langue nationale, est en même temps un pro-
pagateur fervent des « nouveautés helvétiques ».
comme on appelait le calvinisme. Au Sénat de la
Pologne siègent alors, en paix mutuelle, des évêques
catholiques romains, des « superintendants » calvi-
nistes, luthériens, arianistes, des « protoïérés » du
culte grec de Russie... C'est une période d'expansion,
de civilisation, mais aussi d'assujettissement excessif de
la bourgeoisie et des paysans...]

2° « Tous nos livres ne parlent que de la liberté. Tout le monde lit Mickiewicz, parce que la liberté est son thème », dit M. Lutoslawski (p. 125).

— Mais quelle liberté ? celle des nobles anarchistes de la « Sérénissime République » ? Nous n'en voulons plus. C'est fini avec elle. — Nos livres parlent de tous les sujets qui peuvent offrir un intérêt quelconque pour une nation civilisée de vingt millions d'individus. Il y en a qui parlent de la liberté, mais de la liberté égale pour tous sans exception. La question du suffrage universel, égal, direct et secret forme à elle seule une jolie bibliothèque polonaise. La question du droit qui appartient à chaque nation de se servir de sa langue dans toutes les relations privées et officielles, est creusée aussi amplement. Mais si nous allons l'enseigner à Odessa, aux Ruthènes, c'est seulement pour leur apprendre qu'ils ont un droit au ruthène, à Odessa, comme nous avons un droit inaliénable au polonais à Varsovie, à Posen et même à Grodno. Mickiewicz était certainement un grand poète et un grand esprit. Il était même sur la voie de résoudre le problème de la liberté d'une façon tout à fait moderne, s'il n'avait subi l'influence d'un certain demi fou, demi-mystique, nommé Towianski...

Quoi qu'il en soit, Mickiewicz est beaucoup moins lu en ce moment que le manifeste communiste de Marx et Engels, par exemple.

Quant au catholicisme, on a vu le rôle néfaste qu'il a joué dans l'histoire de la Pologne. Nous sommes tombés parce que la noblesse au pouvoir ne faisait pas une politique nationale, mais une politique cosmopolite romaine. Elle était l'instrument aveugle de Rome, sans s'en apercevoir. Rome, en revanche, lui assurait le servage du paysan « hérétique » à l'est et du paysan fidèle à l'ouest ; c'est tout ce qu'il fallait au noble. Le reste, il l'abandonnait au clergé, et le clergé poursuivait toujours et partout l'œuvre de Rome, se désintéressant complètement du sort de la Pologne.

Cette action de Rome continue pendant tout le XIXᵉ siècle. En 1830, les prêtres excommunient les révolutionnaires, parce que la révolution de 1830 était en grande partie l'œuvre des loges maçonniques qui, dans le royaume constitutionnel de Pologne (1815-1830) exerçaient une influence forte. Tous les grands esprits de ce temps étaient francs-maçons. On pouvait espérer que la révolution de 1830 réussirait, puisque nous avions alors une armée de 100.000 hommes, une Banque d'Etat, etc. Et, si cette révolution avait été soutenue par les paysans, nous aurions vaincu peut-être ; mais le clergé n'a pas prêté son appui. La violation de la constitution, par Alexandre Iᵉʳ l'a laissé tout-à-fait impassible.

En 1863 éclate une révolution, sans armes, sans argent, au moment où Wielopolski est nommé vice-roi et introduit une autonomie assez large. Le clergé pousse à la révolution, parce que Wielopolski a déclaré qu'il ne supportera pas les ingérences des prêtres et qu'il ne profitera pas de son pouvoir pour trancher au profit de Rome la question des *uniates* (ces malheureux Ruthènes convertis au XVIIᵉ siècle par force à l'Union catholique par les Polonais et convertis par force au XIXᵉ siècle à l'église orthodoxe moscovite par les Russes ; ils se font tuer maintenant pour l'Union, comme leurs ancêtres se faisaient tuer pour leur vieux rite grec.

Récemment Léon XIII a offert une croix à Bismarck, quoique celui-ci ait supprimé même l'enseignement de la religion catholique en polonais. Pie X, il y a quelques semaines, a écrit une lettre aux Polonais en les suppliant d'obéir à leur Empereur et aux serviteurs de celui-ci. On sait qu'au mois de mai de l'année dernière on a dû proclamer en Russie la liberté de la religion. Enfin les catholiques sont libres pour la propagande ; cela suffit au pape, qui se désintéresse parfaitement du sort de la Pologne.

3º Ce qui caractérise la Pologne après 1863 c'est, d'une part, le développement très rapide de l'industrie et par conséquent l'apparition d'une classe ouvrière tranchée, d'autre part le développement de la libre pensée et de la science moderne. M. Swietochowski et son journal *Prawda* (la Vérité) ont soutenu une lutte vraiment héroïque contre le clergé et contre le gouvernement. Des traductions des grands ouvrages scientifiques modernes se sont succédé.

Libre pensée et mouvement ouvrier — ces deux éléments ont joué aussi un rôle prépondérant dans la révolution de 1905. Les grèves avaient pour but avant tout d'améliorer le sort des ouvriers, mais les grèves dites politiques ne manquaient pas. Au début de la révolution le puissant parti socialiste polonais a inscrit dans son programme la revendication d'une « république indépendante polonaise » ; cela devrait bien satisfaire les nationalistes, mais eux, au fond de leur

18

âme, ils n'abandonnent point les droits de la « Couronne de Pologne » à la Lithuanie et à la petite Russie ; ils veulent encore convertir les malheureux Ruthènes au catholicisme ; ils le font même dans la Galicie de l'Est, peuplée de Ruthènes ; leur succès est faible, mais leur zèle est grand. Le parti nationaliste (national-démocrate) est dirigé par une « Ligue nationale », sorte de Comité central qui s'est constitué spontanément. Les nationalistes ont bien mérité de la Pologne par leurs efforts touchants, l'instruction primaire de la Pologne russe et allemande, — mais c'est tout. Ils sont absolument incapables d'une action politique plus sérieuse. Au début de la révolution ils ont inscrit dans leur programme « la Pologne indépendante avec ses frontières historiques ». Pour réaliser ce programme ils n'ont rien fait. Les grandes grèves des étudiants et des employés des chemins de fer se sont développées en dehors des partis, en imitant un procédé purement ouvrier. Ces grèves ont été appuyées par tous les partis polonais sans exception ; les partis social-démocrate, socialiste polonais et progressiste démocrate (il correspond au parti radical en France) les ont même encouragées avec beaucoup plus de force que n'ont fait les nationalistes.

Mais enfin on a commencé à comprendre qu'on ne peut pas « sauver » la Pologne, si on ne se fait pas des alliés parmi les Russes, Ruthènes, Lithuaniens, etc. Le parti progressiste-démocrate a élaboré alors un projet d'*autonomie* de la Pologne. Ce projet fut très mal accueilli et par les nationalistes et par les socialistes ;

mais les démocrates--constitutionalistes russes l'ont accepté. L'idée de l'*autonomie de la Pologne*, dans ses limites ethnographiques, bien entendu, est devenue familière aux partis russes avancés. Les nationalistes polonais se sont ralliés alors au projet de l'autonomie ; les socialistes polonais en grande partie aussi. On sait que la société russe est divisée politiquement en cinq grands partis : l'*Union des vrais Russes* (franchement réactionnaires), l'*Union du 17 octobre*; les *démocrates constitutionalistes;* les *socialistes révolutionnaires,* et les *socialistes démocrates.* L'*Union des vrais Russes* est seule franchement contre toute autonomie de la Pologne, l'*Union du 17 octobre* ne s'est pas prononcée encore ni pour ni contre ; les trois derniers partis sont franchement pour l'autonomie polonaise. L'idée d'*autonomie* implique l'idée d'un Gouvernement et d'une Diète à Varsovie qui gèrerait toutes les affaires du pays, à l'exception de l'armée, de la marine, des affaires extérieures et des douanes, de la monnaie et des postes ; celles-là incomberaient au Parlement central de Saint-Pétersbourg, où la Pologne serait aussi représentée.

Puisque la Douma va être convoquée et puisque les députés des gauches russes, des nations non-russes et des Polonais y formeront une immense majorité, — la cause de l'autonomie de la Pologne ethnographique semble avoir de grandes chances de succès. L'*autonomie* en ce moment vaut mieux pour la Pologne russe que l'*indépendance* parce que : 1° nous serions protégés contre les Allemands ; 2° nous ne perdrions pas le débouché de l'Est pour notre industrie.

Pour les Russes aussi l'autonomie de la Pologne est une solution très désirable, parce que : 1º grâce à l'administration bureaucratique la Pologne coûte plus au Gouvernement qu'elle ne rapporte ; quand la Pologne recevra l'autonomie elle paiera au Gouvernement central quelques millions de roubles qui seront alors un bénéfice net pour le Gouvernement ; 2º la solution équitable du problème polonais provoquera un mouvement de sympathie pour les Russes parmi les Slaves de l'Autriche et de la Turquie. La Russie pourra reprendre sa politique du Sud-Ouest qui lui sera beaucoup plus profitable que ne lui a été sa politique de l'Extrême-Orient.

En somme, la Russie, de par l'hétérogénéité de ses nationalités et de par l'immensité de sa surface, ne peut pas se transformer de monarchie absolue centralisée en monarchie constitutionnelle centralisée ; elle deviendra — tout de suite — monarchie constitutionnelle fédérative — du type de l'Autriche ; de cette étape il n'y a qu'un pas à la République fédérative — du type de la Suisse.

La république fédérative donne une solution au problème des nations, puisqu'elle sépare de l'Etat central non seulement l'Eglise, mais aussi la langue. L'Etat central n'a pas à savoir dans quelle langue on enseigne, on juge, on plaide, etc., dans telle ou telle province ; c'est l'affaire de la province et de sa Diète.

Le libéralisme républicain est une sorte d'internationalisme qui se constitue non par l'élimination d'un élément national quelconque, mais par la justice rendue à tous les éléments nationaux.

Vers ce régime suisse la Russie se dirige, en passant d'abord par le régime autrichien, stade où elle entre à cette heure.

Georges KUMATOWSKI.

II

ADDITION AU RELEVÉ

DES PRINCIPAUX ORGANISMES INTERNATIONAUX (p. 161)

Mᵐᵉ Odette Laguerre signale dans ce relevé l'omission des « Associations féminines ou féministes » au nombre desquelles quatre lui paraissent devoir être citées :

I. La *Fédération abolitionniste* qui combat la réglementation de la prostitution.

II. *L'association internationale pour la répression de la « traite des blanches ».*

III. *L'union internationale des Amies de la jeune fille.*

IV. Le *Conseil international des Femmes*, fédéraration de Sociétés féministes créée à Washington en 1888.

Voici la déclaration dont le *Conseil international des Femmes* a fait précéder ses Statuts :

« Nous, femmes de toutes les nations, croyant sin-

cèrement que le bonheur de l'humanité sera réali: par
une plus grande unité de pensées, de sentiments ι de
vues, et que l'action régulièrement organisée des femmes
sera le moyen le plus favorable d'assurer la prospérité
de la famille et de l'Etat, nous déclarons nous unir en
une fédération de travailleuses, ayant pour but de faire
pénétrer dans la société, les mœurs et les lois, les principes de la « règle d'or » qui dit :

« Faites à autrui ce que vous voudriez qu'on vous
fît à vous-mème. »

————————

Les Idées Humanitaires

Ont pris part à cet Entretien :

MM. Charles ANDLER,

    Jacques BONZON (1),

    Paul ERRERA,

    Gustave GLOTZ (2),

    James GUILLAUME (3),

    Elie HALÉVY (4),

    Daniel HALÉVY,

    Henri HAYEM,

    André LALANDE,

    Frédéric RAUH,

    Théodore REINACH,

    & Paul DESJARDINS, *secrétaire des Entretiens.*

---

(1) Avocat à la Cour d'Appel.

(2) Professeur d'histoire au Lycée Louis-le-Grand, auteur *d'Etudes sociales et juridiques sur l'Antiquité grecque,* etc.

(3) Fondateur, en 1866, d'une des sections de l'*Internationale,* celle du Locle (Suisse française). Intime ami de Bakounine ; auteur de *L'Internationale, documents et souvenirs, 1864-1878.*

(4) Agrégé de philosophie, professeur à l'Ecole des Sciences Politiques; auteur de *La Formation du radicalisme philosophique, La Jeunesse de Bentham,* etc.

Pour la profession des autres Interlocuteurs, voyez les précédents *Entretiens.*

M. Paul Desjardins. — Messieurs, en principe
chacun de nos Entretiens forme un chapitre
distinct et entier de l'étude que nous poursuivons.
Nous n'aimons pas qu'un même sujet che-
vauche de l'un sur l'autre. Cependant il est une
obligation qui prime cette répugnance : l'obligation de pousser à bout notre investigation, quand
nous sentons qu'en nous acharnant sur la piste,
nous allons arriver à une clarté. Alors nous arrêter serait trahir notre résolution. Vous pardonne-
rez donc, vous approuverez que nous man-
quions cette fois au principe.

Le programme portait, pour aujourd'hui, l'examen des *faits d'ordre juridique* qui tendent à
effacer la différenciation entre nations. Il y a là de
quoi défrayer, amplement, une ou deux conversations. Je vois ici M. Paul Errera, professeur de

droit public comparé, qui est venu de Bruxelles justement pour nous communiquer quelques faits sur l'uniformisation progressive du droit privé, du droit public même, dans toute l'aire de notre civilisation européenne. C'est là un sujet considérable, dont le public est trop mal informé. J'ai peur que ce grand sujet ne soit étranglé en quelques minutes, à la fin de l'Entretien que nous commençons. J'en serais très fâché. Toutefois, dans cette prévision, j'ai demandé à deux ou trois jurisconsultes de petites notes substantielles sur cette question. Nous vous les donnerons en appendice. Ainsi, privés d'entendre ici les personnes compétentes, vous serez dédommagés en les lisant un peu plus tard.

Mais en ce moment nous sommes retenus ailleurs. Ceux qui ont assisté au dernier Entretien se souviennent combien nous étions excités, quand nous fûmes forcés de l'interrompre. C'est un effet salubre de nos colloques, cette ardeur communicative et croissante à les pousser à leur issue logique, à ne pas faire halte avant de savoir. La recherche de l'*étymologie* des idées humanitaires, à laquelle M. Andler nous avait entraînés, il nous paraissait impossible de nous en désister. Cela nous paraît impossible encore. C'est pourquoi, ajournant toute autre enquête, nous la reprenons ; nous voulons la conclure.

Circonscrivons-la d'abord. Le terme « humanitarisme » a trop d'extension vraiment. Telles mesures pour encourager à l'allaitement maternel, pour éliminer la tuberculose, pour régler le travail des femmes et des enfants, pour adoucir le régime des prisons ; telles propagandes contre la peine de mort, contre l'esclavage, contre l'oppression des indigènes aux colonies, sont inspirées aussi de motifs « humanitaires ». Mais, bien entendu, nous les écartons, sans rechercher si elles procèdent d'un principe unique ou multiple. Parlant ici de l'Internationalisme, nous n'avons à considérer que *l'humanitarisme anti-guerrier*. Il faut restreindre encore : l'humanitarisme antiguerrier qui nous intéresse, n'est pas celui qui se réduit à la naturelle horreur de perdre ses aises et son avoir, de peiner, d'être estropié, d'être tué, — quoique des sentiments de cet ordre fassent le fond de beaucoup d'imprécations contre la guerre, et particulièrement d'un récent manifeste de *la Voix du peuple*, que la police a intercepté ; — mais ces sentiments-là sont élémentaires, non acquis, sans histoire, inintéressants ; — l'humanitarisme qui nous intéresse ce n'est pas encore celui qui peut se ramener à l'horreur instinctive de tuer, à la honte sacrée et à l'effroi sacré de notre propre animalité. Nous ne prétendons pas faire l'histoire de la pitié. — Non, nous considé-

rons uniquement l'humanitarisme de principe, la
volonté motivée de ne pas se battre, de nation à
nation, volonté persistant jusque dans le combat
— si l'on est forcé quand même de se battre —
persistant jusque dans la victoire, refusant le
bénéfice de la victoire, repoussant la conquête.
Un tel humanitarisme ne paraît pas naturel ; — les
sauvages l'ignorent ; — c'est le fruit d'une culture
de la conscience juridique. Tantôt il semble se
fonder sur cette maxime, que le combat de nation
à nation, et même la victoire de notre propre
nation sur les autres, implique violation d'un
certain commandement sacré ; alors l'humanitarisme se présente comme un devoir et comme un
vœu. Tantôt il semble se fonder sur cette notion,
que la lutte et la victoire dont nous parlons
impliquent ignorance ou méconnaissance d'une
certaine réalité profonde ; alors la conception
humanitaire se donne comme la reconnaissance
d'un fait réel, encore qu'inaperçu du grand
nombre, mais progressivement découvert à la
raison. Nous entrevoyons donc qu'il existe,
d'une part, un humanitarisme anti-guerrier de
caractère religieux, pour qui la réconciliation du
genre humain est obligatoire. C'est ainsi qu'un
asiatique généreux et pieux, Béha-oullah, le successeur du Bâb, disait naguère au professeur
Edward Browne, de Cambridge : « *Il faut* que

ces luttes, ces effusions de sang et ces discordes
cessent, que tous les hommes se montrent réellement comme d'une espèce et d'une famille. Que
les hommes ne se vantent plus d'aimer leur
patrie, mais qu'ils se vantent plutôt d'aimer tous
leurs semblables (1) ! » Notons ce « il faut », cet
impératif... D'autre part, on rencontre un humanitarisme anti-guerrier de caractère rationnel, pour
qui l'antagonisme de nation à nation paraît une
contingence, une convention, un artifice, une
illusion. Les contemplateurs, qui saisissent l'intime de la nature humaine, en saisissent d'une
même vue l'universalité. Ils disent comme le
poète :

> Je suis concitoyen de toute âme qui pense :
> La vérité, c'est mon pays (2).

Et s'ils ont quelque capacité de prophétisme,
ils aiment à prévoir que cette aperception d'un
fait profond peu à peu gagne, avec les progrès de
la raison, et qu'ainsi l'avenir lui est réservé :

> Le monde, en s'éclairant, s'élève à l'unité (3).

Voilà les deux courants d'humanitarisme que
je crois démêler.

---

(1) Voy. *Mercure de France*, 1er novembre, 1905, p. 10.
(2) LAMARTINE, *Marseillaise de la Paix*, (1er juin 1841).
(3) *Ibid.*

Eh bien, à supposer que nous conduisions
notre discussion tout modestement vers une conclusion pratique : de savoir si nous serons sympathiques ou bien antipathiques, chacun pour
son compte, au mouvement humanitaire, je dis
qu'il faut, afin de conclure ainsi pratiquement,
nous préoccuper de savoir de quel humanitarisme
il s'agit, de quels principes il se tire et se réclame,
avec quelles de nos idées directrices il fait système, ou à quelles il s'oppose. Ainsi cette recherche
historique de *l'étymologie de l'humanitarisme* n'est
pas de pure curiosité ; elle a du poids pour déterminer notre conduite actuelle. C'est dans cette
persuasion que je prie M. Andler de la pousser
plus avant, sans craindre que son effort paraisse
vain.

M Andler. — Sommes-nous unanimement de
cet avis-là, ou bien y a-t-il des dissentiments ? Il
y a ici, m'a-t-on dit, des personnes qui pensent
que la méthode historique ne peut avoir que des
résultats académiques, qu'elle ne peut aboutir à
de la vérité pratique. Si ces personnes voulaient
prendre la parole, nous leur céderions volontiers
la place ; nous ne voudrions pas dire des choses
qui manqueraient d'intérêt pour elles.

M. Paul Desjardins. — Plusieurs personnes,
en effet, m'ont exprimé une opinion voisine de
celle-là.

M. Andler. — Ces personnes sont MM. Fontaine, Rauh, Halévy ; je m'effacerais très volontiers devant eux.

M. Elie Halévy. — Puisque mon nom a été prononcé, je tiens à m'expliquer. M. Desjardins m'a écrit pour me demander si je pouvais donner des renseignements sur Toland, le « libre penseur » anglais du commencement du xviiie siècle, et sur ses relations avec la franc-maçonnerie. Il m'avait semblé que c'était perdre son temps à de simples curiosités d'érudition. Mais cette observation devient sans objet si la méthode préconisée par MM. Desjardins et Andler doit avoir pour résultat de nous permettre de définir et de classer les différentes « espèces » de l'humanitarisme.

M. Paul Desjardins. — Ma lettre était assez peu explicite, à ce que je vois, et de plus, assez pédante, comme il arrive quand on parle de choses qu'on ignorait tout à l'heure (*Rires*). Mais j'ai eu confiance dans l'indication de M. Andler. J'ai donc été moi-même, à la Bibliothèque nationale, à la découverte de John Toland, et j'ai lu son *Pantheisticon*. J'en parlerai, le moment venu. Mais vous, M. Rauh, estimez-vous qu'il y ait lieu d'ouvrir une discussion préliminaire sur l'efficacité de la recherche historique, comme le veut M. Andler ?

M. Rauh. — Il y a lieu d'ouvrir, non pas la dis-

cussion préliminaire sur la question de méthode,
mais tout de suite la discussion sur le fond. On
a engagé la conversation dans une voie, il faut
suivre cette voie ; je serais désolé de ne pas entendre
M. Andler sur ce sujet où il est très fort.

Toutefois j'explique d'un mot mon objection.
Je crois qu'il est dangereux de remonter trop haut
dans l'histoire pour résoudre les questions. Nous
avons à prendre parti dans la question de l'internationalisme ; si nous voulons la résoudre, il faut
avant tout étudier les faits actuels et le passé prochain qui continue à agir sur nous. Mais puisque
le vin est tiré, il faut le boire, et le vin, j'en suis
convaincu, sera excellent : il n'y a pas autre chose
à faire que d'entendre M. Andler (*Rires*).

M. Andler. — Mais si vous pensez que je vous
engage dans une impasse, il serait temps encore
de rebrousser chemin.

M. Paul Desjardins. — Il s'agit de savoir si la
recherche non *archéologique*, mais *étymologique*,
dont j'ai parlé, peut avoir un intérêt pratique.

M. Rauh. — Nous sommes dans une voie, conti-
nuons. Si nous voulons aborder la question de la
valeur de l'histoire pour la détermination d'une
croyance actuelle, réservons pour cela un Entretien. Je soutiendrai alors mon opinion. Mais aujourd'hui écoutons M. Andler.

M. Andler. — Eh bien, je vais faire d'abord

deux professions de foi; j'éviterai d'en faire, une fois arrivé sur le terrain historique. J'essaierai alors de distinguer soigneusement ce qui est ma croyance de ce qui me paraît imposé par les textes.

1º Il me paraît incontestable que la connaissance des vérités historiques peut conduire à la vérité pratique...

M. Rauh. — J'en suis persuadé comme vous. Mais je suis persuadé aussi que pour résoudre la plupart des problèmes pratiques, il ne faut pas remonter trop haut.

M. Andler. — Maintenant je suis en droit de faire ma seconde profession de foi : Je compte arriver, sur le point précis de ma recherche, à une vérité pratique. Je ne saurais prendre parti dans la question de l'humanitarisme, si je n'avais au préalable une connaissance rétrospective de l'humanité. Si nous sommes humanitaires, c'est que nous avons changé de civilisation. L'importance de cette tâche, d'une civilisation à transmettre et à transmettre augmentée, s'il se peut, ne nous apparaît que par l'étude historique.

Je disais la dernière fois que l'origine laïque la plus lointaine qui me paraisse exister de l'humanitarisme est dans la franc-maçonnerie, mais que la franc-maçonnerie est aussi l'expérience pratique la plus vaste qui ait été faite d'une propagande humanitaire. Je disais que la croyance des francs-

maçons au sujet de leur origine est une hypothèse
très contestable actuellement. A quelle époque
remontent-ils? L'origine des loges est très claire à
partir du xviie siècle anglais. Mais l'organisation des loges n'est pas ce qui importe le plus; il
s'agit de la croyance et de la méthode maçonniques. Leur méthode me paraît pratiquée d'abord
dans l'étude des problèmes religieux. J'ai donc
donné de la croyance maçonnique une définition
théologique, nécessairement. Mais ensuite je
demandais : Qui connaît la franc-maçonnerie
anglaise, plus ancienne que la franc-maçonnerie
française? Qui connaît les précurseurs italiens de
la franc-maçonnerie? Hors de la franc-maçonnerie allemande, je n'ai pas de compétence.

M. Errera. — Nous avons un spécialiste en
Belgique, M. Goblet d'Alviella. Il vient de temps
en temps à Paris : vous pourriez l'interroger. Il a
beaucoup étudié la franc-maçonnerie, et je sais
qu'il est un très haut dignitaire des loges. Moi-
même je n'entends rien dans cette question.

M. Andler. — En 1614, à Milan, paraît un livre
intitulé *Riforma generale dell' Universo*, par Tra-
jano Boccalini. Ce livre est très important pour
moi, car c'est celui qui a été traduit en allemand
par Valentin Andreæ, sous le titre de *Allgemeine
und general Reformation der ganzen weiten Welt*.
Là, il est question d'une organisation de frères,

groupés autour d'un même noyau, qui se proposent d'agir sur les princes pour les incliner au pacifisme (c'est ce que dit le philosophe Sénèque, que l'auteur fait parler). Ils les décideront, comme le dit encore Cléobule, à interdire l'usage du fer, pour qu'il n'y ait plus de guerres. C'est de ce livre italien que part ce dialogue. D'autre part se produit le mouvement des Rose-Croix. Que devient ensuite la franc-maçonnerie?

Au xvii⁰ siècle, il y a en Allemagne les Rose-Croix et Comenius. J'en ai parlé. Qui parlera du xvii⁰ siècle pour les faits qui ne regardent pas l'Allemagne?

M. Lalande. — A propos des Rose-Croix, n'y aurait-il pas lieu de parler de Leibniz? Sa philosophie présente les caractères auxquels M. Andler paraît attacher un caractère maçonnique : humanitarisme, paix perpétuelle, projet d'une algèbre et d'une langue universelles, recherche d'un souverain qui veuille entreprendre la réforme philosophique de l'humanité; longues négociations pour réconcilier le protestantisme et le catholicisme, etc.

M. Andler. — Leibniz a été affilié aux Rose-Croix, mais il s'en est moqué plus tard, à cause de leurs pratiques de cabalistique et de magie. Les Rose-Croix ont procédé comme toutes les franc-maçonneries, et à l'exemple des Pythagoriciens eux-mêmes, ils ont cru détenir des secrets scientifiques autant que des secrets sur la conduite des hommes. Leibniz est tombé sur une loge nurembergeoise surtout préoccupée du *grand œuvre*. Si j'attribuais à l'influence des Rose-Croix des préoccupations humanitaires, ce serait conjecture gratuite. Si vous avez des textes de Leibniz tendant à la conciliation entre religions ou entre nations, citez-les. Je reconnais volontiers que cet épisode de l'histoire des idées serait à sa place ici.

M. Lalande. — On en trouvera un grand nombre dans la *Logique de Leibniz*, de M. Couturat, notamment dans l'appendice intitulé *Leibniz, fondateur d'académies*, dont un paragraphe a pour titre : *Patriotisme et cosmopolitisme de Leibniz* (1).

---

(1) « Les académies qu'il s'efforçait de fonder dans les différents pays n'étaient dans sa pensée que les fragments épars et provisoires d'une vaste académie européenne, d'une sorte de fédération internationale des savants, dont elles eussent constitué simplement des colléges distincts. On reconnaît là cette *Internationale des savants* qu'il rêvait dans sa jeunesse, qui devait assurer la paix et le bonheur de l'humanité... Il écrivait par exemple : « Pourvu qu'il se fasse quelque chose de conséquent, je suis indifférent que cela se fasse en Allemagne ou en France, car je souhaite le bonheur du genre humain ; je suis non pas φιλέλλην ou φιλορωμαῖος, mais φιλάνθρωπος. » (*Lettre à des Billettes*, 1697) Couturat, op. cit. 528. On trouvera en note, à la même page, un document curieux sur la faveur qu'obtenaient, à cette époque, les critiques de l'idée de patrie (*Note de M. Lalande*).

Il s'inspire visiblement de la *Nouvelle-Atlantide de Bacon*. D'autre part, on le voit constamment se promener à travers l'Europe avec des ambassades, comme s'il était chargé d'une mission générale. Etait-il simplement accrédité par les princes allemands dont il était ambassadeur, ou bien représentait-il quelque chose de supérieur à ces princes?

M. ANDLER. — Il ne représentait rien. On ne peut faire aucun fonds sur des hommes comme lui. Leibniz était inconstant et mobile, il passait d'un prince à un autre avec une insigne facilité.

M. GLOTZ. — Leibniz eut l'idée d'empêcher la guerre de Hollande, et dans cette intention il mit en avant un projet nouveau : il s'agissait de conquérir l'Egypte, de faire une sorte de croisade. C'était un projet pacifiste, en un sens, mais qui commençait par une guerre.

M. ANDLER. — Il ne voulait pas empêcher une guerre, mais détourner une guerre de l'Allemagne. Ce n'est pas la même chose.

M. PAUL DESJARDINS. — Une parenthèse. Cet étrange projet fut repris par Lamartine, qui sûrement s'en crut l'inventeur. C'était en 1834, à son retour d'Orient, quand il fit ses débuts d'orateur parlementaire. Lui aussi convie les nations d'Europe à la réconciliation et leur offre la Syrie, l'Asie antérieure, dont il revient plein d'enthou-

siasme (1). Il est singulier que cette vieille idée de
Leibniz se retrouve au XIXᵉ siècle, dans l'imagination du plus constant et du plus génial interprète,
certainement, que les idées humanitaires aient eu
en France. Cela dit, je ferme la parenthèse. Revenons à l'époque de Leibniz et de John Toland. (2)

M. Élie Halévy. — Est-ce qu'on ne pourrait
pas, avant d'en venir à l'époque où vécut Toland,
parler des quakers, antérieurs au XVIIIᵉ siècle, et
qui me semblent avoir joué un rôle beaucoup plus
grand que les libres penseurs et les francs-maçons,
au point de vue spécial qui nous occupe ?

---

(1) « Vous partagerez en enfants prédestinés de la Providence
le vaste et magnifique héritage que la mort naturelle de
l'empire d'Orient ouvre pour les nations européennes ; vous
asseoirez les nations rivales de l'Occident sur des bases plus
larges... etc. » (*Discours du 8 janvier 1834*). Lamartine, plus
tard, a jugé sévèrement sa rêverie impérialiste de 1834 : « Je
proclamai je ne sais quel prétendu droit de civilisation
comme un droit absolu d'attenter aux nationalités établies,
sans en rendre compte ni à Dieu ni aux hommes, en sorte
qu'il suffirait à un peuple de se croire plus civilisé que ses
voisins pour... les balayer de leur place sur le globe... Rien
n'était au fond plus coupable et plus immoral que ce prétendu droit d'expropriation des Ottomans ». (*A. de Lamartine par lui-même*, Lemerre, 1892, p. 340). Voy. le cahier de
Gaston Raphael : *Le Rhin Allemand. Cahiers de la Quin-
zaine*, 1ᵉʳ mai. de la 4ᵉ série, (à la librairie des *Cahiers*, 1 fr.).

(2) Ici se placerait une revue des idées humanitaires en
France, au XVIIIᵉ siècle. M. G. Lanson nous a communiqué, à ce sujet, une note succincte. Voy. aux *Annexes*, nᵒ II.

Le secte a été fondée, vous le savez, au XVIIe siècle par une sorte de fou, appelé Fox, et a reçu un peu plus tard de Barclay son organisation dogmatique : c'est une forme particulière du christianisme, par certains côtés extrêmement mystique, et par d'autres très laïque, puisque d'après les quakers tout le monde peut être sauvé, et gagner la vie éternelle, sans passer par l'intermédiaire de Jésus-Christ. Dès l'origine, le point fondamental de la morale des quakers, c'est le refus de porter les armes. A la fin de la Restauration, ils exaspèrent les autres dissidents, très hostiles aux Stuart et à Louis XIV, par leur indifférence systématique à l'égard des événements politiques. Ils exercent une action nettement antiguerrière, et, je crois, fort profonde, au commencement du XVIIIe siècle, pendant toute la durée du ministère Walpole.

M. Jacques Bonzon. — Je vous apporterai un fait historique pour montrer ce que devient une doctrine à l'application : Pendant la guerre de l'Indépendance, il y eut un régiment de quakers (1). Les quakers s'étaient développés en Amérique dès

---

(1) Cf. Jallifier et Vast : *Histoire de l'Europe de 1610 à 1789*, p. 695. (*Note de M. Bonzon*). Ce fait est controuvé. En remontant aux témoignages contemporains, on n'en découvre pas trace. Au contraire, la note suivante, que nous avons

le xviiᵉ siècle ; encore aujourd'hui, c'est aux États-
Unis qu'ils sont importants, leur centre n'est plus
en Angleterre. En 1776, ces humanitaires faisaient la guerre.

M. Elie Halévy. — Beaucoup de quakers américains ont refusé de se battre pendant la guerre
de l'*Indépendance*.

M. Jacques Bonzon. — Je rappelle ce fait. Vous
voulez saisir l'humanitarisme chez les quakers,
cette religion devenant toute laïque, et vous voyez
que les quakers humanitaires prennent les armes
dès le début de la guerre de l'Indépendance. Il est
utile de chercher des exemples semblables, pour

---

reçue d'un historien américain spécialement versé dans l'histoire de la Guerre d'Indépendance, permet de conclure à la
négative : Il s'agit du général Thomas Mifflin : « On sait la
réputation qu'il a eue au commencement de la Révolution.
Il l'avait acquise par des talents capables d'entraîner le
peuple. *Né Quaker, il renonça à cette secte et porta les armes*
avec honneur. Éloquent, parlant avec grande facilité et chaleur, il ramena dans leur devoir des milices fugitives et fut
d'une extrême utilité à la cause de l'Indépendance. Il se joi-
gnit depuis à un parti regardé comme ennemi du général
Washington ; il lui échappa vers le même temps de dire dans
une harangue au peuple qu'il ne fallait pas « forcer la conscience de ceux à qui elle interdisait les armes ». Ces deux
circonstances lui firent perdre sa popularité ». (*Communication adressée au Secrétaire*).

voir comment les doctrines, à l'application dans les faits, se transforment.

M. Andler. — Il serait intéressant que M. Halévy pût nous parler de la franc-maçonnerie en Angleterre.

M. Elie Halévy. — Au cours de la période de l'histoire d'Angleterre que j'ai particulièrement étudiée, je veux dire à partir du milieu du xviiie siècle, je n'ai jamais rencontré les francs-maçons sur ma route. Quant aux libres penseurs, j'ai constaté le discrédit profond où tombent leurs doctrines, après 1740. La chute de Walpole, le commencement des prédications de Wesley et de Whitefield marquent le début d'une ère nouvelle dans l'histoire du pays. Le *Traité de la nature humaine*, de Hume, l'ouvrage posthume de Bolingbroke, ne font même pas scandale : le public les ignore.

M. Andler. — Alors on commence à les lire à l'étranger.

Le livre des *Constitutions* d'Anderson (1723) a fait loi pour toutes les loges continentales du rite anglais. Ne contient-il rien qui nous intéresse? Et en remontant plus haut, n'avons-nous pas des livres capitaux, des romans si vous voulez, dont l'influence est durable? Qu'est-ce qu'il y a dans la *Nouvelle Atlantide*, de Bacon? Prenez comme règle, à suivre prudemment, mais qui trompe

rarement, que tous les romans de ce genre sont
des romans maçonniques ; tout maçon procède
comme un architecte, il construit une cité idéale,
sur un modèle architectonique complet.

M. Rauh. — Quelle preuve en avez-vous ?

M. Andler. — Etudiez soigneusement la termi-
nologie des maçons. Toutes les fois qu'il est question du temple de Salomon, il est rare qu'il n'y
ait pas à soupçonner une influence maçonnique.

M. Rauh. — La *Nouvelle Atlantide* et le *Temple
de Salomon*, est-ce la même chose ?

M. Andler. — C'est absolument la même chose.

M. Rauh. — Les preuves ?

M. Andler. — Comment répondrais-je ? Je n'ai
pas sur moi la *Nouvelle Atlantide*. Je ne peux que
vous dire : Vérifiez (1).

─────────────────────

(1) Voici ce que donne cette vérification. Bacon décrivant
les faits et gestes du roi mythique fondateur de la *Nouvelle
Atlantide*, parle de lui dans les termes suivants : « Intellige-
tis inter acta illius regis unum eminere : Illud est fundatio
sive institutio *Ordinis cujusdam et Societatis, quam nos Domum
Salomonis vocamus* ». (Ed. d'Utrecht, 1643, p. 47). Tout l'objet de la *Nouvelle Atlantide* est de définir le rôle de cet ordre
du Temple de Salomon. Comme toutes les francs-maçonne-
ries, cet ordre détient des secrets scientifiques (et ici le secret
de la méthode baconienne). Mais il a aussi le secret de la
conduite des sociétés humaines. Par malheur le dialogue
concernant les lois (« De legibus, sive de optimo civitatis
statu » comme l'intitule l'éditeur Guillaume Rawley, dans

M. Élie Halévy. — Fourier a tracé en architecte le plan d'une cité idéale : était-il franc-maçon ?

M. Rauh. — Platon n'était pas franc-maçon. (*Rires*).

M. Andler. — Prenez garde que ceci ne soit qu'une plaisanterie spirituelle et non pas un argument critique. Toutes les franc-maçonneries ont prétendu imiter l'ordre des Pythagoriciens, connu de Platon et glorifié par lui. A quoi sert que j'aie jeté dans la discussion, dès la dernière séance, des noms tels que celui de Marsile Ficin ? que j'aie supplié de pousser dans ce sens des investigations ?

---

sa préface) est absent ou tronqué. Il nous intéresse ici que la République de Bensalem accorde aux étrangers une hospitalité telle qu'ils ne songent plus à la quitter ; qu'elle leur livre tous ses secrets, et ne leur demande en échange que leur amitié fraternelle : « Unam mercedem expectare : fraternum amorem nostrum » p. 23. Mais, me demandera-t-on, Bacon décrit-il une loge réelle ou trace-t-il seulement le plan d'une franc-maçonnerie idéale ? Il n'importe guère, si la franc-maçonnerie a recueilli tout l'héritage baconien. Il est certain qu'au temps de Bacon et dès le xvie siècle il était permis à des non-architectes d'entrer dans les loges de maçons. Il est probable que Bacon, connaissant l'institution des maçons, songeait à l'élargir et à l'utiliser. V. Walden, *Die Freimaurerei und die Nova Atlantis*, Berlin, 1890. — Robert Freke Gould, *The History of the Freemasonry*, 1884, t. III, p. 120 et passim. (*Note de M. Andler*).

On aurait peut-être vu que cette Académie platonicienne de Vicence qu'il fonda était une véritable *loge*, au sens actuel du mot (1). Et le platonisme authentique survit jusqu'au bout dans la francmaçonnerie gnostique, et même dans Saint-Martin. Mais ne voyez-vous pas que c'est vous qui m'obligez à des digressions érudites, quand vous contestez l'utilité de l'histoire? Je réponds, mais à contre-cœur.

M. Paul Desjardins. — Nous voici donc à ce John Toland que j'ai assumé de dépouiller pour notre enquête. A vrai dire, je le connaissais peu. Je savais seulement que dans une lettre du physicien Molyneux à Locke il est qualifié « honnête libre penseur, *a candid free-thinker* », et qu'il est ainsi, suivant l'historien Hœffding (2), le premier personnage qui ait été salué de ce titre de libre penseur, si lourd à porter. J'avais encore parcouru certaines *Lettres philosophiques sur l'origine des Préjugés, du Dogme de l'Immortalité de l'Ame, de l'Idolâtrie et de la Superstition, etc.*, qui ont eu du retentissement dans le mouvement antichrétien français du milieu du XVIIIe siècle (3), et

---

(1) V. Cesare Cantu : *Histoire des Italiens*, t. VII, p. 465.

(2) *Histoire de la Philosophie moderne*, trad. Bordier, (Alcan, 1906), t. I, p. 425.

(3) *A Londres*, 1768, in-16 de 268 pages.

j'avais noté que cet ouvrage se donnait pour une traduction française des *Letters to Serena*, publiées par Toland en 1704, et devenues très rares. J'avais donc quelques aperçus de l'attitude d'esprit de Toland : il m'a plu d'en apprendre davantage. Sur l'indication de M. Andler, je me suis mis en quête du *Pantheisticon ;* j'en ai trouvé un exemplaire à la *Réserve* de la Bibliothèque nationale (n° de l'inventaire : D 2, 5200). Je l'ai lu intégralement, non sans une curiosité soutenue. C'est une plaquette de 89 pages, écrite en un beau latin de *scholar* exercé. Le lieu d'origine est COSMOPOLIS (ce mot désigne ici Londres, je suppose), la date est 1720. Dès le titre (1), on est averti que c'est une sorte de rituel destiné aux réunions d'une certaine *Compagnie Socratique*, SODALITAS SOCRATICA, formée de Libres Penseurs *Panthéistes.* Peut-être ce choix de Socrate pour patron se rapporte-t-il à notre objet ; pour les Stoïciens aussi Socrate fut le grand maître du cosmopolitisme.

---

(1) Voici le titre complet : PANTHEISTICON ‖ *sive* ‖ *formula* ‖ *celebrandæ Sodalitatis Socraticæ,* ‖ *in tres partes divisa ;* ‖ *quæ* ‖ *Pàntheistarum, sive sodalium* ‖ *continent* ‖ I, *Mores et axiomata.* ‖ II, *Numen et philosophiam* ‖ III, *Libertatem, et non fallentem legem,* ‖ *Neque fallendam.* — Une vignette représente une nuée d'orage d'où la foudre jaillit, et, au-dessous, un vase d'où monte une flamme calme.

Et en effet c'est aux Stoïciens que les *Panthéistes* de Toland me paraissent ressembler et se rattacher. Leurs réunions se passent à chanter des sortes de vêpres stoïciennes ; leurs textes sacrés sont les Odes stoïciennes d'Horace, qu'ils déclament en chœur, ou les aphorismes, stoïciens aussi, de Cicéron dans les *Tusculanes* ou le *De Republica* ; — en particulier le fameux passage, conservé dans Lactance, sur l'universalité de la raison qui fonde l'universalité du droit, est leur motif principal. Ils répètent comme un refrain :

RATIO *est vera et prima Lex,*
Lux, lumenque vitæ (1).

Leur humanitarisme est donc rationaliste, absoment, sans nulle référence à un commandement divin de charité. Le « lecteur ingénu » auquel Toland s'adresse est « l'homme qui veut le bien du genre humain et qui s'attache seulement à l'éternelle vérité, « *tam Humano generi optime cupiens, quam æternæ veritati addictissimus* » ; il faut vouloir suivre « la Raison », non « la Coutume », car la *Compagnie* est animée d'un esprit « philosophique, non théologique ». La philosophie des compagnons est scientifique ; ils sont

(1) « La Raison est la vraie et première loi, le flambeau et la lumière de la vie ».

adeptes du système de Copernic et des découvertes de la géologie ; ils professent l'éternité de la matière, nient le dogme, la création, tiennent la terre comme le réservoir des germes, le soleil pour l'unique fécondateur.

Interrogé sur le pays d'où il venait par un homme sans doctrine, dans une auberge d'Allemagne, Toland déclare lui avoir répondu : « Mon père, c'est le Soleil, ma mère, c'est la Terre, ma patrie, le Monde, ma famille, tous les hommes » (Chap. VIII). Les *Panthéistes* revendiquent la liberté religieuse absolue ; ils ne veulent redresser « les errants », que par une persuasion civile et douce. Ils écartent toute querelle et toute haine. Ils veulent réagir contre toute tyrannie, des Souverains, des Aristocrates et aussi des Démagogues. Les « compagnons » sont répandus par divers pays ; le latin est leur langue internationale ; les villes où ils abondent sont Londres principalement, mais aussi Paris, Venise, et toutes les villes de Hollande, surtout Amsterdam ; on en rencontre jusque dans la cour pontificale, à Rome. Ils se réunissent amicalement, toutes portes closes, pour souper et s'entretenir en pleine liberté. Ils ont une discipline du secret, afin de conjurer les interprétations sottes ou dangereuses. Le peuple, en effet, n'est pas encore mûr pour une doctrine de pure raison.

Voilà la substance du *Pantheisticon* de Toland.

M. Andler. — Eh bien, Toland est de la franc-maçonnerie anglaise, régie par les *Constitutions* d'Anderson. Cette secte dura sans interruption jusqu'au grand franc-maçon allemand Lessing; elle dure encore. Et me voici arrivé à mon sujet. Mais il faut que je prenne, avant d'y entrer, une précaution. Il semblera à plusieurs que je traite d'un simple chapitre de l'histoire littéraire et philosophique de l'Allemagne. Il n'importe à la *définition* de l'humanitarisme. C'est elle qui nous préoccupe. Je dirai, à propos de chacune des formules que nous rencontrerons, pourquoi il me paraît qu'il y a une recherche à faire tendant à découvrir si elle n'aurait pas une origine maçonnique. Je donnerai les éléments principaux de cette recherche. J'ai pour ma part, une croyance arrêtée au sujet de la genèse des idées. Mais je n'impose à personne cette croyance. Vous envisagerez les idées détachées de leur racine et de leur tige historique, si vous l'aimez mieux, vous les considèrerez comme des créations individuelles : vous vous souviendrez seulement que votre manière de voir sera, elle aussi, une simple croyance.

Peut-être notre première démarche à présent devrait-elle être de démontrer que la franc-maçonnerie, depuis le xviiie siècle, a eu toujours la même préoccupation d'unir entre elles les nations, soit par un lien de justice et de civilisation qui les laisserait indépendantes et séparées, soit par une fraternité active qui en ferait peu à peu la République universelle. Il suffit d'ouvrir un recueil quelconque de discours prononcés dans les loges, un formulaire quelconque de *Constitutions* maçonniques, pour être fixé à cet égard. On recueillerait par centaines les définitions probantes. Laissez-moi justaposer seulement une définition française, une définition anglaise, une ou plusieurs définitions allemandes. Je les choisirai un peu au hasard, embarrassé que je suis par le nombre, mais de façon à mettre en évidence les nuances d'une pensée qui sut concilier le souci de dégager en nous la pure nature humaine, l'essence d'humanité, avec le plan vaste d'unir tous les hommes un jour dans une même République.

1° *Définition française :*

« Le monde entier n'est qu'une grande République dont chaque nation est une famille et chaque particulier un enfant. C'est pour faire revivre ces essentielles maximes prises dans la nature de l'homme que notre société fut d'abord établie. (*Discours prononcé par le grand maître des francs-maçons de France l'an 5740,* dans *Histoire, Obligations et Statuts des franc-maçons,* p. 127. Francfort, 1742).

2° *Définition anglaise :*

« C'est de ces pères, de ces amis et bienfaiteurs de l'humanité, qui, pareils à leur exact symbole, *le Soleil,* répandent sans cesse autour d'eux la vie, la prospérité et les bienfaits... que s'est composée de tous temps la maçonnerie, dont l'assise profonde est le souci de *civiliser moralement (moral civilization) l'humanité.* »

William Dodd, *Oration delivered at the dedication of Freemasons Hall,* May 23, 1776. London.

3° *Définitions allemandes :*

a) « *Réunir les hommes sans exception de nation ou de religion,* pour pratiquer ensemble les leçons de la sagesse la plus épurée, les vertus sociales, pour les rendre de vrais citoyens : voilà l'esprit de l'ordre des francs-maçons. »

Le Bauld de Nans, dans le recueil de discours prononcés à la Loge Royal York à l'Amitié de Berlin, 1781, p. 15.

b) « La franc-maçonnerie est un lien *qui nous maintient alliés avec tous les hommes.* » Fessler. *Sœmmtliche Schriften über Freimaurerei,* t. II, p. 304.

c) « La franc-maçonnerie peut être considérée, au point de vue cosmopolite, comme *un institut à l'usage de l'humanité entière.* En tant qu'institut, la franc-maçonnerie est un corps social qui, selon une méthode à lui et réservée à la connais-

sance de ses seuls membres, tend à donner aux
hommes l'éducation intellectuelle, morale et
esthétique, qui parachèvera en eux la culture
d'humanité » (*die Cultur zur Humanitœt*). *Cons-*
titutionsbuch der Loge Archimedes zu den drei
Reissbretern. Altenburg, 1803. In-fol. p. 9.

Ainsi la franc-maçonnerie projette de fonder
une civilisation nouvelle. Elle veut en faire béné-
ficier tout le genre humain. Mais sur les moyens
d'accéder à cette fin, les francs-maçons ont été
en désaccord...

Lessing, en 1778, codifie à nouveau la franc-
maçonnerie (1). Il a défini ses idées de réforme dans
les célèbres *Dialogues entre Ernst et Falk sur la*
franc-maçonnerie (1) ; mais il croit reproduire la
tradition ancienne (il pense encore que la franc-
maçonnerie vient des Templiers). Il pense
que les États unissent les hommes, mais pas suffisamment. Il ne peut pas y avoir *un* État, il y a
nécessairement division et diversité d'États; ces
États sont différents. Il serait donc très à souhaiter
qu'il y eût des hommes qui fussent au-dessus des

---

(1) Sur Lessing franc-maçon, V. Mœnckeberg. *Lessing als*
Freimaurer, 1880 ; — Edgar Bauer. *Zwei Ordenskizzen,* chap. 2 :
Lessing als Ordensbruder, 1881 ; — Findel. *Lessings Ansichten*
über Freimaurerei, 1881 ; — Auerbach, Heyden et Valentin.
Lessing-feier der 5 Frankfurter Bunde.

préjugés de nationalité; qui fussent capables de se rendre compte du moment où le patriotisme cesse d'être une vertu; enfin qui, tout en faisant leur devoir envers l'Etat, fissent l'œuvre surérogatoire de travailler à l'union entre États. Lessing se demande : Où ces hommes se trouvent-ils? Et il les découvre en tous pays; ce sont les francs-maçons. Ils ne sont pas d'hier, il y en a toujours eu, mais leur mission inconnue est celle qui vient d'être définie.

Pensez-vous qu'il y ait là quelque chose à retenir pour une analyse de l'humanitarisme?

M. Paul Desjardins. — La théorie de Lessing me semble à retenir, en ceci qu'elle maintient les États et la vie nationale. Elle me paraît précisément *internationaliste*, plutôt qu'humanitaire.

M. Andler. — Aujourd'hui des économistes viennent dire : « Il y a entre les nations une solidarité croissante nécessitée par les intérêts d'affaires. » Lessing dit au contraire : « Il y a un antagonisme nécessaire entre les États; cependant il s'agit de le faire disparaître. »

M. Théodore Reinach. — Dans quel ouvrage ces idées de Lessing se trouvent-elles?

M. Andler. — Dans le *Troisième Dialogue sur la Franc-maçonnerie*.

Après quoi, en 1780, apparaît la fameuse secte des *Illuminés*, dans l'Allemagne du Sud, tandis que les francs-maçons du nord se groupent autour de Nicolaï. Ce qu'ils pensent, les papiers découverts pendant la persécution (car les *Illuminés* ont été fort persécutés vers 1787) nous l'apprennent. Ils songeaient à une révolution politique, à la suppression de tous les princes et à l'alliance de tous les peuples. Leur fondateur, Adam Weishaupt (Spartacus) dans un discours adressé aux *Illuminati dirigentes*, et que reproduisent les *Original-Schriften des Illuminaten-ordens*, 1787, p. 44-121, montrait que les hommes n'avaient été, dans le passé, gouvernés que par la terreur. De là les monarchies, de là les Etats. La rédemption des hommes aura lieu par des écoles secrètes de sagesse. « Par elles, l'homme sera relevé de sa chute ; les princes et *nations disparaîtront de la terre* sans violence ; *le genre humain sera un jour une famille unique*, et le globe sera le séjour d'hommes raisonnables (1). » Weishaupt est plus *humanitaire* qu'internationaliste.

Faut-il parler de Wieland ? Il ne s'est fait recevoir à la loge Amélie de Weimar qu'en 1808 (2). Mais il a regretté de n'avoir pas recherché plus

---

(1) V. des idées analogues dans le *Pythagoras* de Weishaupt, 1790, t. I, p. 332, sq.

(2) *Das Geheimnis des Kosmopoliten-ordens*, 1788. Ed. Goeschen, 1840, t. 30, p. 406-424.

tôt l'initiation régulière. L'ordre des Cosmopolites,
au nom duquel il écrivait à notre Assemblée
nationale, en 1789, et dont il avait publié les
statuts en 1788, n'a pas été une loge vraie, mais
une loge idéale, dénuée de secrets, ouverte à tous
et dont on était membre dès l'instant qu'on était
cosmopolite. Mais cet esprit cosmopolite, il le
définissait : « Les cosmopolites considèrent *tous
les peuples de la terre comme les branches d'une
même famille*, et l'univers comme un État dont
ils se sentent citoyens avec d'autres êtres raisonnables en nombre infini... Ses principes et ses
sentiments (du *Cosmopolite*) sont mis à l'épreuve
par leur accord avec les lois de la nature,
exprimées dans la raison. Mais il n'est pas
conforme à la raison de vouloir fonder la
prospérité, la gloire et la grandeur de sa patrie
sur l'écrasement d'autres patries. Les Cosmopolites croient au gouvernement de la raison et
croient que l'avènement de la raison est immanquable ; et contre les lois éternelles de la raison,
contre les droits essentiels de l'humanité on ne
peut faire valoir ni abdication, ni prescription, ni
considération d'opportunité. » Wieland faisait-il
de la franc-maçonnerie ? Oui, mais sans le savoir.
Il finit par s'en rendre compte et accepta la tradition commune. Les idées de Wieland apparaissent
déjà plus précises dans ses romans. Peut-être

n'aurait-il pas pu choisir une autre forme d'exposé que le roman pour des idées d'une telle hardiesse. En 1798 il écrit *Agathodémon*, roman sur la mort de Domitien, étranglé par une conjuration internationale de francs-maçons *(Rires)*, ou de cosmopolites, dont le chef est Apollonius de Tyane, non pas le personnage ridicule que nous décrit Philostrate, mais un Apollonius de Tyane idéalisé et franc-maçon. Il n'y a point d'affranchissement possible, si ce n'est par la fin de tous les despotismes, violente s'il le faut. Pour Wieland, le moyen de cet affranchissement, qui sera aussi l'union de tous les hommes en une même cité de Dieu, c'est un ordre cosmopolite organisé; la conspiration, qui sera plus tard le moyen usité des carbonari, est ici projetée seulement. Le rapport avec les Illuminés saute aux yeux.

Charles-Auguste de Saxe-Weimar a été le protecteur et l'un des fondateurs de la *Loge Amélie* de Weimar (1). Il a essayé de réaliser pour l'Allemagne l'idée maçonnique de la confédération des États, dans un but de défense pacifique. Il a gagné Frédéric II et son successeur à cette idée,

---

(1) Gustav Zeiss. *Carl August als Freimaurer*. Zur Sœcularfeier in der Loge Amalia zu Weimar, 1 sept. 1857.— Stiebritz. *Zur Geschichte der Loge Amalia* (Weimarische Freimaurer-Analecten, fasc. XI). 1864. — *Handbuch der Freimaurerei*, t. III, 1867.

21

et créé une franc-maçonnerie de princes. C'est le *Fürstenbund* de 1787. Aujourd'hui les historiens allemands ont une tendance à présenter cette alliance comme un germe de l'hégémonie prussienne réalisée depuis. Il y a là un contre-sens. L'idée est celle d'une assurance et d'une réassurance pacifiques. La patrie serait une marâtre si elle envoyait ses fils à l'abattoir. La gloire de la patrie ne peut consister que dans la sécurité, dans l'activité libre et heureuse de ses citoyens. Le moyen provisoire de réaliser un peu de cette justice est de créer une confédération de tous les princes de l'Europe, un *Fürstenbund* européen.

Cette idée, Herder la reprend et la généralise. Mais Herder attend dans un avenir assignable les États-Unis d'Europe.— N'oublions pas que les États-Unis d'Amérique sont eux aussi une création maçonnique. —

... Mais je me souviens que je vous dois la preuve succincte que Herder est franc-maçon (1). Ses premières professions de foi maçonniques (nous en avons les brouillons) sont prononcées à la loge de Riga en 1766 ; les dernières forment le

---

(1) Sur Herder franc-maçon, V. Haym, *Herder*, 1877-85,t. I, 105 sq., t. II, 789 sq.— R. Fischer. *Deutsche Geisterheroen in ihrer wirksamkeit auf der Gebiete der Freimaurerei*, 1881. — H. Künzel. *Maurerischer Herder.* Album, 1845.

thème des *Dialogues sur la Franc-Maçonnerie*
dans l'*Adrastéa*, 1800. Comparez avec les *Dialogues*, les *Lettres sur les Progrès de l'Humanité*
(1793), et vous ne me trouverez pas très aventu-
reux si je dis ces lettres d'inspiration maçonnique. Son idée capitale est de revenir à la *Fama
Fraternitatis* des Rose-Croix, de supprimer les
guerres : Il faut défendre la patrie quand elle est
attaquée, mais on ne doit pas glorifier sa patrie,
on ne doit pas surtout opprimer autrui. Il ne
faut pas de guerres de conquête ; ceci est une
idée spécifiquement maçonnique.

Il me faut ranger Jean-Paul parmi les francs-
maçons, non seulement parce qu'il fut de la loge
de Bayreuth (1), mais parce que ses romans, la
Loge invisible, *Hespérus*, *Titan* se ressentent de
l'enseignement maçonnique et le glorifient.
Dans l'*Hespérus*, il se demande comment on fera
pour fonder dans le réel « ce temple de Salomon
que, pareils à David, nous ne voyons encore
qu'en rêve » (2). Le Temple de Salomon, en langage maçonnique, c'est la fraternité humaine.
Jean-Paul compte pour cela sur le cœur humain.

---

(1) Sur Richter franc-maçon, v. Fessler, *Rückblicke auf
meine 70 jœhrige Pilgerfahrt, 1824. Handbuch der Freimaurerei.* t. III.

(2) Jean Paul, *Hespérus*, 32ᵉ journée de poste aux chiens.

Il est plus large que la raison humaine. Quel est l'homme de bien qui ne se mépriserait pas lui-même, si sa tendresse ne suffisait à serrer dans ses bras que les hommes d'une seule planète ? (*Rires*). Les hommes se battent, plus volontiers pour une cause désintéressée que pour un intérêt matériel. Ils ne donneront pas leur vie pour les biens de ce monde, tandis que la défense d'une cause désintéressée fait naître le fanatisme. Le patriotisme lui-même, altruiste déjà, n'est donc qu'un cosmopolitisme naissant, qui demande à s'élargir. Jean Paul conclut que la guerre ressemble au volcan du Vésuve, dont on a calculé qu'il ne contient plus de matière que pour quarante-trois éruptions (*Rires*) ; de même le volcan de la guerre finira par s'épuiser. Il pense ensuite qu'il faut réunir le monde entier en un même État, en une République universelle. Les guerres seront inévitables tant qu'il y aura deux États ; la franc-maçonnerie travaillera donc à organiser la République universelle.

Viennent là-dessus les premières années de la Révolution... Avant de continuer, je demande s'il ne serait pas à propos qu'un philosophe nous parlât de la doctrine pacifiste de Kant.

M. Rauh. — La question est de savoir si Kant est franc-maçon ou non.

M. Andler. — Reportez-vous à ce que j'ai

répondu à M. Pécaut la dernière fois. J'ai dit que nous n'avons pas un seul document biographique qui nous prouve que Kant est franc-maçon. C'est pourquoi je n'ai pas à parler de lui. Comme on ne peut pas négliger Kant, il y a donc à ouvrir une parenthèse.

M. Rauh. — Je crois que la théorie générale de Kant est celle-ci : la guerre est un fait de nature (Kant n'a pas l'air de croire que la guerre puisse cesser en fait); mais la conscience, la raison pratique, doit s'efforcer de faire disparaître la guerre. Il y a opposition entre le point de vue de la nature et le point de vue de la conscience. C'est ce qui a induit M. Brunetière en erreur : il pense que Kant justifie la guerre. Cela n'est pas exact. Pour lui la guerre est un mal nécessaire, mais il faut faire comme si elle ne l'était pas. Pour que la moralité soit possible, la nature doit faire subsister des maux dont la conscience puisse triompher.

M. Andler. — Je serais enclin à interpréter les textes un peu différemment. Voici ce que je lis dans une traduction de l'*Essai sur un projet de paix perpétuelle*, datée de Kœnigsberg, 1796 : « La marche mécanique de la nature annonce évidemment le grand but de faire naître parmi les hommes, contre leur intention, l'harmonie *du sein même de leurs discordes* (p. 48)... Elle se sert de l'esprit d'intérêt de chaque peuple pour opérer entre eux

une union... Je parle de l'esprit de commerce qui
s'empare tôt ou tard de toute nation et qui est
incompatible avec la guerre. » (p. 64).

M. Rauh. — Je m'appuie sur ce texte et aussi
sur les critiques que Kant a faites de Herder et
qui sont antérieures: je ne crois pas qu'il y ait
contradiction entre ces deux écrits.

M. Andler. — Dans le texte que je viens de
citer, et qui est de 1785, il y a l'idée que la nature
même travaille à la paix.

M. Rauh. — Sans doute. Il y a aussi dans la
nature des dispositions pour la paix : la guerre
n'est pas le seul moyen dont la nature use pour
réaliser la paix. Mais la nature est « ambiguë » ;
elle se prête seulement à l'action de la conscience
et de la volonté.

M. Théodore Reinach. — Où trouvez-vous que
Kant regarde la guerre comme un état définitif ?

M. Rauh. — C'est là une idée fondamentale de
Kant, une des idées sur lesquelles repose toute sa
philosophie morale. Un idéal moral est tel que la
conscience le poursuit et ne l'atteint jamais. Kant
a toujours eu l'idée du progrès indéfini.

M. Andler. — Etes-vous d'avis qu'il nous faille
à présent parler de Fichte ? Et quelle qualité lui
attribuerons-nous ? Dirons-nous qu'il est seulement un grand philosophe humanitaire, et qu'il
parle en son propre nom seul ? Ou bien dirons-

nous qu'il entre de propos délibéré dans le mouvement maçonnique, influencé par lui, mais aussi
essayant de le diriger? Dans le premier cas, nous
traitons une simple question d'histoire de la philosophie, qui vient à sa place ici, mais qui est un
intermède.

M. Elie Halévy. — Est-il exact de dire que
Fichte, pendant toute la dernière période de sa
vie, est un maçon et un maçon militant? Je crois
savoir qu'il rompit en 1800, par une déclaration
formelle, avec les loges dont il avait antérieurement fait partie (1).

M. Andler. — Je crois ceci contestable. Il y a
eu seulement rupture avec certaines loges, y compris celle de Royal-York de Berlin, où il rencontrait Nicolaï, son adversaire.

M. Elie Halévy. — Je crois savoir pourtant
que Fessler, avec qui rompit Fichte, est précisément un adversaire des loges à tendances nationalistes et françaises.

M. Andler. — Ce point n'a pas ici d'importance. Toutes les loges de pays allemand voyaient
avec déplaisir la corruption des loges françaises

---

(1) V. Fessler. *Sœmmtliche Schriften über Freymaurerei*, II
Band, I, Abt., p. 339 (*Renseignement communiqué par M. Xavier
Léon*).

et le luxe inutile de leurs grades supérieurs. Fessler était un franc-maçon autrichien.

M. Elie Halévy. — Reste toujours à trancher une question de méthode. Fichte, à un moment de son existence, a été franc-maçon. Est-ce à dire qu'il ait subi l'influence d'une « doctrine » maçonnique, Fichte n'avait-il pas ses idées complètement formées avant d'entrer dans les loges? et, s'il rompit avec les maçons, n'est-ce point précisément parce qu'il désespéra d'utiliser la franc-maçonnerie comme un moyen de propagation de sa philosophie personnelle (1)?

M. Andler. — Voilà le point. Si vous le pensez, je considèrerai les philosophes comme plus compétents pour répondre,

M. Rauh. — C'est là une question bien difficile à résoudre. M. Pécaut me disait l'autre jour que si, plus tard, le biographe de quelqu'un d'entre nous apprenait que nous avons assisté aux réunions de l'*Union pour la vérité*, on attribuerait sans doute aux *Libres Entretiens* une grande influence sur la formation de nos idées, alors qu'au contraire nous arrivons plutôt ici chacun

_____

(1) Varnhagen von Ense, *Denkwürdigkeiten des eigenen Lebens*, Zweite Auflage, I. Theil, II, Band, Teplitz, 1811, pp. 327-29 (*Renseignement communiqué par M. Xavier Léon.*)

avec nos idées. La même question se pose pour
Fichte : Jusqu'à quel point la franc-maçonnerie
a-t-elle exercé une influence sur lui ?

M. Andler. — Croyez-vous que je ne me la
sois pas posée ? mais on ne peut la résoudre que
par un long travail, à l'aide d'un lourd appareil
de preuves, que je ne peux pas ici produire. Je ne
veux donc même pas formuler les résultats qui,
pour moi seulement, sont acquis.

Je vous ai dit la dernière fois que je ne voulais
pas entrer dans des hypothèses sur le point de
savoir si la franc-maçonnerie est un creuset où
viennent se fondre les idées courantes, et qui les
recueille toutes, ou un foyer générateur d'une
lumière nouvelle. Mais craignez vous-même les
arguments *a priori !* On ne peut se prononcer
qu'après avoir pratiqué ces questions. Vous
verrez, à l'user, que la franc-maçonnerie n'est pas
un jésuitisme, elle n'enrégimente pas les hommes
et ne leur impose pas une manière uniforme de
penser. Elle a accueilli et même recherché des
réformateurs. La question présente est de savoir
si Fichte parle avec un mandat maçonnique, ou
en réformateur maçon.

Fichte a été gagné à la franc-maçonnerie par
un homme très remarquable, l'ancien capucin
Fessler. Il a été maçon de la période d'Iéna. Il a
été littéralement « emmuré dans la maçonnerie »

(*vermauert*) dans sa période berlinoise. Négligeons, pour éviter tout litige, les ouvrages postérieurs à la rupture avec Fessler. Ne prenons que ceux de sa période incontestablement maçonnique. Tel ouvrage de cette période, la *Destination de l'homme*, par exemple, n'est tout a fait intelligible que si on se rend compte qu'il est composé selon le plan du rituel de Fessler. Il me suffit que vous consentiez à discuter sur les ouvrages tout pratiques de cette époque de Fichte, où, après avoir posé les fondements (*Grundlagen, Grundlegung*) de la théorie de la science, du droit et de la morale, il édifie lui aussi le modèle en relief d'une cité idéale, l'*Etat commercialement fermé* (1800). Etes-vous d'avis que Fichte admet la patrie ?

M. Rauh. — Il n'y a pas de doute.

M. Paul Desjardins. — Il donne même de la patrie une définition précise : c'est une équipe de travail qui permet à l'individu de se survivre en intégrant son activité dans celle de son groupe.

M. Andler. — Oui : les patries doivent travailler à une œuvre commune, au bonheur commun.

M. Elie Halévy. — C'est là une idée française.

M. Rauh. — C'est une nation qui représente l'humanité, pour le Fichte de la dernière période.

M. Andler. — On remarque chez Fichte, au sujet de la nationalité et de l'internationalisme,

un glissement de doctrines très particulier. La
guerre légitime n'a pour objet que de défendre le
territoire légitime. Ce territoire, comment le définir? — 1º En 1796, Fichte est encore un pur rous-
seauiste, anarchiste. Le territoire d'une nation
est le sol que possèdent les citoyens résolus à
s'unir par le contrat national (1). Les citoyens
sont donc libres de s'annexer eux-mêmes à telle
nationalité de leur choix. 2º En 1800, Fichte
passe à l'idée des *frontières naturelles* (2) ; elles
sont à définir par des raisons économiques.
L'Etat peut occuper de force les pays situés à
l'intérieur de sa frontière économique naturelle,
mais la délibération sur la fixation de cette frontière rationnelle appartient à l'ensemble des
citoyens. 3º En 1813, Fichte a passé à l'historisme
nationaliste. Il méprise Rousseau (3). Quiconque
se sent assez fort pour faire prévaloir le droit, a
le droit et le devoir de contraindre les récalcitrants.
Ce droit des nations est *historique,* c'est-à-dire
qu'il y a une mission providentielle de chaque
nation. Toute nation a le droit de s'assurer le
territoire nécessaire à l'accomplissement de sa
mission. Mais il y a un point de doctrine sur

(1) Fichte. *Werke*, t. III, p. 373 sq.
(2) *Ibid*. t. III, p. 482 sq.
(3) *Ibid*. t. IV, p. 436 sq.

lequel il ne varie pas, et qui est d'héritage maçonnique. C'est sa notion du droit de guerre. Quand
et comment Fichte entend-il que la guerre maçonnique est légitime ? Il entend que la guerre est
légitime si elle est défensive et, notez ce point, si
elle n'a pas pour objet de détruire des hommes :
Créons, sur une zone de territoire que nous
appellerons *frontière*, une atmosphère de terreur,
couvrons de projectiles cette zone ; cela posé,
qu'un ennemi s'y aventure, il est prévenu du danger qu'il court : il le courra à ses risques et périls.
Voilà la guerre légitime.

Je rappelle que ce qui a détruit à l'étranger les
sympathies pour la France, c'est l'invasion française : Klopstock, Wieland et tous les libres penseurs allemands souhaitaient le succès des armées
françaises tant qu'elles ne manifestèrent pas l'intention de franchir la frontière ; ils se sont tournés
contre la France quand les armées françaises ont
passé la frontière de la France. Plus tard, quand
les Alliés se disposèrent à franchir à leur tour la
frontière française, il s'est produit une hésitation
d'ordre juridique ; c'est que le respect des frontières est dans la tradition de la franc-maçonnerie.
Mais, pour Fichte, nous avons le droit de couvrir
de projectiles une zone de territoire, afin d'empêcher les étrangers d'entrer chez nous.

M. Errera. -- Puisque vous parlez de Fichte,

ne croyez-vous pas qu'il faudrait nommer les *Discours à la nation allemande?* Ces discours sont très importants pour la question qui nous occupe, puisqu'ils ont été prononcés pour affirmer l'idée nationale allemande. Ils sont aussi d'une grande importance parce que chacun presque de ces discours a été transformé en fait : l'instruction obligatoire, par exemple, est déjà dans Fichte. La fondation de l'Université de Berlin a suivi de près l'apparition des *Discours.*

M. ANDLER. — En insistant, nous ferions, ce me semble, une digression nouvelle. Quant aux *Discours à la nation allemande,* nous y avons fait allusion, sans les nommer, en disant que Fichte avait eu une période réactionnaire. J'ajouterai une chose importante : Quand les *Discours* ont été prononcés, ils n'ont produit aucune impression ; l'impression produite par les *Discours à la nation allemande* est une légende nationale-libérale inventée vers 1859. Il n'y a dans ces discours pas une attaque contre les Français, qui sont appelés spirituellement « nos hôtes ». La note juste est celle du *Moniteur français,* qui annonce : « M. Fichte a fait à l'Université de Berlin des discours sur la réforme de la pédagogie » (*Rires*).

M. ERRERA. — Comment ont été reçues les idées de Fichte sur l'enseignement ?

M. ANDLER. — Fichte a préconisé Pestalozzi.

Mais le gouvernement français ne pouvait pas s'en formaliser ; Pestalozzi recevait depuis le Directoire une subvention du gouvernement français.

Sans l'exposé qui précède, nous ne nous expliquerions pas la conduite de Gœthe. Je ne sais si vous penserez comme le fr ∴. Teutsch, qui fut l'orateur de la loge Amélie de Weimar sur la tombe de Gœthe et qui dit de lui « qu'il était franc-maçon jusqu'en son fond (*Gœthe war seinem innersten wesen nach Freimaurer*) (1) ». Je constate que Gœthe, ministre weimarien, a fait revivre en 1808 dans l'État de Saxe-Weimar la franc-maçonnerie un peu assoupie. Une loge était une protection pour une ville au temps des invasions françaises en Allemagne. L'armée impériale comptait des maçons en grand nombre. Aussi se montrait-elle respectueuse des loges et de leurs membres. Au demeurant, pour Gœthe, comme pour beaucoup de Français d'alors, Napoléon était le monarque maçon. On lui attribuait le plan de fonder la paix perpétuelle. Gœthe partage très nettement cette croyance. Cela ressort de son ode à Marie-Louise (1812). Par ses victoires, Napo-

---

(1) Sur Gœthe franc-maçon : Pietsch, *Gœthe als Freimaurer,* 1880. — Brennecke, *Gœthe als Freimaurer.* Eine Logenrede, 1875. Weimarische Freimaurer-Analecten, fasc. 7 et 11, 1849 et 1864. — Hugo Wernekke, *Gœthe und die Kœnigliche Kunst,* 1906.

léon a uni les États du continent ; il reste l'antagonisme entre la France et l'Angleterre, mais cet
antagonisme finira par disparaître : « Celui qui
peut tout vouloir, voudra aussi la paix. »

Le 22 février 1809, la loge de *La Pomme d'Or*,
de Dresde, vote la note suivante. Le rédacteur de
cette note est Frédéric Krause, grand philosophe,
très peu connu (les philosophes n'ont pas de goût
pour l'histoire) : « Le *patriotisme* est la libre résolution de faire notre devoir envers le peuple de
nos pères, par pur sentiment du devoir, et non
parce que nous aimons le peuple de nos pères. —
2) Le *cosmopolitisme* est la libre résolution de
faire notre devoir envers toute l'humanité, par
sentiment du devoir, et non parce que nous
aimons l'humanité. — 3) Le *patriotisme* et le *cosmopolitisme* ne sont pas possibles l'un sans l'autre.
— 4) La franc-maçonnerie consiste à vivre dans
un esprit d'humanité. C'est pourquoi le cosmopolitisme est essentiel à cette confrérie. — 5) Si
louable et si beau qu'il soit d'aimer le peuple de
ses pères et d'être patriote, cependant cet amour
et cette vertu ne regardent point la confrérie
maçonnique. Elle réunit les frères non pas en leur
qualité d'Allemands, de Français ou d'Anglais,
mais en leur qualité d'hommes (1) ».

(1) Krause, *Anschauungen*, t. IV, p. 364-9, (1902).

Pour Krause aussi, Napoléon est le monarque franc-maçon par excellence. Il a créé la noblesse humaine nouvelle, par la fondation de la Légion d'Honneur, dont les grands traits sont : 1º le caractère *patriotique* de cet ordre ; 2º qu'il s'étend à *toutes les nations*, qu'il est donc dès maintenant une institution vraiment humaine ». (Krause, *Der Erdrechtsbund*, (1809). Ed. Nollat, 1903, p. 115). Vous savez que, dans sa forme même, la croix à cinq branches est un insigne maçonnique, bien qu'aujourd'hui beaucoup de vieux soudards qui la portent et qui combattent les francs-maçons ne se doutent pas de son origine. Mais, pour Krause, Napoléon a fait aussi la guerre maçonnique, celle qui ne détruit rien et ménage toutes les ressources de la civilisation. Napoléon sait qu'on ne peut détruire une nation civilisée. Ce serait arracher un membre vivant du corps de l'humanité. La guerre, telle qu'il la fait, ne laisse pas de haines, et ouvre les sources vitales des peuples. Elle groupe les États par ensembles rationnels. La France est victorieuse parce qu'elle est une nation de culture universelle et vraiment humaine ; victorieuse par la raison de l'inspiration divine autant que par la force. (*Ibid.*, p. 127.)

Il se produit un revirement à l'époque où Fichte prononce ses *Discours à la nation allemande* et passe à la réaction. Brusquement ces

loges qui ont acclamé Napoléon, comme la loge
de Dresde, croient que Napoléon n'est plus le
guerrier maçonnique, mais le guerrier despotique. Pour faire échec à Napoléon, il faut une
alliance des peuples chrétiens. Krause projette
alors, au nom de la franc-maçonnerie, une confédération de tous les peuples, d'abord européens,
dont l'objet serait de reconnaître comme frères
les peuples qui consentiraient à résoudre leurs
conflits entre eux et avec elle, pacifiquement,
selon les règles d'un code international arrêté et
promulgué en commun. Pour cela il faut d'abord
briser le despote. C'est la Sainte-Alliance, œuvre
de la franc-maçonnerie mystique. Comment cette
conception nouvelle a-t-elle pris corps, est-elle
entrée dans la pratique ? Les travaux sur ce point
sont peu avancés. On a le tort de ne s'occuper
que de l'histoire diplomatique. La Sainte-Alliance
est aussi un mouvement des esprits. C'est un
retour offensif de l'ancienne franc-maçonnerie
gnostique. Comment a-t-elle eu gain de cause ?
En trouvant un puissant appui, un monarque
mystique : Alexandre Iᵉʳ. M. Boyer vous a parlé
du rôle de Novikov auprès de lui.

Puis, c'est fini. Après cette défaite, la franc-
maçonnerie libérale ne forme plus que des groupes qui ont chacun leurs croyances, et qui n'ont
plus d'influence dirigeante dans aucun pays. La

22

grande franc-maçonnerie du xviiiᵉ siècle disparaît dans la tourmente de 1815.

Je suis persuadé que les héritières véritables de la franc-maçonnerie sont les fédérations ouvrières actuelles. Voilà pourquoi je ne suis pas franc-maçon.

M. Paul Desjardins. — Vous nous avez montré, en chaque représentant de l'idée humanitaire maçonnique, des motifs propres et différents. Cela rend très difficile une conclusion synthétique (1).

M. Henri Hayem. — Si la franc-maçonnerie actuelle a perdu son caractère ancien, il n'en est pas de même pour d'autres groupements, qui, ayant une constitution analogue à celle de la franc-maçonnerie, jouent, au moins dans certains pays, un rôle comparable à celui que la franc-maçonnerie a tenu autrefois.

Je pense en ce moment à une sorte de franc-maçonnerie très peu connue en France, et qui se présente sous l'aspect de ligues antialcooliques (*Rires*).

Je m'attendais à ces rires. L'idée nous surprend toujours en France au premier abord, tout simplement parce que nous n'y sommes pas habitués.

L'*Ordre indépendant des Bons Templiers*, — ainsi se nomme l'organisme international auquel

---

(1) Voy. aux *Annexes*, la conversation supplémentaire entre MM. Andler, Paul Desjardins, Arthur Fontaine et Rauh.

je fais allusion, — est né en 1852, aux États-
Unis. Il s'est répandu de là en Angleterre, et dans
toutes les colonies britanniques, dans les pays
scandinaves, en Allemagne, en Suisse, en Belgique, en Hongrie, et il vient tout récemment,
d'être introduit en France. Le but de l'*Ordre,*
c'est d'accomplir dans les mœurs de ses adhérents
une révolution complète, afin de transformer la
société par l'effet de la transformation des individus. Il s'agit, en dernière analyse, de remplacer
l'humanité trop égoïste par une humanité altruiste
et pratiquant la plus étroite solidarité. Le premier
sacrifice que l'*Ordre* demande à ses membres,
c'est celui de l'alcool sous toutes ses formes.
Les *Bons Templiers* sont tous des buveurs d'eau.

Avec une pareille mentalité, on ne peut pas être
partisan très chaud des différenciations nationales. Les *Bons Templiers* cherchent, de tout
leur pouvoir, à développer en eux les idées et les
sentiments propres à effacer leurs origines ethniques, et à unifier les humains dans une même
éthique, faite d'universelle fraternité. C'est ainsi
que, pendant la récente guerre du Transvaal,
des Loges de *Bons Templiers* ont tenu leurs
séances sur le champ même de bataille. Anglais
et Boers ont déploré ensemble les frères vic-
times de l'abominable carnage, ils se sont dit
leur amitié inébranlable et chanté ensemble leur
espoir en une meilleure humanité.

Il n'est pas jusqu'à l'action politique même qui ne soit inscrite au programme des *Bons Templiers*. Mais ils ne peuvent l'entreprendre que dans les pays où ils ont conquis un nombre suffisant d'adhérents. En Suède, le Parlement ne comprend pas moins de trente *Bons Templiers*, exerçant une action importante. En Grande-Bretagne, ils viennent de réussir à donner aux élections le caractère d'une gigantesque manifestation contre les cabaretiers, les brasseurs et les distillateurs, si bien que le nouveau Parlement se trouve contraint de travailler à la réalisation du programme social et moral, qui est celui des *Bons Templiers*.

Voilà donc au moins un groupement où reparaît, sous une forme nouvelle, l'esprit de la franc-maçonnerie d'autrefois (1).

M. Paul Desjardins. — Monsieur James Guillaume, avez-vous reconnu quelques ancêtres au cours de la revue que vient de passer M. Andler ?

M. James Guillaume. — Je crois qu'il n'y a aucun lien de filiation entre la franc-maçonnerie et l'Internationale, sauf pour les idées abstraites.

─────────────

(1) Voir dans la *Coopération des Idées* de mars 1906, l'article du Dr Legrain sur l'*Ordre indépendant des Bons Templiers*.

La fondation de l'Internationale est un fait de tout autre ordre. L'Internationale est née lorsqu'au socialisme utopiste a succédé le socialisme pratique d'un Blanqui, ou d'un Proudhon, dont Marx a été le disciple (Marx a été le disciple de Proudhon ; il l'a reconnu lui-même, lorsqu'il n'avait pas encore écrit contre Proudhon son pamphlet de 1847). A ce moment-là on s'aperçoit que si, au sein d'une nation, il y a des conflits entre riches et pauvres, entre gras et maigres, entre exploiteurs et exploités, dans les différentes nations ces classes ont des intérêts communs Dès lors on s'aperçoit qu'il n'y a plus de différence entre Français, Anglais et Allemands, mais qu'il y a des exploités français, anglais et allemands, et contre eux les exploiteurs de toutes les nations. A la lutte des nations se substitue la lutte des classes, et désormais, comme dit ce couplet que l'on chantait en 1848 :

> Les peuples sont pour nous des frères,
> Et les tyrans des ennemis.

Au moment de la Révolution française, l'idée de nation n'est pas comprise comme elle l'est de nos contemporains. La nation, c'est le peuple opposé au roi, au clergé et aux nobles ; les rois forment une coalition pour écraser cette nation insurgée contre la société monarchique. Cette

idée de nation est différente chez les philosophes
allemands, qui n'ont pas suivi la Révolution jusqu'à sa période de sans-culottisme.

Pestalozzi, dont nous parlions tout à l'heure, a
été fait citoyen français, et il a manifesté un véritable enthousiasme pour ce titre de citoyen français. J'ai publié des documents sur ce sujet...

M. Paul Desjardins. — Permettez-moi de vous
amener maintenant à la grande organisation dont
vous êtes aujourd'hui l'historien, après en avoir
été, il y a quarante ans, un des fondateurs : *L'Association internationale des Travailleurs*, ou, tout
court, « l'Internationale ». De quelle qualité est
l'humanitarisme de l'Internationale ? Est-il rationaliste et critique, comme celui des Libres Penseurs du xviiie siècle, est-il mystique, comme celui
de Tolstoï ? Marx, Bakounine et vous même
regardiez-vous l'unité de l'humanité comme un
fait réel, quoique latent, ou comme un idéal obligatoire ? Comme quelque chose à découvrir, ou
comme quelque chose à créer, comme ce qui est,
ou comme ce qu'il faut ? A la page 14 de votre
livre (1), je relève cette déclaration, dans le texte

(1) *L'Internationale. Documents et souvenirs (1864-1878)*,
par James Guillaume, t. I. — Paris. *Société nouvelle de
Librairie*, 1905.

des *Statuts* de l'Internationale : « Cette Association, ainsi que toutes les sociétés ou individus y adhérant, reconnaîtront comme devant être la base de leur conduite envers tous les hommes : La *Vérité*, la *Justice*, la *Morale*, sans distinction de couleur, de croyance ou de nationalité ». Cette déclaration de principe signifie-t-elle que pour vous « la Vérité, la Justice, la Morale » ont une autorité transcendante et connue immédiatement par la conscience individuelle, nous commandent à la façon d'une voix de Dieu, ou bien qu'elles sont simplement le résultat d'une analyse approximative de la conscience d'une société donnée, après élimination des superfluités, conventions, superstitions nationales ?

M. Élie Halévy. — Ces Statuts de « l'Internationale », quelle origine ont-ils ? Est-ce que l'internationalisme de l'Internationale ne dérive pas de l'internationalisme de la *Ligue de la paix* où s'exerce l'influence de Cobden et des autres économistes anglais ? Nous voyons Bakounine prendre part au Congrès de la paix avant de prendre part aux Congrès socialistes. Quelle que soit la distance qui sépare les deux internationalismes, n'y a-t-il pas lieu de considérer l'internationalisme de Marx et de Bakounine comme une transposition de l'humanitarisme libre-échangiste de Cobden et de John Bright (1)?

M. James Guillaume. — Je ne crois pas qu'il y ait de rapport entre les idées économiques de Cobden et l'Internationale.

Bakounine a ses idées internationalistes dès 1842. Il vient à Paris en 1843, où il se lie avec

---

(1) Cobden, dit Léon Say, était ce qu'au xviii° siècle on appelait *un citoyen du monde*. Drouin de Lhuys a dit de lui : « Il est avant tout, à nos yeux, le représentant de ces sentiments et de ces principes cosmopolites devant lesquels les frontières et les rivalités nationales s'effacent. Quoique essentiellement de son pays, il était encore plus de son temps. Il savait ce que les relations mutuelles peuvent accomplir de nos jours pour la prospérité des peuples. Cobden, s'il m'est permis de m'exprimer ainsi, était un homme international ». Une des formules inscrites sur le drapeau de la Ligue de Cobden contenait ces mots : Rappel des lois céréales *un conditional*, çe qui voulait dire : sans demander, en retour, de concessions aux étrangers. Il faut faire de bonnes lois de commerce chez soi et prêcher les autres peuples par l'exemple. On a le droit d'affirmer « que toute représaille, qu'il s'agisse de guerre de soldats ou de guerre de tarifs, condamne à s'engager de plus en plus dans la lutte, sans atteindre son objet, exaspérant les passions, bannissant la raison et ne faisant que multiplier les pertes de l'un comme de l'autre côté ». Cobden, *Ligue contre les céréales*, etc. éd. Léon Say, *Introd.* p. xvii, xviii. Cf. Jacques Bardoux, *Essai d'une psychologie de l'Angleterre contemporaine* (Alcan, 1906), p. 249-262. Admirables textes *anti-jingoïstes*, p. 259.

Proudhon en même temps que Marx. Ils se sont séparés plus tard. En 1849, Bakounine prend part à la révolte de Dresde ; il est envoyé dans des cachots pendant huit ans, puis en Sibérie. Il réussit à s'échapper. En 1861, il passe en Angleterre, puis en Italie, où il fonde, en 1864, une société secrète où se trouvent des Français, des Italiens, des Russes, des Allemands, etc. Il cherche alors à infuser ses idées dans la franc-maçonnerie. Quand la *Ligue de la paix et de la liberté* (qui n'est pas celle de Cobden) a tenu le congrès de Genève en 1867, il est venu à Genève pour faire accepter par le congrès ses idées de fédération des socialistes de tous les pays, Il est allé au congrès de Berne l'année suivante ; comme lui et ses amis se sont trouvés en minorité dans ce congrès, ils sont sortis de la Ligue et sont entrés dans l'Internationale.

M. Élie Halévy. — Quelle filiation y a-t-il entre l'agitation organisée par Cobden vers 1850, en faveur de la paix universelle et la *Ligue de paix* de 1867 ?

M. James Guillaume. — Aucune. En 1848, il y avait une *Ligue de la paix* qui avait été fondée, entre autres, par des pasteurs protestants. En 1867 la *Ligue de la paix et de la liberté* a été surtout une machine de guerre contre l'Empire. Garibaldi vint au congrès de Genève pour y déclarer la papauté déchue (il préparait en ce moment l'invasion des États pontificaux), et sa déclaration fut très applaudie : la *Ligue* voulait arriver à la paix par la guerre.

M. Andler. — Quel a été le rôle de l'Internationale dans les affaires qui ont précédé la guerre de 1870, dans l'affaire du Luxembourg, par exemple ?

M. James Guillaume. — Il y a eu des adresses, des protestations contre les guerres possibles. En 1870, alors que la guerre était déclarée, Bakounine écrivait à un ami : « Toi, tu n'es que Russe, mais moi je suis internationaliste ; je ne puis me désintéresser des événements ». Il y a des lettres de lui adressées à ce moment à des socialistes lyonnais, où Bakounine fait appel au patriotisme français. C'est que la France représentait à ses yeux le progrès et la liberté : après Sedan, les Allemands, qui venaient de repousser la main que leur tendait la République française, et qui manifestaient l'intention de s'annexer une partie de la France et d'assiéger Paris, étaient les agresseurs. Bakounine disait alors : « Le devoir de tous est de se lever pour défendre la France ». C'est l'équivalent de ce que Lassalle avait écrit pendant la guerre d'Italie, au moment où il était question pour la Prusse de prendre part à la guerre :

« Une défaite de la France serait l'événement

contre-révolutionnaire par excellence. Il est incontestable que, malgré tous les Napoléons, la France, en face de l'Europe, représente la Révolution, et que la défaite de la France serait la défaite de la Révolution (1).

M. ANDLER. — Marx a toujours pris parti pour l'Autriche.

M. JAMES GUILLAUME. — Marx était un *Grossdeutsch*, un partisan de la plus grande Allemagne.

M. ANDLER. — Constamment, Marx prend position du côté de l'autocratie, comme par instinct.

M. JAMES GUILLAUME. — On a publié, en septembre 1870, des passages d'une lettre où Marx disait : « La guerre actuelle ouvre une nouvelle époque de l'histoire : elle a prouvé que, même avec l'exclusion de l'Autriche, l'Allemagne est capable de poursuivre son développement... Un but sérieux est atteint, et, si la classe ouvrière allemande ne réussit pas à jouer le rôle historique qui lui est assigné, ce sera de sa faute. Cette guerre a transféré le centre de gravité du mouvement ouvrier continental de France en Allemagne ».

Marx s'en félicite. Nous autres, au contraire, nous l'avons déploré; nous avons prévu que la

---

(1) Voy. à l'*Annexe* n° III, un document complémentaire communiqué par M. James Guillaume.

victoire de Bismarck, donnant l'hégémonie à
l'Allemagne, allait avoir son contre-coup sur le
mouvement ouvrier; et en effet, ce sont les *Social-
Demokraten* qui, désormais, ont donné le ton aux
divers partis socialistes. En France, avant 1870,
l'Internationale était fédéraliste et anti-étatiste;
tandis qu'aujourd'hui le parti qui s'intitule « Section française de l'Internationale ouvrière » est
devenu, sous l'influence de l'Allemagne, un simple
parti politique.

C'est pourquoi le véritable représentant du mouvement ouvrier en France, aujourd'hui, c'est la
Confédération générale du travail, avec son
organe la *Voix du Peuple;* et le gouvernement l'a
bien compris, puisqu'il a fait saisir avant-hier la
Voix du Peuple.

M. Andler. — L'internationalisme, pour les
marxistes, signifie l'unification des nations avec
prédominance allemande et prédominance des
doctrines socialistes allemandes.

M. James Guillaume. — Je ne me charge pas de
mettre d'accord les contradictions des socialistes.

Lorsque Kropotkine et Bakounine s'intéressent
à la France, c'est par solidarité révolutionnaire :
Paris est la capitale de la Révolution, c'est à Paris
que la Bastille a été prise (M. de Ségur raconte
l'impression profonde produite en Russie par la
prise de la Bastille; depuis ce temps-là Paris a été

sacré pour les Russes). Voici ce que dit Bakounine dans la lettre aux socialistes lyonnais, dont j'ai parlé. C'était au moment où tout le monde en France se figurait que « notre glorieux Bazaine » allait triompher des Allemands; Bakounine ne partage pas cette confiance : « Paris et la France ne peuvent être sauvés que par un immense soulèvement populaire... Rappelez-vous les paroles de Danton : Avant de marcher contre l'ennemi, il faut le détruire derrière soi... La cause de la France est redevenue celle de l'humanité; en faisant du patriotisme, nous sauverons la liberté universelle... Si j'étais jeune, je n'écrirais pas de lettres, je serais parmi vous. »

M. ANDLER. — On a une impression différente quand on lit les procès-verbaux des réunions de l'Internationale tenues à Paris en 1871 : « La France est morte, vive l'humanité ! » (1).

M. PAUL DESJARDINS. — Ou quand on songe au renversement de la colonne impériale par la Commune de Paris. J'avais prié M. Lucien Descaves

---

(1) Article *Patrie-Humanité* dans *la Révolution politique et sociale* du 16 avril 1871, reproduit dans *les Séances officielles de l'Internationale à Paris*, 2ᵉ éd., 1872 : « Assez de sang, assez d'imbécillité ! Peuples, les patries ne sont plus que des mots; la France est morte ! L'humanité est là. La nationalité — erreur — résultat de la naissance, — est un mal : détruisons-le. La France est morte, vive l'humanité !

de venir nous parler de ce fait qu'il a étudié...

M. James Guillaume. — Oui, il a fait un roman
là-dessus (1). (*Rires.*)

M. Paul Desjardins. — Mais je suppose que
M. Descaves, grand collectionneur de documents
historiques, n'a pas tiré son récit de son imagination. Il a mis à son livre une épigraphe très frap-
pante d'Elisée Reclus. Or Élisée Reclus, qui considère la chute de la Colonne comme un grand acte
symbolique, fut au moins un spectateur des événements... Je ne puis m'empêcher, en ce moment,
de revoir, en imagination, ce grand humanitaire,
que je vénérais tendrement. Il y a dix ans, à Édim-
bourg, nous avons causé pendant deux heures de
la Colonne, de Napoléon et de Victor Hugo ; nous
voyions, de nos fenêtres, les Highlanders écossais
qui faisaient l'exercice sur l'esplanade du château,
avec d'inoffensifs petits sticks ; mais Élisée Reclus
souffrait à voir seulement leurs uniformes aux
couleurs gaies. Il dut quitter la fenêtre et nous
causâmes dans un petit coin sombre, de l'avenir
radieux de l'humanité...

---

(1) Lucien Descaves. *La Colonne* (Stock 1902), avec cette
épigraphe d'Elisée Reclus : « Il n'est pas, en ce siècle, de signe
des temps qui ait une signification plus imposante que le
renversement de la Colonne impériale sur sa couche de
fumier. » Lire (p. 403-409) la profession de foi de l'humanitaire
Rabouille.

M. James Guillaume. — Elisée Reclus a dû mal vous renseigner : il a été pris le 4 avril sur le plateau de Châtillon, il était sur les pontons pendant qu'on renversait la colonne. Moi, je n'étais pas à Paris, j'étais en Suisse, mais nous avions des amis très intimes dans la Commune, Varlin entre autres. Nous avons eu cette impression que la proposition de Courbet était plutôt ridicule. Je crois qu'un fait beaucoup plus caractéristique a été celui d'avoir admis dans la Commune un étranger, un Hongrois, Leo Frænkel, malgré sa double qualité d'étranger et de juif.

M. Daniel Halévy. — Je suis d'avis, comme M. James Guillaume, que ce dernier fait a beaucoup plus d'importance que le renversement de la colonne. Quand au renversement de la colonne, c'est un acte qui a pris une signification révolutionnaire, mais dont les origines sont simplement républicaines. Au lendemain du 4 septembre, une délégation était allée trouver un ministre, Jules Simon, je crois ou Jules Favre, pour lui soumettre ce vœu. Il est vraisemblable que l'idée était surtout anti-napoléonienne ; une gravure, avant la guerre, représentait la colonne renversée et Paris en flammes.

M. James Guillaume. — Les francs-maçons ont fait un geste, pendant la Commune. Ils ont voulu amener une réconciliation entre les Versaillais et

la Commune : ils sont allés en corps, avec leurs
bannières, sur les remparts, en déclarant qu'ils
s'uniraient à la Commune si les Versaillais
tiraient sur eux. Ils ont planté leurs bannières, les
Versaillais ont tiré, comme il fallait s'y attendre,
et les francs-maçons sont rentrés chez eux.
(*Rires.*)

M. Paul Desjardins. — Dans le circuit que nous
avons fait, à travers tant d'opinions anciennes ou
récentes, pourrons-nous trouver, — chacun de
nous, rentré chez lui, pourra-t-il trouver des éléments pour répondre à cette question : En quoi les
doctrines humanitaires intéressent-elles mes
propres idées directrices, et quel est l'avenir que
je puis leur augurer ?

M. Rauh. — Nous voici donc ramenés à la
question du commencement : de l'utilité des
exposés historiques pour nous former une opinion
pratique. Eh bien, après audition, je trouve une
grande différence entre l'exposé de M. Andler et
l'exposé de M. Guillaume. L'exposé de M. Andler
est fort intéressant, mais surtout pour nous intellectuels, tandis que l'exposé de M. Guillaume
intéresse directement l'homme d'action. Lorsqu'on
veut résoudre des problèmes pratiques, il faut
commencer par connaître les sentiments dont le
souvenir peut agir encore sur les générations

contemporaines ; il faut, comme M. Guillaume
vient de le faire, rappeler les événements dont on
a été témoin, ou dont les témoins vivent encore,
ou que des témoins sûrs se rappellent avoir
entendu raconter, dont ils ont pu recueillir l'écho
encore vivant. — Mais, direz-vous, les faits passés
n'agissent pas seulement sur la conscience des
hommes. Ils agissent comme des réalités physiques
sur la vie humaine, déterminant des actes sociaux,
à peine perceptibles à la conscience individuelle
ou même collective. Les institutions du passé
agissent sur celles du présent par un déterminisme objectif que la conscience ne saisit que
partiellement. — Oui, sans doute ; mais il s'agit
de savoir si tout le passé, le passé le plus lointain
pèse sur l'homme, et dans quelle mesure. Je crois,
pour moi, que, d'une façon générale, le passé *prochain* est le plus essentiel à connaître, parce que
seul il produit des effets précis, déterminés. Le
passé lointain, ou bien est incorporé à notre substance, et nous le connaissons quand nous nous
connaissons nous-mêmes : ainsi notre besoin de
logique en matière sociale nous vient de notre
culture classique, partie intégrante de notre tempérament national, et l'observation du temps présent suffit à l'établir. Ou bien le passé lointain
agit encore de façon distincte, mais cette action
est tellement indéterminée, que la connaissance

23

en est nécessaire sans doute, mais bien insuffisante. Des siècles de centralisation monarchique
nous ont peut-être façonnés au respect de l'État.
Mais la forme, la marque spéciale de notre
superstition de l'autorité, l'intensité de ce sentiment, dans quel milieu il se développe surtout,
c'est ce qu'il faut surtout savoir, parce que cela
surtout agit. Or, la méthode historique de M. Andler repose, semble-t-il, sur ce postulat que les
faits historiques agissent d'autant plus fortement
sur le présent qu'ils sont plus anciens. Puisque
vous avez posé la question, je tirerai donc cette
conclusion de cet entretien : Pour résoudre les
problèmes pratiques, il faut rechercher dans
quelle mesure les générations présentes se souviennent des faits passés, et dans quelle mesure
la durée des événements peut ajouter à leur force
actuelle. Que l'on pose l'une ou l'autre de ces
questions, on s'apercevra qu'il faut avant tout
étudier le présent et le passé prochain. Voilà
pourquoi l'exposé de M. Guillaume est pratiquement plus utile que celui de M. Andler.

M. Andler. — Je ne vois pas de différence entre
la méthode de M. Guillaume et la mienne. Pour
moi la question se pose ainsi : Oui, certes, il vaudrait mieux procéder toujours par expérience directe, mais dans bien des cas nous ne pouvons pas
procéder ainsi. Or, quand il n'y a pas d'expérience

directe possible, je ne connais que l'étude historique qui puisse la suppléer. Prenez exemple sur
la pratique la plus brutale qu'il y ait : la guerre.
Il y a eu un moment où, depuis cinquante ans,
aucun officier prussien n'avait assisté à une
bataille ; les officiers prussiens ne pouvaient se
souvenir d'avoir fait la guerre, ils ne pouvaient
interroger personne qui se souvînt d'avoir fait la
guerre. Moltke alors a procédé selon la méthode
historique. Il a institué en grand l'étude critique
des campagnes de Napoléon. C'était ce qu'il y
avait de mieux à faire. Il est démontré aujourd'hui
que l'incapacité professionnelle des généraux français en 1870 a tenu à une insuffisante connaissance
critique des grandes guerres. L'expérience directe
de la petite guerre algérienne n'y suppléait pas.
L'étude critique a pour résultats de créer en nous
des réflexes, de nous mettre dans un état d'inven-
tivité où nous ne serions pas sans la connaissance
de l'histoire. Il est vrai que le passé ne se recommence pas. Mais des situations analogues au passé
se retrouvent. Il s'agit de s'adapter par un réflexe
instantané, que nous suggère la connaissance du
passé. Nous sommes, par rapport aux francs-
maçons, dans la situation où Moltke se trouvait
par rapport à Napoléon Ier. Leur stratégie pacifiste est la plus vaste qui ait été essayée. Etudions-
la, et apprenons à la modifier. L'expérience

maçonnique est liée à son temps; les francs-
maçons ont opéré dans leur milieu, un milieu
d'absolutisme, ils ont cherché par des moyens
occultes à influencer le pouvoir. Nous ne pouvons
plus agir ainsi, cela a disparu. Mais ce qui peut-
être peut survivre, c'est l'art psychologique des
maçons, leur art d'aimanter les esprits. C'est
peut-être là « l'art royal » dont ils parlaient. — On
vous parlera, on vous a déjà parlé de la solidarité
économique établie entre les nations par le développement de l'industrie moderne. Je ne la mécon-
nais pas. Mais il y a une industrie qu'il ne faut
pas oublier, et qui est fructueuse pour ceux qui
l'ont organisée d'une façon robuste. C'est *l'industrie de la guerre.* Cette industrie a été quelquefois
pratiquée à nos dépens. Elle peut l'être encore.
*Tous les crimes qui sont possibles s'accompliront
toujours.* Je ne connais qu'un moyen de les empêcher. C'est de créer un état d'esprit universel qui
produise contre leur accomplissement une révolte
unanime et agissante. C'est de créer l'état d'esprit.
(*Approbation*).

*Les dernières minutes de cet entretien ayant été
occupées par la question de l'unification du
droit dans les diverses nations, que M. Paul
Errera a rapidement exposée, le compte rendu en*

est reporté plus loin, de façon à faire corps avec les exposés de M. Saleilles et de M. Lambert sur le même sujet.

Annexes
au Cinquième Entretien

I

Conversation complémentaire
à quatre Interlocuteurs

---

*Cette conversation s'est tenue chez M. Paul
Desjardins, huit jours après l'Entretien dont on
vient de lire le compte rendu. M. Andler n'était
pas satisfait de la discussion qu'il avait conduite.
Il voulait pousser jusqu'à une conclusion manifeste,
et qui s'imposât, le débat sur l'utilité pratique de
son exposé rétrospectif. Son insatiable désir d'être
probant l'obligea encore à cet effort, quelle que fût
sa fatigue. Il ne pouvait se reposer dans l'incerti-*

tude. Quatre amis, MM. Andler, Paul Desjar-
dins, Arthur Fontaine et Rauh se réunirent donc,
dans l'intention de conclure, s'ils le pouvaient,
l'Entretien où ils avaient pris position. Ils eurent
une conversation intime sur ce sujet. En voici au
moins la substance :

M. *Paul Desjardins.* — Andler m'a dit : Le dernier
Entretien n'a pas abouti. Il faut nous réunir encore
pour tâcher de le faire aboutir. — Je lui ai dit : J'aime
votre acharnement. Nous nous réunirons. — Et nous
voici. Nous vous écoutons, cher ami. Vous voulez aller
au bout de votre pensée; allez. Nous tâcherons de ne
pas dévier la conversation.

M. *Andler.* — Voici. J'ai étudié en historien la manifestation des idées humanitaires dans deux séries de
faits : dans la Révolution française et dans la Littérature moderne de l'Allemagne. J'en suis arrivé à m'apercevoir qu'il y a ici et là *une œuvre* à suivre, et que
cette œuvre ici et là est *maçonnique.* Sur la Révolution française, j'ai une hypothèse de fond, que je n'ai
pas exprimée : je crois que l'Eglise a bien vu quand
elle a attribué la Révolution aux Maçons. Mais laissons
la Révolution. Cantonnons-nous dans la Littérature
allemande, choisie comme champ d'une expérience qui
s'est prolongée. Ici je suis plus chez moi. J'ai dit :
consultons cette expérience, en la suivant d'aussi près
que nous pouvons, mais dans les textes, en prenant
garde de ne pas substituer nos préférences aux faits.
Pourquoi la consulter, si l'on ne s'occupe point de

littérature allemande ? Y a-t-il une utilité pratique
actuelle à cette consultation ? Oui. Parce que l'action
maçonnique manifestée dans le cours de cette littérature, c'est la stratégie du pacifisme dans le passé, stratégie qu'il nous faut savoir, afin d'opter pour ou contre,
dès lors que nous voulons ce que les Maçons ont voulu.
Or on reconnaît que la maçonnerie a échoué, mais on
se convainc qu'elle aurait pu réussir si dans son développement il n'y avait eu un nœud ; le passage d'une
doctrine rationnelle à une doctrine mystique. La
franc-maçonnerie a commis là une erreur de stratégie,
la même que le saint-simonisme. Elle a tout compromis
en se faisant mystique. Cette expérience est probante ;
il ne faut pas la recommencer. Et pour en être mieux
avertis, il faut la connaître de près.

M. Arthur Fontaine. — Laissez-moi vous dire
dès l'abord quel est mon point de vue. Aussi bien, il
implique une réserve sur le fond de votre démonstration, laquelle porte tout entière sur une propagation
d'idées. Je n'accorde pas tant aux idées. Je discerne
quant à moi, trois courants d'humanitarisme : 1° le
vieil *humanitarisme religieux :* tous les hommes sont
frères ; — 2° *l'humanitarisme démocratique :* dès
qu'il n'y a plus de droit divin, que le pouvoir est dans
le peuple, que l'Etat est une administration de société,
que l'on conçoit les impôts comme devant entretenir
les services publics, etc., la nation perd son caractère
exclusif, on peut dire : Je préfère telle nation, parce
qu'elle est mieux administrée. Cet humanitarisme-là
ne fait pas disparaître les nations : il les subordonne à
la justice. D'ailleurs il est indépendant de l'évolution

économique; — enfin 3° un *humanitarisme économique*. Il y a dans le mouvement économique, je le
crois, des fonctions qui contrarient le mouvement humanitaire, et d'autres qui l'aident. L'industrie, d'une part,
multiplie les barrières, les groupements d'action ouvrière, d'autre part, s'appuient sur l'idée humanitaire.
Chacun de ces mouvements humanitaires profite de l'im-
pulsion donnée dans le même sens par un mouvement
humanitaire précédent, quoique d'une autre origine ;
ainsi le mouvement humanitaire démocratique est lancé
par l'ancien mouvement humanitaire religieux, et, à
son tour, il prête de l'élan au mouvement humanitaire
économique. Ce dernier seul me paraît déterminant.
Sans doute, d'un point de vue élevé, c'est l'humanitarisme rationnel qu'il faut promouvoir, mais si les faits
économiques le rendent inévitable, il n'y a peut-être
pas grand intérêt à nous poser cette question. L'humanitarisme est-il bon ou mauvais ? Faut-il le soutenir ou
le combattre ?

M. Andler. — Aussi n'est-ce pas la question que je
pose, mais celle-ci : supposé reconnu qu'il faut travailler dans ce sens (parce qu'on le croit juste ou
parce qu'il est imposé par l'évolution, il n'importe en
ce moment, et ceci est un débat théorique), par quelle
méthode y travaillerons-nous? Prenons conseil de celle
des Maçons d'autrefois. Or je vois que cette méthode
a évolué, qu'elle est diverse en divers temps...

M. Arthur Fontaine. — Eh bien, ici même, la distinction que je viens de faire peut servir. Le caractère
de la méthode dépend de l'objet visé. Je voudrais
savoir si, quand l'idée humanitaire des Maçons a été

rationaliste, elle n'a pas été en même temps démocratique. si, devenue mystique, elle n'a pas dû devenir
aussi aristocratique. Je m'y attends.

M. Andler. — En effet, et nous l'allons voir.
J'ai donc fait ma revue rapidement. J'ai mis en
avant un certain nombre de formules que j'ai choisies
élémentaires. Je les ai prises d'écrivains vulgaires, non
spécialement maçonniques, ces derniers étant trop
compliqués. J'ai demandé : « Est-ce que cette formule
nous intéresse aujourd'hui ? Si non, rejetons-la. » J'ai
présenté huit formules, quatre de littérateurs, quatre
de philosophes, sériées pour montrer l'évolution du
maçonnisme vers le mysticisme.

D'abord une formule de Lessing : « Les nations sont
des faits permanents, leur antagonisme est nécessaire.
Seulement, il faut de plus en plus les relier, régler leur
antagonisme de façon à dominer le fait nécessaire du
patriotisme national. »

Pensez-vous que cette formule exprime la position
actuelle de la question?

M. Arthur Fontaine. — Oui. L'abolition des nations
n'a pas de sens. Tout système qui poursuit l'unité du
genre humain est une chimère.

M. Rauh. — Je crois que personne actuellement ne
poursuit l'unité du genre humain. Il y a, il y aura
toujours des groupements particuliers. La question est
de savoir si ces groupements sont les nations organisées à cette heure, ou des groupements économiques
vastes, ou de petits groupes localisés. La formule de
Lessing offre un intérêt spéculatif, éducatif, mais pour
les questions actuelles elle offre peu d'intérêt. Actuel-

lement la question est plus précise; il s'agit d'opter
entre telle ou telle forme de groupement.

M. Arthur Fontaine. — Ne matérialisons pas trop
les sociétés humaines. Les groupements économiques
ne sont pas tout ; ils laissent persister à côté d'eux des
groupements fondés sur d'autres principes, sans qu'il y
ait cette nécessité d'opter, que vous proclamez. Il y a des
intérêts communs aux différentes nations ; d'autres
seront mieux défendus par une d'entre elles. On peut
concevoir une administration internationale limitée
aux seuls intérêts généraux.

M. Rauh. — Je veux simplement dire sous quelle
forme la position de ce problème est intéressante pour
moi. Au point de vue de l'action, Lessing l'a posé de
façon trop vague, trop générale.

M. Arthur Fontaine. — La forme d'internationalisation qui semble résulter de la conception de Lessing,
c'est la *fédération.* C'est là une idée générale, mais
précise.

M. Rauh. — Les syndicalistes actuels ont la notion
très nette de la réalité d'un groupement nouveau,
fondé sur des faits économiques. Que vaut cette notion?
Je crois que c'est là-dessus que doit porter notre
recherche pour importer à notre conduite.

M. Andler. — Dans le programme, ceci viendra au
prochain Entretien. Mais des recherches historiques
étaient aussi prévues.

M. Arthur Fontaine. — Les recherches historiques
montrent du moins les difficultés auxquelles se heurtent
nos théories. Au demeurant, je réponds à votre question,
mon cher Andler, que l'idée de Lessing correspond à une

attitude que l'on peut encore prendre aujourd'hui, et que peut-être on aurait raison de prendre.

M. Andler. — Bien. Passons à Herder. Herder envisage la famille, le groupement communal ; puis il voit que les communications humaines s'élargissent et semblent devoir supprimer les barrières nationales. Pensez-vous que ce point de vue de Herder puisse être le nôtre ?

M. Arthur Fontaine. — Je me suis posé souvent la question. Est-ce qu'il doit y avoir place, dans une organisation rationnelle, pour des groupements intermédiaires entre la commune et l'humanité unifiée ? Il me paraît que oui : Des individus ayant une même langue et les mêmes traditions travaillent ensemble mieux, plus efficacement.

M. Andler. — Herder complète sa théorie en indiquant un moyen pratique de la réaliser : la confédération des princes, les *Etats-Unis d'Europe.* Il y a un précédent américain : que les Allemands et les Français se confédèrent comme les Etats d'Amérique, c'est le *modus vivendi* qu'il propose. Herder ne voit pas les groupements humains par leur aspect économique. Son humanitarisme est fondé sur l'unité de la raison.

M. Rauh. — Je ne crois pas non plus que les intérêts économiques, en tant que tels, puissent unir, il faut un idéal économique. La faiblesse du capitalisme vient de ce qu'il n'a pas d'éthique.

M. Andler. — Il a l'éthique de Bentham.

M. Rauh. — L'éthique de Bentham n'a pas été diffusée ; le capitaliste notre contemporain tire sa morale d'une toute autre source.

M. Andler. — Les francs-maçons regardaient la raison comme un principe réel qui est dans le monde, qui reconnaît ou qui établit les relations nécessaires entre les faits. Cette conception qui est la leur me paraît vivante.

M. Rauh. — Oui, sous sa forme générale, c'est la nôtre ; mais elle subit tout de même une évolution. Aujourd'hui nous avons cette idée que la raison est, en quelque façon, monnayée, qu'elle offre différents types ou aspects successifs d'elle-même. Les rationalistes du xviiiᵉ siècle s'imaginaient qu'il y a une loi de l'univers une fois posée ; ils l'ont trouvée partout. Pour nous, au contraire, il y a autant de formes de la raison qu'il y a de connaissances différentes. Il faut mettre l'accent aujourd'hui sur ce fait, que la raison, tout en étant une, se présente nuancée.

M. Arthur Fontaine. — La franc-maçonnerie du xviiiᵉ siècle me semble partir de cette idée que, la raison étant difficile à dégager, il faut pour cela des hommes supérieurs qui guideront les autres. Au lieu que nous nous remettons au suffrage universel ; procédé qui serait paradoxal si nous n'avions pas là le calcul des probabilités : Le peuple, dans son ensemble, guidé par son instinct, marche plus sûrement dans la voie du progrès que l'aristocrate. Oui, il y a une loi du monde, des lois générales, que peu sont capables d'apercevoir, mais qui agissent par tous. Ainsi le rationalisme est compatible avec la démocratie.

M. Rauh. — Je suis d'accord avec vous. Et encore sur ce point je suis convaincu qu'aujourd'hui une idée nouvelle se fait jour, l'idée de la *minorité consciente.*

D'après Taine et Charles Benoist, la démocratie doit être consultée sur les questions générales, et, pour les questions particulières, on doit consulter de petits groupes, des compétences. Cela répond mieux à l'idée que nous avons de la science.

M. Andler. — Wieland, que j'aurais dû citer déjà, va jusqu'à tirer de ce principe la République universelle. Nous sommes munis de la raison, qui a un rôle. La raison mène l'universalité des choses. Nous sommes donc sûrs d'être dans la loi des choses, si nous sommes *cosmopolites.* Les États seront des « communes » par rapport à la société universelle.

M. Arthur Fontaine. — C'est l'idée de l'unité de la race humaine, en la compliquant de cette idée, que la raison procure à chacun le bonheur et la liberté.

M. Andler. — Ceci veut dire que l'unité de l'humanité apparaîtra dans l'avenir.

M. Arthur Fontaine. — Et après tout, c'est dans notre foi en l'unité de la raison humaine que se résout la vérité de la science.

M. Rauh. — Je contesterais la définition de la raison par l'universalité. Il y a quelque chose de commun à toutes les raisons, oui, mais je définis la raison : un certain état de certitude irrésistible d'une conscience éprouvée. Il y a quelque chose d'autre, quelque chose d'empirique : l'enquête faite par l'homme sur ses sentiments pour voir si à l'épreuve les sentiments résistent. Les rationalistes en général ne considèrent pas cette enquête ; ils se bornent à des certitudes *a priori.*

M. Andler. — Poursuivons. Voici maintenant la formule purement sentimentale de Jean Paul : La rai-

son n'est pas la même chez tous les hommes, il n'y a
que des raisons particulières. Mais il y a le cœur
humain, — le sentiment de « solidarité », comme on
dit à présent. Pour Jean Paul, tant qu'il y aura deux
États distincts, il y aura des guerres, mais il n'y aura
pas toujours des États distincts. Le cœur humain
exige la République universelle.

M. Arthur Fontaine. — Je ne puis vous dire qu'une
chose. Cette conception est en dehors de ma pensée.

M. Andler. — Je crois aussi que l'humanitarisme
sentimental à la façon de Jean Paul doit tomber.
L'expérience l'a condamné.

Vient la maçonnerie napoléonienne : Napoléon fera
la paix. Enfin, avec Krause, une partie considérable de
la franc-maçonnerie exagère l'idée de l'ordre moral
kantien. Et le mouvement se complique d'idées religieuses. Les Maçons déclarent avec un scrupule édi-
fiant : « Nous n'avons pas le droit de procéder comme
la Révolution. » Alors la franc-maçonnerie se tourne
vers le conservatisme, vers la Sainte-Alliance : Krause
rêve l'unité sur une autre terre ; Saint-Simon part de
l'idée de Dieu pour définir l'association universelle. Et
c'est fini.

M. Paul Desjardins. — Nous voyons mieux à présent, que votre exposé est concluant.

M. Andler. — Du moins, il conclut. Méditons l'échec
d'autrefois.

M. Arthur Fontaine. — Oui, il y eut des formules
humanitaires qui procédaient de principes religieux et
qui ont mené à l'échec.

M. Paul Desjardins. — L'humanitarisme de Tolstoï, par exemple, qui est fondé sur le commandement évangélique de l'amour.

M. Andler. — L'humanitarisme de Tolstoï n'est pas une formule pratique. Il faut placer l'homme en présence de l'humanité réelle et actuelle, en acceptant d'abord celle-ci comme un fait, qu'il ne s'agit pas de condamner, mais de comprendre.

Il se pose une autre question corrélative : Quelle méthode employer pour amener les forces nationales à ne pas se déchaîner les unes contre les autres ? Je disais que la méthode d'autrefois avait été d'agir sur les puissants du jour par des moyens occultes. Cela n'est plus possible. La propagande à ciel ouvert, et adressée aux peuples nous est commandée par les circonstances nouvelles de la démocratie et du gouvernement d'opinion.

Troisième conclusion. — C'est une mauvaise méthode que la brusquerie et la violence. — Il faut une cohabitation patiente, une pénétration lente qui rende possible le développement de la connaissance que les hommes ont d'eux-mêmes. Ici l'idéal des Maçons est aussi le mien.

Mais la conclusion la plus grave est qu'il faut employer la méthode de la raison ; le mysticisme est par lui-même flottant : on ne fonde rien de permanent sur le mysticisme. L'erreur de la franc-maçonnerie a été une erreur théologique.

M. Paul Desjardins. — Votre verdict, mon cher ami, atteint par contre-coup le Saint-Simonisme, et le Comtisme.

24

M. Andler. — L'erreur initiale est de donner pour
de la raison ce qui n'en est pas.

M. Arthur Fontaine. — Il semble bien qu'aujour-
d'hui ce soit l'Internationale ouvrière qui remplace le
mieux la franc-maçonnerie.

M. Andler. — Oui, les fédérations ouvrières sont
les héritières des groupements rationalistes anciens.

II

Sur les Idées Humanitaires
dans la
Littérature Française du XVIIIe Siècle

Note communiquée par M. G. Lanson

Ce ne sont pas « des traces », c'est un large courant
d' « humanitarisme anti-guerrier » que manifeste la
littérature française au XVIIIe siècle. Montesquieu, Voltaire, Rousseau, disent ici la même chose, chacun dans
le langage de son caractère et de ses doctrines. Pour
Voltaire, les guerres de Louis XIII et Louis XIV sont
en quelque sorte des guerres *civiles*, et une des rai-

sons de la place qu'il donne aux sciences et aux lettres dans le mouvement de la civilisation, c'est que dans la division politique et les conflits militaires de l'Europe, elles ont maintenu la république européenne des esprits. Voltaire, qui approuve l'aversion des Anglais pour *a great standing army*, préfère le système des milices, qu'il désespère d'ailleurs de voir établir : c'est le moyen d'assurer la défense d'un pays en écartant l'esprit de conquêtes. Comme Voltaire, Montesquieu, Rousseau sont ennemis de la guerre et des grands armements ruineux. Ils ont été cosmopolites. Le patriotisme, chez tous les trois, est un sentiment surtout relatif et opposé à l'égoïsme individuel ou à l'égoïsme des groupes secondaires, famille, corps, etc. C'est l'attachement au bien général. C'est en ce sens qu'il y a un parti des *patriotes* vers 1765. Le patriotisme ne consiste pas dans l'acceptation de l'antagonisme des patries et la haine de l'étranger : c'est un excès qu'on réprouve (1). Encore moins dans le militarisme. Le « patriote » est l'ennemi de la guerre et des grandes armées, causes de la ruine publique.

Pour Montesquieu, ses œuvres posthumes, et

---

(1) VOLTAIRE : *Dictionnaire philosophique*. Article : *Patrie* (fin) : « Il est triste que souvent pour être bon patriote, on soit l'ennemi du reste des hommes... Telle est donc la condition humaine, que souhaiter la grandeur de son pays, c'est souhaiter du mal à ses voisins. Celui qui voudrait que sa patrie ne fût jamais ni plus grande, ni plus petite, ni plus riche ni plus pauvre, serait le citoyen de l'univers. »

notamment ses *Pensées* éclairent bien ce que sa prudence peut avoir laissé d'incertain dans ses grands ouvrages imprimés. Cependant les *Considérations*, tout comme le *Charles XII* de Voltaire, sont dirigées contre la guerre et la conquète. C'est là la pensée des deux œuvres.

III

Sur l'Internationalisme de Bakounine

M. James Guillaume nous écrit, à propos des nombreux textes qu'il avait apportés, et qu'il n'a pu tous lire, faute de temps, qu'il regrette surtout l'omission d'un passage de Bakounine au sujet de la guerre de 1870, écrit à la même époque que sa lettre aux socialistes lyonnais, et qui montre clairement le côté internationaliste de la pensée du révolutionnaire russe. M. Guillaume nous prie de publier ce passage, qui lui parait un complément et un correctif indispensable à la lettre où il est fait appel au patriotisme des ouvriers français. Le voici :

Ah ! si la France était envahie par une armée de prolétaires Allemands, Anglais, Belges, Espagnols, Italiens, portant haut le drapeau du socialisme révolutionnaire et annonçant au monde l'émancipation finale du travail, j'aurais été le premier à crier aux ouvriers de France : « Ouvrez-leur vos bras, ce sont vos frères, « et unissez-vous à eux pour balayer les restes pourris- « sants du monde bourgeois ! » Mais l'invasion qui déshonore la France aujourd'hui, c'est une invasion aristocratique, monarchique et militaire... En restant passifs devant cette invasion, les ouvriers français ne trahiraient pas seulement leur propre liberté, ils trahiraient encore la cause du prolétariat du monde entier, la cause sacrée du socialisme révolutionnaire.

———————

Unification du Droit

I

M. Paul Errera

(Fin de l'Entretien du 18 Février)

. . . .

M. Paul Desjardins. — Nous n'avons plus que quelques minutes. Toutefois, avant de nous séparer, nous voudrions bien entendre M. Errera sur les faits d'ordre juridique qui, suivant lui, tendent à effacer la différenciation des nations civilisées.

M. Paul Errera. — Ce qui m'a frappé, au point de vue où vous vous placez ici, c'est le parallélisme entre le développement législatif des différents peuples. Dans tous les pays, à peu près en même temps, on vote des lois ou des décrets sur les mêmes objets. Ouvrez l'*Annuaire de Législation comparée*, à la lettre A, par exemple, au mot *accidents du travail* : On fait une loi sur les accidents du travail en Espagne, le 30 janvier 1900 ; en Hollande, le 2 janvier 1901 ; en Suède, le 5 juillet 1901 ; en Grande-Bretagne, le 17 août 1901 ; en Danemark, le 27 mars 1903 ; en Russie, le 2-17 juin 1903 ; en Italie, le 29 juin 1903 ; en Belgique, le 24 décembre 1903. Evidemment, il n'y a pas entente, mais les besoins identiques font naître les mêmes phénomènes juridiques. Il vous faut étudier les besoins si vous voulez expliquer les lois similaires. Pour l'unification du droit, ce qui est déterminant, ce sont les besoins juridiques. Différents Etats ont proposé des ententes internationales, en raison de cette simultanéité et de ce parallélisme des besoins. On fait des tableaux comparatifs ; partout, comme au *Labour Department* des Etats-Unis, on dresse des statistiques pour établir sur les faits des relations juridiques qui puissent être unifiées. Des conventions internationales ont été conclues à la Haye, le 12 juin 1902, grâce à l'action de l'*Institut de Droit international* dont j'ai l'honneur de faire partie : conventions sur la production des actes authentiques, sur les conflits des lois sur le mariage, le divorce,

la tutelle. Ces conventions sont approuvées par
les diverses législatures. Des propositions très
nombreuses sont faites. Si nous avons la paix pendant quelques années encore, nous verrons ces
propositions passer dans la législation des différents peuples. Voilà pour le droit privé.

Le Droit public de tous les pays a été modifié
par les révolutions, principalement en 1789, en
1830 et en 1848. Ce sont trois dates françaises,
mais ces révolutions se sont répercutées dans tous
les Etats de l'Europe. Aujourd'hui de même, les
mouvements qui se produisent en Russie ont
provoqué des mouvements partout : En Norvège
(la Suède fait des concessions à la Norvège quand
elle craint la Russie, elle retire ces concessions
quand la Russie n'est plus à craindre, et la Norvège, par contre-coup, se sépare); — au Monte-
negro, où il se fait une véritable révolution,
puisque ce pays obtient une constitution autocra-
tique; — en Allemagne, où se produisent des
mouvements contre les lois électorales. Bref, la
révolution russe fait tache d'huile.

Si nous passons au Droit des gens, nous constatons que les arbitrages croissent en nombre plus
que géométrique. Ce qu'il y a de curieux, c'est
que les républiques de l'Amérique du Sud, très
promptes autrefois à se battre pour rien, sont
maintenant les plus ferventes pour l'arbitrage.

Voici qui est encore plus considérable. La Convention de Mexico, le 27 janvier 1902, a réclamé la rédaction d'un Code de droit international public et privé, pour toute l'Amérique latine. On comprend, en effet, que ces républiques cherchent à s'unir pour résister à la puissance prépondérante des Anglo-saxons.

En terminant, je rappelle que le pacifisme d'aujourd'hui doit compter surtout sur les peuples, parce que les rois ont peur des peuples ; quand je dis « rois », j'entends aussi bien les « empereurs » (*Rires*).

Une voix. — Ou les « ministres ».

M. Errera. — Les nations deviennent de plus en plus souveraines ; elles entendent être de plus en plus maîtresses de leurs destinées. Les rois le savent ; c'est pourquoi, quand ils nous voient inébranlablement décidés à ne pas nous entre-tuer, ils nous... laissent la paix (*Rires*).

On se sépare à 7 heures.

M. Raymond Saleilles

Sur l'unification du Droit privé

entre les nations modernes

————

Lettre de M. R. Saleilles, *professeur de Législation civile comparée à la Faculté de droit de l'Université de Paris.*

Cher Monsieur,

J'ai infiniment regretté que les ménagements que je suis obligé de prendre par suite de mon état de santé m'aient empêché d'assister à la réunion à laquelle vous aviez bien voulu me convoquer, et dans laquelle on devait s'entretenir des moyens de parvenir en Europe, et dans l'en-

semble du monde civilisé, à un rapprochement
de plus en plus marqué sur le terrain du droit
privé. Je vous aurais exposé les quelques mouvements d'idées qui se produisent à cet égard parmi
les juristes, et dont quelques-uns ne sont pas sans
intérêt.

Permettez-moi donc, puisque je n'ai pu être
des vôtres, de vous résumer, ou de vous développer, — je ne sais pas bien, en effet, jusqu'où
pourra m'entraîner ma plume —, les quelques
points dont je vous aurais entretenus.

I. — En général, laissez-moi vous le dire très
franchement, les juristes, — et moi en particulier, quoique je ne puisse guère parler qu'en mon
nom; — sont très attachés à l'idée de patrie; et ils
le deviennent d'autant plus qu'ils deviennent plus
réalistes et qu'ils s'attachent davantage aux constatations positives de la sociologie. Ils restent de
plus en plus convaincus que les fins sociales pour
lesquelles l'homme a sa fonction ici-bas ne peuvent être remplies que s'il fait partie de groupements homogènes, qui aient à se poser en face
d'autres groupements différents. C'est parce que
l'homme est encadré dans un groupe historique
qu'il sort de son individualisme, pour coopérer
avec les autres à une fin collective, et c'est parce
que ces groupes historiques sont différents les

uns des autres et qu'ils ont, chacun, comme une
mission spéciale et des intérêts propres auxquels
il leur faut pourvoir, les uns vis-à-vis des autres,
que la cohésion se fait chez eux et que l'unité de
droit se conserve en eux. Sinon, ce serait, à l'intérieur des collectivités elles-mêmes, l'émiettement
de toutes les individualités, la lutte des classes
poussée à l'état aigu, les haines de races exaspé-
rées, l'anarchie partout débordante. Il faut, pour
mettre en équilibre tous ces instincts haineux et
dissolvants, un centre d'unité, un terrain d'union,
un groupement plus large qui ait ses racines dans
le passé et qui se pose, en face d'autres groupements analogues, comme ayant son individualité
propre. Il faut quelque chose qui donne l'impression d'une âme commune, d'une conscience collective, homogène; et c'est ce sentiment qui se
résume dans l'idée de patrie. L'idée de droit étant
aujourd'hui de moins en moins individualiste, et
devenant de plus en plus une conception sociale,
elle repose très fermement sur cette base d'une
solidarité réciproque, qui groupe entre eux les
membres d'une même collectivité politique.

II. — Mais, en même temps que les juristes sont
très fermement attachés aux idées que je viens
de décrire, ils sont, plus que beaucoup d'autres
peut-être, inclinés à cette idée que tous ces grou-

pements nationaux auxquels conduit l'idée de
patrie, ne sont pas, pour être des individualités
collectives et distinctes, des groupes hostiles et
fermés les uns aux autres. Ces groupements tendent à devenir de plus en plus, les uns par rapport
aux autres, ce que sont, à l'intérieur d'une même
patrie, les collectivités distinctes qui la constituent,
et qui, elles aussi, s'opposent l'une à l'autre. Elles
s'opposent l'une à l'autre en vue de leurs intérêts
distincts. Mais, ces intérêts, elles n'en cherchent
la réalisation que sous l'empire d'une communauté de droit, qui met entre elles l'unité nécessaire, qui empêche les ruptures brusques et con-
court à l'harmonie réciproque.

C'est quelque chose d'analogue et de supérieur
qui s'établit entre nations politiques, constituant
des souverainetés distinctes, tout au moins dès
qu'elles sont parvenues à un état de culture et de
civilisation à peu près homogène. Cette communauté de sentiments et d'aspirations fonde entre
elles, et entre tous les individus qui les composent, comme une conscience supérieure commune,
qui tend à établir une communauté de droit, servant de régulateur suprême entre leurs intérêts
opposés. Elles ont conscience que, si elles restent
distinctes, que, si elles luttent chacune pour leurs
intérêts, elles ne doivent le faire que sous le couvert d'un état de droit qui maintienne entre elles

l'harmonie, qui rende également de plus en plus intense et vivante la notion d'équité entre tous les hommes, et qui, à côté des oppositions d'intérêts, laisse la place ouverte pour le rapprochement de toutes les sympathies.

Elles se rendent compte surtout que ces intérêts distincts et nationaux, qu'elles ont mission de protéger et de développer, ne peuvent trouver leur expansion qu'en devenant internationaux. Là où il y a un trop plein de capitaux, il faut que ces capitaux débordent et puissent trouver un emploi à l'étranger ; là où il y a un trop plein d'hommes, il faut que ces hommes émigrent et puissent trouver un accueil sur une terre qui n'est pas la leur. Il faut qu'ils y trouvent non seulement la sécurité et la garantie, qui sont affaire de police, mais la possibilité d'y vivre sous le couvert du droit, et d'un droit auxquels ils puissent s'adapter. Il faut que juridiquement ils ne soient pas trop dépaysés. Il faut que les différences juridiques entre nations deviennent un peu comme des différences de modes, auxquelles on s'habitue facilement, parce que, pour personne, elles ne troublent foncièrement les habitudes de vie, mais non comme des modifications profondes qui toucheraient aux sentiments les plus intimes de chacun.

A plus forte raison pour cet échange de capitaux, qui devient de plus en plus international,

25

faut-il que les règles dominantes des conventions,
les modes de crédit, les garanties contractuelles,
les sécurités commerciales, deviennent de plus en
plus identiques. Sinon, la confiance ferait défaut
et les marchés se fermeraient.

III. — Pour aboutir à la réalisation de ces
besoins intenses sur le terrain juridique, social,
économique et commercial, il s'est constitué une
branche importante de la science du droit, qui se
développe de plus en plus, et qui, disons-le hautement à l'honneur de la science française, a surtout pris en France une extension considérable :
c'est le *droit international privé*.

Le droit international privé, par son objet
propre, tel que je vais le décrire, n'a cependant
qu'un but très limité, qui n'atteint que partiellement les divers résultats dont je viens de parler.

Il a pour but essentiellement de régler ce que
nous appelons le conflit entre lois nationales différentes. Il veut empêcher, lorsqu'un étranger vit
dans un pays qui n'est pas le sien et dont il n'a
pas pris la nationalité, qu'on applique à cet étranger indifféremment toutes les lois du pays où il
réside. Il veut empêcher que, sous prétexte de souveraineté territoriale, la loi de la résidence ne pré-
tende dominer et régir tyranniquement toutes les
relations juridiques dans lesquelles cet étranger est

impliqué. Parce qu'un Français se trouvera habiter l'Angleterre, devra-t-on, dès qu'il a affaire aux tribunaux anglais en matière de droit privé, lui appliquer, sans réserve, la loi anglaise ? S'il se marie en Angleterre, lui appliquera-t-on, en ce qui concerne son mariage, les conditions de la loi anglaise, pour ce qui est de l'âge auquel il pourra se marier, des autorisations et consentements qui lui seront nécessaires, des empêchements fondés sur la parenté ou provenant de toute autre cause ? Pour savoir s'il est capable de contracter, lui appliquera-t on les règles concernant la minorité et la tutelle d'après le droit anglais ou d'après le droit français ? Et, s'il vient à mourir loin de la France, et qu'il ait avec lui des capitaux, des titres trouvés à son domicile, et constituant sa succession, va-t-on en régler la dévolution d'après le droit anglais ou d'après la loi française ; appeler à lui succéder ceux de ses parents qu'appellerait le droit anglais, ou ceux qui seraient ses héritiers d'après la loi française ? Mêmes questions, ou questions analogues pour les contrats conclus d'un pays à l'autre, entre commerçants étrangers par exemple. Partout on se demande quelle sera la loi applicable. Et la question est de savoir si, dans ce conflit entre deux lois qui prétendent s'imposer à l'exclusion l'une de l'autre, ce sera toujours et uniquement la loi du pays où l'intéressé se trouvera habiter, peut-être même celle du pays où l'affaire sera jugée, qui, sous prétexte de souveraineté, l'emportera, sans que la loi nationale, celle du pays d'origine, puisse jamais suivre ses nationaux à l'étranger, et leur assurer, même devant les tribunaux étrangers, le bénéfice de leur droit personnel, de leurs coutumes propres et de leur vie juridique nationale.

Le droit international privé a pour but, suivant chaque matière, de tracer idéalement ces règles de conflits et de déterminer, pour chacune d'elles, quelle sera celle des deux lois qui l'emportera. Et après avoir tracé ces règles idéalement, c'est-à-dire en théorie, il arrive peu à peu à les faire adopter et respecter pratiquement dans chaque État. Seulement, chaque État sur ces questions de conflits, est maître chez lui ; aussi adopte-t-il, pour en fixer la détermination, des règles différentes. Quand il s'agit de fixer quelle sera la loi applicable en matière de succession par exemple, la détermination du conflit ne se fera pas de la même façon en Angleterre, en France, en Allemagne et en Italie.

C'est pourquoi on cherche actuellement, tout d'abord par des traités internationaux, puis par des conférences internationales, à faire admettre peu à peu dans la législation de chaque pays des règles uniformes de conflits sur chaque matière.

C'est déjà un premier idéal à atteindre, mais qui est loin d'être atteint.

Supposons cependant qu'on parvienne à le réaliser pour la plupart des matières concernant les nationaux d'un pays qui résident à l'étranger ou qui ont des intérêts à l'étranger; il y aurait là sans doute un immense progrès qui se trouverait acquis. Ce ne serait toutefois qu'une demi sécurité, au point de vue des relations internationales.

Voici exactement ce qui serait acquis. Les nationaux d'un pays qui vont à l'étranger ou qui contractent à l'étranger, ou qui risquent des capitaux à l'étranger, sauraient exactement sur quels points, en vertu de règles uniformes et partout applicables, ils auront à se soumettre au droit du pays, et sur quels points, en quelque pays que ce soit, ils seront sûrs de garder le bénéfice de leur droit national.

Les règles de délimitation entre la loi du pays de résidence et la loi nationale seraient partout les mêmes. Ce serait un progrès considérable.

Mais, quelle que soit la certitude acquise à cet égard, il n'en résultera pas moins que, sur beaucoup de points, l'étranger devra accepter l'application de la loi étrangère, ét il est impossible qu'il en soit autrement. Aucun pays ne peut accepter que, même sur le terrain du droit privé, on lui impose, sur certains points où il peut croire sa souveraineté plus spécialement engagée, une loi qui lui est étrangère. Les étrangers qui achètent des immeubles, par exemple, à l'étranger, qui contractent à l'étranger, ou qui y fondent un établissement commercial, savent fort bien que, sur un grand nombre de points, ils se soumettent tacitement, par le fait même, à l'application du droit du pays où ils s'installent. Mais cette réserve faite, et si large qu'on doive la faire, la part du droit national s'étend aujourd'hui de plus en plus. Et, en tout ce qui concerne les points les plus importants de la vie privée, les étrangers sont assurés de conserver leur loi personnelle, en quelque pays qu'ils résident.

Mais cette loi nationale, dans toutes les hypothèses que nous supposons, c'est à l'étranger, et par les tribunaux étrangers, qu'elle devra être appliquée.

Or, il n'est pas besoin d'insister longuement pour laisser apercevoir ce que sera, le plus souvent, le droit étranger appliqué par des tribunaux qui ne le connaissent pas et qui ne peuvent en connaître que les textes dans leur formule écrite, sans savoir quelle interprétation on leur donne dans leur pays d'origine.

Ce serait parfait pour certaines fixations très simples, comme par exemple une question d'âge à élucider, pour le mariage, la majorité, l'adoption.

Mais sur la plupart des questions, pour un profane qui lit un texte de loi, — et un tribunal devient
presque un profane par rapport aux lois d'un pays
étranger, — il est impossible de pressentir ce que
l'application jurisprudentielle a pu faire de la formule légale dans son pays d'origine. Notre code
civil, par exemple, déclare, à propos du régime
dotal, que tous les immeubles de la femme apportés
en dot deviennent désormais inaliénables ; qui se
douterait, à s'en tenir là, que nos tribunaux en
disent autant des meubles dotaux ? Et, comme il
est difficile, en fait de meubles, de les retirer de la
circulation, qui se douterait, à ne lire que le code,
que nos tribunaux ont construit, à propos de ces
meubles, tout un système ingénieux, qui consiste
à les déclarer inaliénables, non plus individuelle-
ment, mais dans l'ensemble, c'est-à-dire dans les
actions et garanties qui les représentent ? Que
d'exemples je pourrais citer de déformations,
d'heureuses déformations, analogues ! Allez donc
en demander l'intelligence et l'application à un tribunal étranger, qui s'en tiendra à la lettre de la
loi et prétendra l'interpréter avec ses méthodes
spéciales de logique, simplifiée ou assouplie, suivant le cas ? Je comparais tout à l'heure les différences législatives aux variétés de modes que l'on
rencontre de pays à pays. Voyez-vous une Berlinoise achetant à Paris une étoffe à la mode, pour

faire confectionner à Berlin une robe de Paris ?
Oh ! je ne veux pas dire qu'elle n'obtiendrait pas
de son faiseur habituel un chef-d'œuvre de bon
goût. Tout ce que je veux dire, c'est que, très
certainement, ce ne serait tout de même pas la
même toilette que celle qu'elle aurait eue rue de la
Paix. Il en sera de même du droit français habillé
à l'allemande ou à l'anglaise, et, à l'inverse, du
droit allemand ou du droit anglais habillé à la
française. Le droit anglais interprété par un tribunal étranger, on ne peut vraiment pas s'imaginer quel résultat pourrait en sortir !

Le droit international privé, quelques progrès
qu'il réalise un jour, ne pourra donc jamais empêcher ces deux résultats de se produire. Que, sur
beaucoup de points, un étranger, devant les tribunaux du pays où il réside, ait à subir le droit
étranger, même en matière de droit privé, et que,
sur tous les autres, là où le bénéfice lui est réservé
de sa loi nationale, il risque de voir le droit de
son pays interprété et appliqué comme serait
un costume national confectionné à l'étranger et
par des étrangers.

IV. — L'idéal serait donc qu'entre les législations
elles-mêmes il se fît un rapprochement progressif,
une tendance vers l'unité de droit; ce serait que,
partout où l'on aille, on se sente sous le couvert

d'une communauté juridique, dont les variantes
ne soient que des divergences de détails, mais qui
aient entre elles toutes comme un air de famille.

L'idéal serait que partout, en Europe et en
Amérique, on puisse respirer comme une même
atmosphère juridique, que les surprises et l'inconnu ne soient pas sensiblement à craindre, et
qu'on y aille de confiance.

Remarquez qu'il ne s'agit, en aucune façon,
d'imposer partout une sorte d'unification juridique qui risquât d'être contraire aux mœurs, aux
traditions, aux tendances du pays.

Le droit, comme disait Savigny, sort des
entrailles du peuple; il n'y a de droit juste, équitable et vivant, que celui qu'a élaboré la
conscience collective du pays.

Oui ! cela est vrai; mais à condition que ce soit
un droit vivant, un droit qui aille de pair avec les
nécessités générales, progressives et mouvantes,
un droit élaboré par la conscience collective, c'est-
à-dire qui réponde, à chaque période donnée, à ce
que le peuple, dans son ensemble, conçoit de la
justice, à ce qu'il réclame pour la satisfaction
de ses besoins économiques, à ce à quoi il aspire
pour l'expansion de ses échanges internationaux.

Et ce droit vivant, toujours en quête du mieux,
il est impossible qu'il ne se crée pas par le frotte-
ment des usages, la répercussion des idées, la

pénétration réciproque des intérêts, d'un pays à l'autre.

Cela est si vrai que, sur certaines matières d'intérêt plus particulièrement collectif, et qui sont moins essentiellement individuelles, dès qu'une grosse expérience se fait dans un pays, qui dure quelque temps et qui paraisse s'imposer, très vite elle passe la frontière, elle se propage et fait son tour d'Europe, sous des formes diverses, mais avec un fond commun qui est le même.

Il en a été ainsi du principe du risque professionnel, de l'organisation de l'assurance ouvrière, de la publicité foncière, et de bien d'autres matières qui, une fois nées et codifiées dans un pays, sont très vite imitées ailleurs. Cela est vrai dans tous les domaines du droit : en matière pénale, par exemple, plus encore qu'en tout le reste. Notre loi de sursis, pour ne parler que d'elle, la loi Bérenger, dont, il faut le dire aussi, nous n'avons pas été les inventeurs, a passé maintenant dans la plupart des législations pénales européennes.

Et, lorsqu'au lieu d'une simple matière, donnant lieu à une loi spéciale, c'est tout un code qui apparaît à l'horizon scientifique, pas même un code, un projet de code, toute l'attention du monde savant se trouve éveillée, dans tous les pays civilisés. On l'étudie, on le compare dans chaque nation avec la loi nationale, on constate les progrès réalisés ; un mouvement se produit ; pour les pays qui n'ont pas encore de législation d'ensemble, le nouveau code devient un point de mire ; il inspire à son tour des projets et provoque l'imitation. Même dans les pays qui ont une législation ancienne, on parle de la mettre au point, on sent que l'on va se trouver distancé. Bref, on a vaguement conscience d'une orientation législative uniforme qui se fait dans les grands États de l'Europe ; on ne veut pas se tenir à l'écart, dans un état d'isolement, qui serait la ruine de toute influence mondiale.

Ce rayonnement de propagation, nous l'avons vu se produire au début du XIXᵉ siècle au profit du Code civil français.

A l'aube du XXᵉ, il y a de grandes législations qui viennent de prendre la place que nous avions occupée jadis : le code civil allemand, le nouveau projet suisse, le projet hongrois.

Elles bénéficient, à un siècle d'intervalle, de tous les progrès scientifiques, économiques et sociaux, qui se sont réalisés. Elles prétendent en formuler la synthèse juridique. C'est vers elles que s'orientent tous les peuples désireux de codifier leurs lois. Même les anciens pays, ceux dont la législation s'était inspirée de la nôtre, commencent à s'ébranler. Tout en gardant notre vieux code comme base traditionnelle, ils parlent de le réformer et de le refondre. Ils sentent que, sous des formes nationales diverses gardant toute leur originalité propre, il y a un fond commun à réaliser un peu partout, si l'on ne veut pas rester à un degré inférieur de civilisation et d'influence.

Voilà donc un premier courant incontestable, qu'il importe de noter au point de vue du rapprochement en matière juridique : c'est le courant législatif.

V. — Mais il y en a un autre qui commence à s'esquisser dans la doctrine, chez quelques penseurs d'avant-garde, dont mon collègue et ami, M. Edouard Lambert, de la Faculté de droit de Lyon, est certainement le représentant le plus hardi (1).

Cette conception nouvelle s'est construite sur le terrain du droit comparé. On a commencé par faire ce qu'on appelait alors, en 1872 par exemple, de la législation comparée. Cela consistait à étudier séparément, un peu unilatéralement chaque législation, sans trop se préoccuper des points communs par où, dans l'ensemble, toutes se touchaient et se rapprochaient. On ne cherchait pas à se demander s'il ne résultait pas de cette compa-

---

(1) Voyez ci-après quelques opinions de M. Edouard Lambert.

raison une synthèse unitaire, constituant une sorte de type schématique, vers lequel parût s'orienter le mouvement des idées, et qui pût servir de point de mire aux tendances doctrinales universelles, ou, comme on dit aujourd'hui, de caractère mondial.

Et à supposer que ce courant ne fût qu'en germe, n'y avait-il pas à lui donner une formule, à l'aider à prendre conscience de lui-même, à lui fournir enfin une valeur scientifique et sociale?

Nous avions, dans le passé, en France même, un exemple admirable d'un mouvement de ce genre.

A partir de la rédaction des coutumes, dès l'époque de la seconde rédaction, sous l'influence d'un jurisconsulte considérable, Dumoulin, on sentit peu à peu qu'au-dessus des variétés coutumières il y avait un droit commun qui se créait progressivement.

Remarquez qu'entre territoires coutumiers, il y avait les mêmes causes de conflits de coutumes qu'aujourd'hui entre nations sur le terrain du droit international privé. On essaya de régler, par des principes analogues à ceux que nous cherchons à formuler aujourd'hui, la situation juridique des Français qui allaient s'établir dans les provinces étrangères à leur province d'origine. Mais ce règlement des conflits coutumiers n'aboutissait

encore, comme aujourd'hui nos conflits de lois,
qu'à mieux faire apprendre et à mieux fixer les
divergences coutumières.

Dumoulin s'avisa d'une idée centralisatrice plus
hardie. Il considéra la coutume de Paris comme
le droit subsidiaire et supplétif de tous les pays
de coutumes, sur tous les points que n'aurait ni
prévus, ni réglés la coutume du pays. La coutume
locale devait être suppléée par la coutume de
Paris. De là, par conséquent, à dire qu'elle devait
être interprétée dans le sens de la coutume de
Paris, il n'y avait qu'un pas. Il fut vite franchi.
Et par là, par le fait même de cette interprétation
doctrinale unitaire et centralisatrice, il se cons-
truisit sous l'influence des grands jurisconsultes
du xviie et du xviiie siècle, Domat, Poullain du
Parc, Davot, Bourjon, Duplessis, Pothier, un
véritable *Droit commun de la cause :* c'est le titre
même du grand ouvrage de Bourjon.

Bourjon nous décrit, sur toutes les matières de
droit privé, le droit que la doctrine, sous l'influence
de la coutume de Paris, prise pour type initial,
considère comme constituant le droit du pays. Et
ce droit commun une fois constitué, on n'avait
plus qu'à considérer chaque coutume particulière
comme une variété détachée de ce fonds unitaire,
et destinée à se relier de plus en plus à son interprétation et à son application.

C'est ce mouvement d'unification, depuis long-temps préparé, qui seul a facilité et rendu possible la confection de notre code civil en 1804.

Je sais bien qu'entre chaque territoire coutumier il n'y avait que des frontières administratives. Chaque coutume ne représentait pas une souveraineté distincte ; toutes se reliaient à un même pouvoir central, qui attirait tout à lui ; et en le faisant il n'empiétait sur la souveraineté de personne.

Aussi serait-ce une utopie tout à fait irréalisable et même dangereuse à certains points de vue, de vouloir rêver de quelque chose d'absolument identique par rapport aux diversités législatives européennes. Chacune correspond à une souveraineté nationale autonome : au-dessus d'elles n'existe aucun pouvoir supérieur qui ramène tout à lui. Parmi ces différentes législations, il n'y a même plus de type principal et prépondérant, qui puisse jouer, par rapport aux autres le rôle d'attraction qui fut attribué à la coutume de Paris.

Ce type schématique, c'est donc à la doctrine de le dégager ; ce pouvoir central qui n'existe pas, c'est également à la doctrine et aux jurisprudences locales de le remplacer. Ce sont là tout autant de différences.

Mais à ces différences près, il se constitue cependant une science nouvelle, le droit comparé, substitué à l'ancienne législation comparée, qui se donne précisément pour fonction de rechercher, non plus à l'aide de la théorie, mais avec les meilleurs procédés de la méthode d'observation, dans quel sens, sur chaque point du droit privé, se produit le courant juridique. Il se donne pour but de construire sur ces données une sorte de thème juridique, qui représente la substance de chaque institution de droit privé, toute règlementation formelle à part, et, enfin, de poser ainsi comme les principes directeurs du mouvement scientifique universel.

Lorsqu'il aura ainsi dégagé, pour chaque institution de droit privé, les quelques principes vers lesquels elle s'oriente, comme on le fit par exemple pour le principe du risque professionnel en matière de responsabilité industrielle, il suffira de regarder les réglementations particulières, données à chacun de ces principes directeurs par le droit de chaque nation, comme de simples variantes d'une sorte de droit commun universel.

Chacune de nos législations nationales, en matière de droit privé, là où il ne s'agit pas de droit public et de points touchant à la souveraineté, serait donc par rapport à ce droit commun mondial, ce qu'étaient, toutes proportions gardées, une coutume particulière à l'égard du droit commun de la France.

Il subsisterait sans doute les différences que j'ai signalées, et surtout cette considération importante, qui révèlera entre les deux situations une opposition que rien n'effacera jamais, c'est que, sur le terrain du droit coutumier, c'était principalement dans les matières de droit public que se faisaient l'unification et la centralisation, en vertu du pouvoir de plus en plus absorbant et souverain de l'État, alors que les diversités se maintenaient plus librement en matière d'usages privés. Sur ce point l'usage était libre.

Sur le nouveau terrain dont je parle, c'est, au contraire, sur tous les points touchant au droit public de chaque État, que la doctrine du droit comparé aura à tracer les limites du terrain réservé, et les frontières intangibles devant lesquelles s'arrêtera tout mouvement d'unification qui ne viendrait pas de l'État lui-même.

Et c'est en matière de droit privé et de libre usage, là où l'intérêt international des échanges crée des rapprochements et des pénétrations réciproques, que se fera, par la poussée même des nécessités économiques et sous le couvert de la doctrine, ce rapprochement progressif que je viens d'esquisser.

VI. — Reste le moyen pratique d'aboutir.

Il y a longtemps déjà que quelques-uns de nous

ont pu le laisser pressentir, à notre époque surtout où s'accroit le large pouvoir d'interprétation
du juge. Et ce pouvoir s'étend principalement en
matière contractuelle, là où, sans faire œuvre d'autorité, on peut trouver, dans la forme tout au
moins, une base solide dans les usages, les tendances du milieu économique et commercial, et
par suite dans les présomptions de volonté. Ce
sera, partout où l'interprétation sera libre, partout
où elle ne sera plus dominée par le texte, partout
où elle pourra librement suivre le courant de la
doctrine, qui l'aura devancée et préparée, d'orienter cette même interprétation du juge vers les
principes généraux que la science du droit comparé aura recherchés et qu'elle aura peu à peu
condensés et décrits. Ces principes auront servi
de lignes schématiques et de points directeurs
pour la structure du droit commun universel.

Telles seraient donc les trois étapes à franchir :
une construction à créer peu à peu sur le terrain
du droit comparé; une orientation conforme de la
doctrine; une adaptation progressive de la jurisprudence.

Ce sont des degrés assurément bien lents à
atteindre; mais, en pareille matière, il ne s'agit
pas d'aller vite, mais d'aller avec prudence et de
ne rien compromettre.

Le principal n'est pas d'entrevoir des résultats prochains, mais de poser des principes. Le principal est de sortir de notre isolement doctrinal et jurisprudentiel, d'indiquer la petite lueur qui brille au loin et de permettre aux juristes de faire leur devoir intégral sur le terrain du droit national, tout en aidant à constituer cette communauté de droit, qui se créera peu à peu, pour abriter les sympathies qui se compénètrent, les progrès qui s'échangent, la vie internationale qui s'élargit.

Telles sont, cher Monsieur, les quelques idées que j'aurais exposées à vos amis.

Pardonnez-moi d'avoir quelque peu abusé de l'hospitalité de votre bulletin pour en tracer l'esquisse.

Et recevez, avec tous mes remerciements, l'expression de mes bien dévoués sentiments.

R. Saleilles.

III

M. Edouard Lambert

――――――

On a vu plus haut, on sait que M. Édouard Lambert, professeur d'histoire du droit, chargé de l'enseignement du droit civil comparé à l'Université de Lyon, passe pour être, à cette heure, le plus original parmi les jurisconsultes qui étudient « le droit commun législatif » ainsi que le nomme M. Lambert lui-même. Le grand ouvrage de M. Lambert (1) est peu accessible à un public non spécial. Nous en avons détaché quelques pages caractéristiques. C'est une consultation compétente et importante sur la question qui nous occupe.

――――――――――――

(1) Voici le titre de ce livre : *Études de droit commun législatif. — Introduction : La fonction du droit civil comparé ;* tome I : *Les Conceptions étroites ou unilatérales.* (Paris, Giard et Brière, 1903, in-8° de XXIV-927 pages).

I. — *Avertissement au lecteur.*

Je me propose de poursuivre parallèlement la publication de deux groupes de travaux, distincts en la forme, mais inspirés par une pensée commune, et que j'intitulerai : *1º Études de droit commun législatif ou de droit civil comparé ; 2º Études sur l'histoire comparée du droit civil de la France et des pays voisins.*

L'objet de mes *Études de droit commun législatif ou de droit civil comparé* sera d'extraire des principales législations ou jurisprudences régissant des civilisations analogues à la nôtre, un fond général de conceptions et de maximes juridiques, un *droit commun législatif*, destiné à produire sur chacune de ces législations une action comparable à celle qu'a exercée sur nos anciennes coutumes, le *droit commun coutumier*, ou sur les droits allemands particuliers avant la codification de 1896, la science du *Deutsches Privatrecht*. Si le temps et les forces me le permettent, l'esquisse d'un droit commun législatif en nature de régime successoral, dont je soumets le premier volume au public sera suivie d'une série de travaux similaires sur le droit de famille, les biens, les obligations et actes juridiques. J'entreprends donc en réalité d'écrire un traité d'ensemble de droit commun législatif ou de droit civil comparé, mais sans vouloir m'astreindre à en présenter les diverses parties dans un ordre systématique. En adoptant comme premier objet de mes recherches le régime successoral, j'ai surtout obéi au désir de vaincre immédiatement le scepticisme possible du lecteur. Tandis que la théorie des obligations, par l'examen de laquelle il eut été logique de débuter, est, de toutes les parties du droit civil, la plus franchement empreinte de l'internationalisme, la matière des successions est celle qui, de tout temps, a fourni le milieu de développement le plus favorable au particularisme. J'ai pensé que ma démonstration de l'existence effective d'un droit commun législatif serait plus profonde aux yeux du lecteur si je choisissais d'abord, pour y procéder, le terrain qui semblait s'y prêter le moins, le régime successoral.

Ma seconde publication : *Études sur l'histoire comparée du droit civil de la France et des pays voisins* ne sera qu'une dépendance de la première. Mon travail de comparaison s'exercera, dans l'une et dans l'autre, sur les mêmes législations, envisagées, dans la première, au point de vue de leur fonctionnement et de leurs résultats actuels, dans la seconde, au point de vue de leur genèse et de leurs transformations successives. Le *comparatiste* ne peut remplir utilement la tâche qui lui incombe qu'en demandant un appui continu à la science de l'histoire du droit privé. Il lui est impossible de discerner, s'il ne possède une connaissance solide de l'histoire interne de chacune des législations rentrant dans le cercle de ses recherches, dans quelle mesure les divergences qui séparent à l'heure présente des législations tiennent à des accidents éphémères ou à des causes profondes et durables. L'histoire comparative des institutions est l'un des instruments indispensables pour peser la valeur réciproque des systèmes juridiques en conflit. Enfin l'une des circonstances qui favorisent le plus efficacement la constitution d'un droit commun législatif, c'est que les diverses législations qui forment l'objet principal, le centre naturel de mon étude (législations latines, législations germaniques — et aussi dans une certaine mesure, droit anglais, droit écossais) se sont alimentées dans le passé à des sources communes, coutumes germaniques, droit féodal, droit canonique, droit romain, soit sous la forme originale soit surtout transformé par l'action des *postglossateurs* et des interprètes du *modernus usus pandectarum*. Dans l'accomplissement de sa mission propre, le comparatiste est obligé de faire constamment œuvre d'historien. Cette nécessité a été d'ailleurs fort bien mise en lumière avant 1896, par les constructeurs de la doctrine du *Deutsches Privatrecht*, du droit commun allemand, c'est-à-dire de l'une des formes les plus fécondes qu'ait jusqu'ici revêtue la science du droit civil comparé.

(p. 1-3).

II. — *Réponses aux objections.*

... J'ai surtout trouvé là l'occasion propice d'attirer l'attention sur les moyens naturels d'action du droit commun législatif et de répondre à l'avance à la principale, à la plus impressionnante des objections qui puissent être dirigées contre la conception de la fonction du droit civil comparé à laquelle je me range, celle qui assigne comme but à notre discipline de rapprocher les droits frères ou parents dans la poursuite d'un idéal commun de progrès, et de provoquer ainsi, en même temps qu'une plus rapide amélioration de chacun d'eux, l'effacement progressif ou la diminution toujours croissante des diversités législatives accidentelles. Je veux parler de l'objection que l'on songera peut-être à tirer d'une prétendue insuffisance des voies ouvertes au droit commun législatif pour exercer son action purificative et unificatrice sur les droits nationaux. Si j'ai pu démontrer dans les pages qui précèdent, et j'ai la ferme conviction d'y avoir pleinement réussi, que

les mouvements extra-législatifs du droit qui tiennent encore une place si importante dans nos
sociétés contemporaines, ne sont point, comme
on l'a trop souvent répété, le produit exclusif des
forces aveugles de la nature, qu'ils se poursuivent
sous la direction ou la surveillance, et avec la
collaboration constante de l'ensemble du corps
des juristes ; que l'œuvre des politiques civiles
nationales n'est point édifiée seulement par le
législateur, mais aussi par d'autres organes sur
lesquels la doctrine a une influence beaucoup plus
efficace et plus continue, la jurisprudence et la
pratique extrajudiciaire, la partie la plus difficile
et la plus délicate de ma tâche d'exposition méthodique est achevée ; la solidité du postulat qui formera le point de départ de tous mes raisonne-
ments est établie. L'objection à laquelle je viens
de faire allusion tombe d'elle-même. Car il est
clair que les moyens de pénétration ne manquent
pas plus au droit commun législatif qu'à ses
devanciers, les droits communs coutumiers ou
nationaux. Les autres arguments qu'on nous
oppose ou qu'on peut être tenté de nous opposer,
et que nous étudierons plus loin avec toute l'attention qu'ils méritent ne visent, pour la plupart,
que des difficultés de mise en œuvre. Il n'y en a
que deux qui puissent également être considérés
comme des objections de principe ; mais ils ne

sont pas de nature à nous arrêter, car, quoique reposant sur des constatations de fait exactes ils ne sont que l'expression de préjugés fort discutables. Je les signale de suite parce qu'ils sont tout particulièrement dirigés contre la nature de l'action sociale que la législation comparée est destinée à exercer en tant qu'instrument de la politique civile.

On peut, tout d'abord, très légitimement reprocher au droit commun législatif, — mais ce qui, pour quelques-uns, est un reproche, devient, pour d'autres, beaucoup plus nombreux, un éloge — son esprit nettement évolutionniste, réformateur et interventionniste. Il fait nécessairement ressortir par l'effet inévitable de son travail de comparaison, le véritable caractère des survivances qui fourmillent dans chaque système du droit positif. En les dénonçant au législateur et à la jurisprudence, à qui la puissance de l'habitude acquise en dissimulait l'absurdité, il en prépare ou en hâte l'élimination, lésant ainsi les intérêts du petit nombre de privilégiés qui profitaient de la persistance de ces vestiges irrationnels d'institutions évanouies. Il active la marche trop paresseuse et trop timide de chacune des jurisprudences légales, en lui proposant comme modèles les progrès réalisés par ses voisines. Il développe entre elles l'émulation et la jalousie du mieux. En attirant

sans relâche l'attention de la communauté internationale tout entière sur les résultats heureux de
toutes les initiatives et de toutes les réformes qui
se produisent dans son sein, il travaille, par là
même, à multiplier le nombre et l'étendue des
interventions législatives dans chaque pays. Il
pousse ainsi les droits internes à s'adapter plus
vite et de meilleure grâce aux transformations économiques des milieux qu'ils régissent, et même
à prendre une part active au travail incessant de
renouvellement et de régénération des formes
d'organisation sociale. L'objection est rarement
formulée dans des termes aussi francs et aussi
brutaux. Elle a été développée dans les sessions
du congrès de droit comparé de 1900 d'une façon
plus concrète, par voie d'exemple, et c'est exactement sous la même forme que je la retrouve dans
le chapitre fort suggestif que M. Deslandres con-
sacre à la critique de la méthode comparative
dans sa savante étude sur *La crise de la science
potitique*. « Si, dit M. Deslandres, nous voyons
le divorce régner partout, sommes-nous par
exemple, obligés de croire à son excellence (1) ? »
Parfaitement. C'est, en effet, l'une des conclusions
fermes que nous aurons à formuler dans la partie

(1) *Revue du droit public et de la science politique,* 1901,
XVI, p. 73.

de nos études qui traitera du droit de famille. Oui,
l'enseignement du droit comparé justifie pleinement le rejet de la règle canonique de l'indissolu-
bilité absolue du lien matrimonial, non pas pour
tous les pays indistinctement qui composent la
communauté internationale, mais pour ceux-là
seulement qui n'ont plus de religion d'état et où
le législateur s'assigne comme règle invariable de
conduite de conserver rigoureusement la neutra-
lité religieuse. Cette justification résulte non pas
de la loi brutale du nombre, mais de l'observation
des effets produits par les divers systèmes en présence et de l'analyse des motifs qui ont provoqué
l'attitude prise par chaque législateur à cet égard.

La comparaison critique des droits existants
nous montrera que là où le problème se pose sous
un aspect exclusivement laïque, il est toujours
tranché dans le sens de l'admission de certaines
causes de divorce, et que, toutes les fois qu'on ne
fait entrer en ligne de compte, parmi les éléments
de solution de la question, que les seuls intérêts
d'une bonne organisation de la famille, les inconvénients du divorce, quelque sensibles et certains
qu'ils soient, ne paraissent jamais de poids, en
compensation des avantages plus nombreux et
plus importants ; que, pour faire pencher la
balance en sens inverse, il est indispensable de
jeter dans un des plateaux des arguments d'ordre

religieux ; que le sentiment de cette nécessité a
même conduit certains législateurs à n'interdire
le divorce qu'à ceux-là seulement de leurs nationaux qui appartiennent à la confession hostile à
toute cause de dissolution du lien matrimonial,
c'est-à-dire à la religion catholique ; que, par conséquent, l'ancienne prohibition canonique a perdu
ses véritables raisons d'être, dans les législations
animées d'un esprit d'indifférence religieuse. Ce
n'est pas seulement le divorce que le droit comparé légitimera, mais bien d'autres innovations
qui ne peuvent se réaliser sans imposer aux minorités privilégiées des sacrifices involontaires, sans
les faire souffrir parfois dans leurs sentiments et
leurs croyances. C'est ainsi que la comparaison
de certaines législations récentes, comme la législation allemande, où la préoccupation de protéger
les faibles et les maladroits, tant contre leurs
propres entraînements que contre l'oppression
des forts et des habiles, et où la tendance à la
socialisation du droit commencent à se faire jour,
est de nature à exercer sur les droits plus indivi-
dualistes, comme le nôtre, une influence qui
pourra paraître profondément fâcheuse aux défenseurs des intérêts du capitalisme, aux partisans
du laisser faire économique, aux représentants de
l'école libérale ou néo-manchestérienne. Vaine-
ment tenterait-on d'imprimer une orientation

différente au droit civil comparé par un habile sélectionnement de ses matériaux. Sa direction générale ne sera certainement point conservatrice. Je ne le regrette pas d'ailleurs, étant averti par les enseignements de l'histoire que les efforts faits en vue d'immobiliser les formes d'organisation sociale, ou de ralentir leur évolution naturelle, ne peuvent avoir d'autres résultats que de substituer aux évolutions graduelles et pacifiques les révolutions brutales et sanglantes, et que les classes dirigeantes, qui ont le malheur de réussir momentanément dans de pareilles entreprises ne font que se préparer pour un jour plus ou moins proche, un réveil aussi cruel que celui qui, en 1789, tira d'un rêve analogue les représentants de la féodalité civile.

C'est avec raison également qu'on accusera le droit commun législatif de compromettre, par ses efforts de nivellement, l'originalité des systèmes juridiques qu'il prétend relier et rapprocher. Il ne se propose pas seulement de contribuer au perfectionnement des législations internes. Il cherche aussi, c'est son but immédiat, à diminuer, dans la mesure du possible les diversités qui les séparent. Il considère l'effacement des divergences législatives accidentelles comme une amélioration notable de l'état de choses existant, digne d'être poursuivie pour elle-même. Personnellement, je n'ai pas l'illusion que le travail du comparatiste puisse avoir pour résultat de provoquer l'unification totale ou partielle des législations civiles, soit de tous les peuples de même civilisation, soit de quelques-uns d'entre eux ; la substitution aux codes nationaux, nés de la fusion des droits provinciaux, de codes internationaux nés de l'interpénétration des droits nationaux. Mais, si je n'assigne pas un pareil but à l'action du droit civil comparé, ce n'est pas parce que j'estime qu'il ne soit pas souhaitable, c'est uniquement parce que je constate qu'il n'est pas réalisable. Il n'est pas douteux que, si nous comparons, c'est avec le désir de rapprocher les objets comparés, avec la préoccupation constante de trouver entre eux des points de ressemblance, de contact, et des terrains d'union. C'est même là la raison d'être essentielle de notre discipline.

(p. 903-908).

III. — *Conclusion.*

Le civiliste comparatiste, aussi bien que le politicien du droit, est assez naturellement balancé entre deux désirs contradictoires, désir de connaître, désir d'agir. Dans notre domaine la tendance à la généralité et la tendance à l'action sont inconciliables. Il faut opter entre elles. La première conduira ceux qui lui obéiront dans la direction ouverte par M. Saleilles. Pour ma part, cédant à la seconde, je renonce à des aspirations qu'elle ne me permet pas. Le cercle de développement que j'assigne au droit commun législatif n'est donc point l'humanité civilisée ; c'est un groupement beaucoup plus restreint de peuples reliés par des liens étroits d'éducation commune, rapprochés par l'action de très nombreuses influences historiques et économiques. Réservant pour des pages ultérieures la description analytique de ce groupement, je me borne provisoirement à le définir par référence à une notion familière à tous les internationalistes : la notion de la *communauté internationale*. Cette notion, très large dans le domaine du droit international public, tend déjà à devenir beaucoup moins extensive, transportée dans le domaine du droit international privé. Elle se resserre encore plus quand on la transplante sur le terrain du droit civil comparé. Elle conserve cependant dans les trois cas le même esprit et la même signification générale. Les rapports qui s'établissent au sein de la communauté internationale moderne, entre le droit commun législatif et le droit international privé sont exactement les mêmes que ceux qui existaient, au sein de la communauté juridique des anciennes coutumes françaises, entre la théorie du droit commun coutu-

mier et la théorie des statuts. La première de ces
disciplines n'aura jamais une aussi grande étendue
géographique d'action que la seconde. La communauté juridique à l'intérieur de laquelle se
dégage le droit commun législatif se subdivise
d'ailleurs en groupes inégalement homogènes, et
est loin d'avoir une consistance fixe et uniforme.
Ses limites s'étendent ou se rétrécissent d'une
branche du droit civil à l'autre, ou même d'une
institution à l'autre. Sa composition peut aussi
varier avec le temps. Elle forme naturellement
une sorte d'union internationale ouverte qui a
chance d'aller constamment s'agrandissant. La
force d'attraction qu'ont eue quelques-unes des
principales législations appartenant à cette communauté, par exemple, la législation française au
début du xxie siècle, la législation allemande à la
veille du nôtre sera certainement exercée avec
plus d'intensité par le faisceau plus puissant du
droit commun législatif, le jour où le travail collectif des civilistes des principaux pays intéressés
lui aura donné une précision suffisante.

L'heure est venue d'entreprendre ce travail. Le
mouvement de codification des droits nationaux
qui se produit dans la communauté internationale
pendant le xixe siècle nous y invite. Il a fait d'elle
un milieu tout aussi favorable à une renaissance
des études de droit civil comparé, que celui qui

été créé chez nous, au xvie siècle, par la rédaction officielle des coutumes. La codification, en facilitant la comparaison des droits nationaux, en a préparé le rapprochement.

Nous avons antérieurement constaté que les codifications ne sont point douées, comme on l'a trop souvent cru au lendemain de leur mise en vigueur, de la puissance d'immobiliser le cours de la vie juridique et de figer en quelque sorte chacun des droits nationaux. Elles ne mettent point obstacle à l'interpénétration des divers systèmes de droit positif sous l'action de la jurisprudence et de la doctrine. Tout au contraire, elles donnent une base plus solide, un point d'appui plus stable au travail du comparatiste. La remarquable littérature de droit comparé qui a été provoquée chez nous par la rédaction des coutumes en fournit la preuve péremptoire. Les divergences ne sont point beaucoup plus nombreuses et plus profondes entre les principaux codes latins et germaniques de l'heure présente qu'elles ne l'étaient entre nos coutumes rédigées du xvie siècle. Pourquoi renoncerions-nous donc à continuer, sur le nouveau terrain qui s'offre désormais à nous, l'œuvre d'effacement progressif des diversités juridiques accidentelles qui, de tout temps, a constitué l'une des plus hautes missions sociales de la doctrine, et à laquelle se sont consacrés avec

une particulière prédilection tous ceux des jurisconsultes qui ont tracé, dans l'histoire des variations de la vie juridique, leur sillon lumineux. La
codification des droits nationaux doit être le point
de départ de la constitution d'un droit commun
législatif, comme la rédaction de nos coutumes
fut le point de départ de la formation d'un droit
commun coutumier. De même que la rédaction
des coutumes a stimulé l'activité du jurisconsulte,
qui, jusque là, avait travaillé au rapprochement
des diverses coutumes de sa province, en lui proposant un plus large objet : le rapprochement des
coutumes provinciales ; de même les codifications
contemporaines doivent provoquer une nouvelle
floraison de la littérature du droit comparé, en
substituant, comme matière première du travail
du comparatiste, les droits unitaires nationaux
aux droits particuliers d'un même pays. Telle est,
à mon avis, la tâche qui incombe pour l'instant
au droit civil comparé, conçu comme branche de
l'art juridique. Même ainsi limitée, elle est encore,
me semble-t-il, assez vaste pour satisfaire nos
besoins d'activité...

(p. 920-922).

———

Patriotisme National
et Lutte de Classes

Ont pris part à cet Entretien :

MM. P. BUREAU,
  Léopold DOR (1),
  Emile DURKHEIM,
  A. FABRY,
  Arthur FONTAINE,
  Charles GIDE,
  Hubert LAGARDELLE (2),
  F. de MARMANDE (3),
  Emile POUGET (4),
  Frédéric RAUH,
  & Paul DESJARDINS, *Secrétaire des Entretiens.*

---

(1) de Londres, membre du *Labour Party* anglais.
(2) Rédacteur en chef du *Mouvement socialiste*.
(3) Avocat.
(4) Secrétaire adjoint de la *Confédération générale du Travail*, Rédacteur en chef de la *Voix du Peuple*.

Pour la profession des autres interlocuteurs, voyez les précédents comptes rendus.

M. Paul Desjardins. — Messieurs, on ne repro-
chera pas à notre conversation d'aujourd'hui
d'être académique. La question que nous allons
discuter est d'un intérêt violent; c'est la plus centrale, la plus actuelle, la plus aiguë de toutes
celles que pose le sujet de l'*Internationalisme*.
Dès l'annonce de ce sujet, l'an dernier, on a prévu
qu'il faudrait, un jour ou l'autre, ou bien aborder
le débat auquel nous voici amenés, et donner ici
franchement la parole aux représentants du *Socialisme révolutionnaire autipatriote*, afin d'écouter
toutes leurs raisons, — ou bien avouer, implici-
tement, que nous avons peur d'affronter un tel
débat central, actuel et aigu, et qu'ainsi notre
liberté d'esprit est bornée par des préjugés de
classe et d'éducation, notre volonté de voir clair
n'est pas intègre, notre titre « pour la vérité »
est usurpé. Eh bien! Messieurs, nous n'aurons
pas échoué encore à cette épreuve-ci. L'*Union*

s'affirme exempte de tout dogmatisme exclusif en
invitant des représentants du *Socialisme révolutionnaire antipatriote,* à exposer et à soutenir leur
thèse. M. Hubert Lagardelle, avocat, directeur
du *Mouvement socialiste,* promoteur de l'« Enquête
sur l'idée de Patrie dans la classe ouvrière » et
M. Emile Pouget, employé, l'un des secrétaires de
la *Confédération générale du Travail* et rédacteur en chef de la *Voix du Peuple* ont accepté
d'être aujourd'hui nos interlocuteurs. Je les en
remercie, et je les assure à nouveau (l'ayant déjà
fait dans ma lettre d'invitation) que nous ne serons
pas ici moins hospitaliers à leurs idées qu'à leurs
personnes, — à charge pour eux de nous persuader que leurs idées sont fondées en raison. Si je
leur disais que je n'ai aucun préjugé contre leur
antipatriotisme, ils me croiraient difficilement.
L'accent même dont je ferais cette déclaration les
avertirait que je surmonte quelque chose de puissant en moi pour la faire. Mais, s'ils me rendent
manifeste, dans ces prochaines deux heures, que ce
qui me porte à leur résister n'est en effet que préjugé, ou que les motifs que j'aurais de leur donner
mon assentiment sont plus forts, c'est-à-dire plus
conséquents à mes mêmes principes, je leur pro-
mets simplement et sérieusement que je les remer-
cierai de m'avoir instruit, quoi qu'il m'en coûte,
et libéré.

Le plus opportun serait, je pense, de procéder avec ces messieurs par interrogation. Vous, monsieur Gide, qui savez en quels termes précis ces questions se posent, ne pourriez-vous amorcer l'interrogatoire? Pourriez-vous débrouiller devant nous s'il est vrai que l'antagonisme économique « exclut » l'ancien antagonisme national et le remplace?

M. CHARLES GIDE. — Il me semble qu'il faudrait savoir d'abord de quel « antagonisme économique » on veut parler. L'antagonisme entre les salariés et les possédants, qu'on appelle généralement « la lutte des classes » n'est pas le seul. L'antagonisme entre les propriétaires fonciers et les capitalistes, par exemple, a joué aussi un grand rôle dans l'histoire. Mais à la rigueur, il suffit d'étudier la *lutte des classes*.

M. PAUL DESJARDINS. — C'est en effet la fameuse « Lutte de classes » que nous avons tous dans l'idée. Il s'agit de savoir s'il y a vraiment aujourd'hui des « classes », deux et non pas trois ni trente, mais deux, nettement tranchées, nécessairement antagonistes, et aujourd'hui plus que jamais; il s'agit de savoir ensuite si cet antagonisme, que les prolétaires doivent, non pas laisser amortir, mais pousser à son terme, éliminera nécessairement l'antagonisme historique des nations et substituera aux sentiments que cet antagonisme entretient, des sentiments nouveaux : il s'agit enfin de savoir si la « conscience de classe » vaudrait, comme stimulant d'énergies dévouées, le patriotisme national auquel on prétend qu'elle va succéder.

M. Lagardelle. — Là-dessus, sans attendre de questions, je puis vous exposer notre thèse, si vous voulez.

M. Paul Desjardins. — Nous le voulons. Pas une conférence, s'il vous plaît, mais un petit *syllabus* catégorique.

M. Lagardelle (1). — C'est très simple, et je suis toujours prêt. Parler de la « lutte de classes » m'est très familier, comme à tous les socialistes.

L'idée de « lutte de classe » est essentielle, est mère du socialisme ; c'est la lutte des classes qui explique tout le socialisme.

La lutte de classes suppose que la société est divisée en groupements homogènes ayant une substructure économique, morale, intellectuelle (les éléments de cette substructure sont subordonnés les uns aux autres, la vie intellectuelle

---

(1) Il a été impossible, après plusieurs mois d'attente, d'obtenir de M. Lagardelle qu'il revît et corrigeât ce compte rendu. A tout le moins on garantit la substance de ce qu'il a dit. D'ailleurs M. Lagardelle a developpé son opinion sur le sujet dans sa propre revue, le *Mouvement Socialiste. (Note du Secrétaire).*

dépendant du milieu social). La société apparaît ainsi comme formée de blocs d'hommes différents les uns des autres; c'est l'insolidarité sociale. La classe ouvrière s'est constituée au cours du XIXᵉ siècle avec le développement de la grande industrie. Elle a un double rôle, destructif et créatif ; le mouvement révolutionnaire ruine de plus en plus la société actuelle en lui imposant des institutions nouvelles qui créent à leur tour des notions de droit nouvelles. La classe ouvrière est donc en antagonisme absolu et total avec la société moderne : Propriété, famille, patrie sont des idées totalement étrangères au mouvement ouvrier, qui se développe d'une façon indépendante. Le producteur est au centre de la société, de lui tout dépend et sur lui tout pèse; s'il arrive à comprendre qu'il y a antagonisme entre son rôle de producteur et le rôle de parasite des autres classes, la lutte de classes doit surgir; maîtres et serviteurs, gouvernants et gouvernés doivent disparaître pour faire place à une société de producteurs indépendants et autonomes. Pour aboutir à l'élimination des classes parasites, la classe ouvrière doit accomplir la rupture de la société moderne. Elle doit aussi avoir conscience d'elle-même, prendre une homogénéité de plus en plus grande. J'ajoute que l'œuvre de destruction et de création peut s'accomplir en même temps;

la classe ouvrière crée en même temps qu'elle détruit.

Lorsque la classe ouvrière se trouve en présence de l'idée de patrie, quelle est son attitude ?
L'idée de patrie est tellement forte que, quand on
l'affirme, on ne voit que l'unité d'intérêts au sein
de la nation, on oublie les diversités d'intérêts,
d'opinions, de confessions même; l'idée de patrie
nie radicalement le mouvement vers la rupture.
Si les classes ouvrières rompent avec l'idée de
patrie, elles rompent avec les classes dominantes.
Elles y arrivent. On a beau être un ouvrier français ou un ouvrier allemand, le rôle que l'on joue
dans la production est le même, l'organisation de
l'atelier est la même, les rapports avec le patronat
sont les mêmes, il n'y a pas de différence dans la
situation qui est faite. Ce n'est que lorsqu'ils se
considèrent comme citoyens, lorsqu'ils se placent
sur le terrain politique et non plus sur le terrain
économique, que les ouvriers sentent leur solidarité avec les autres citoyens. Il est certain que le
rôle politique de l'ouvrier est différent en France
et en Allemagne, on comprend que l'ouvrier
tienne aux libertés politiques qu'il a ici et qu'il
n'a pas ailleurs, on comprend un certain patriotisme politique. Mais ce sont là des choses d'ordre
secondaire : les ouvriers considèrent qu'il ne vaut
pas la peine de donner sa vie pour des différences

qui ne sont pas fondamentales; — et le patriotisme fait un devoir de donner sa vie. Il importe
peu à un ouvrier d'être français ou allemand, je
ne dis pas en tant que citoyen, mais en tant que
producteur : le producteur se sépare de la société
actuelle, le citoyen s'y incorpore.

C'est ainsi qu'on peut comprendre le mouvement immense qui se produit contre l'idée de
patrie. Dans l'enquête du *Mouvement socialiste*,
des ouvriers ont reconnu comme un fait que l'idée
de patrie existe, ils ont reconnu qu'il est naturel
que les bourgeois aient cette idée. Mais ils ont
ajouté : Patrie implique patrimoine. De patrimoine, nous n'en avons pas. De patrimoine moral,
artistique, intellectuel, nous n'en avons pas. Nous
sommes en dehors de la culture; la culture que
nous portons en nous est autre, ou plutôt nous
avons à la créer; nous représentons un mouvement de barbares, bref, nous sommes en antagonisme avec la société bourgeoise ». Il faut donc
constater un antagonisme irréductible entre deux
classes, entre deux Etats. C'est dans la mesure où
les idées de lutte de classes deviendront profondes
que le socialisme pourra se réaliser. Je ne sais pas
si sa réalisation totale peut s'accomplir, mais je
sais qu'elle est subordonnée à l'effort moral et
au sentiment de la responsabilité sociale; cette
volonté et ce sentiment, les ouvriers l'ont.

M. Paul Desjardins. — Vous ne nous avez pas beaucoup instruits. Vous nous avez rappelé avec chaleur ce que nous savions déjà. Cependant, sur quelques points, vous avez ajouté d'utiles retouches à nos idées. Par exemple, sur l'indifférence que l'ouvrier éprouve à être français ou allemand, vous avez apporté une rectification théorique, en distinguant dans l'ouvrier deux caractères, celui du producteur et celui du citoyen. Le citoyen seul tient à rester français, le producteur s'en désintéresse. C'est un *distinguo* précieux.

Je demanderai à M. Gide, ou à M. Bureau, de vouloir bien, maintenant, poser quelques questions à M. Lagardelle.

M. Gide. — Il y aurait un grand nombre de questions à poser. Je me bornerai à faire à M. Lagardelle une objection qui me paraît la question préalable. Vous êtes un parti international, vous poursuivez la dissolution des groupes nationaux, la disparition des antagonismes entre ces groupes. Eh bien ! supposons le socialisme, du point de vue où vous vous placez, réalisé. Il se formera de nouveaux patrimoines, des cultures différentes, et il se produira de nouveau des antagonismes de groupe à groupe.... Les patries recommenceront, les armées et les guerres...

M. Lagardelle. — Il m'est absolument impossible de me placer au point de vue d'un société socialiste réalisée. Cela n'existe que dans les livres, et les ouvriers, qui se font eux-mêmes leurs idées, ne lisent pas les livres. Cependant je vous répondrai : La réalisation d'une société socialiste suppose la disparition des antagonismes nationaux, suppose la société transformée, refondue.

M. Gide. — Pourtant la société bourgeoise, même transformée, n'a pas empêché les guerres.

M. Lagardelle. — C'est la propriété individuelle qui a pour résultat de mettre aux prises les bourgeois; mais s'il se forme une société où la propriété est commune, il n'y a plus d'intérêts, il n'y a plus de causes d'antagonisme.

M. Arthur Fontaine. — Dans ce qu'a dit M. Lagardelle, il y a deux points de vue. Premier point de vue : Il définit, en négligeant les situations intermédiaires, une classe ouvrière en antagonisme avec la classe capitaliste et avec la société actuelle. Il pense que la lutte des classes tend à éliminer les classes parasites et à renverser la société actuelle pour fonder un ordre de choses nouveau. Deuxième point de vue, qui nous occupe aujourd'hui : il pense que l'idée de patrie doit être étrangère à la classe ouvrière et que la société nouvelle n'aura pas à se répartir en nations, Mais ne pensez-vous pas qu'en régime collectiviste il ne sera pas possible d'organiser la production pour un territoire immense, mais seulement pour des districts ? Ces districts auront des communications entre eux et des échanges, s'ils veulent avoir une vie large et laisser chaque district produire ce qui convient le mieux à son sol et à son climat; ces échanges produiront des antagonismes. C'est de la concurrence commerciale, aujourd'hui, que naissent les antagonismes : nous avons vu dans les précédentes conversations qu'il y a deux séries d'antagonismes entre peuples : les antagonismes traditionnels qui tendent à s'effacer et les antagonismes économiques qui, malheureusement, s'aggravent. Chacun de nos districts voudra avoir une vie plus large que le district voisin, les antagonismes tendront à renaître. Si l'antagonisme doit renaître, ne pensez-vous pas que l'internationalisme ouvrier, qui est une nécessité actuelle de la lutte de classes, n'est pas définitif ? Si aujourd'hui la nécessité amène à s'entendre, ne pensez-vous pas qu'à l'avenir de nouveaux antagonismes pourront naître, pour d'autres raisons, et que, pour en amortir la violence, l'humanitarisme rajeuni, une fois de plus, pourra encore jouer son rôle ?

M. LAGARDELLE. — Je ne crois pas qu'entre les échanges de la société socialiste il y ait les mêmes antagonismes qu'entre les échanges de la société actuelle. Les échanges de la société actuelle sont réglés par la course au profit industriel et commercial. Si l'on suppose, avec les socialistes, qu'une société socialiste est la disparition du profit commercial...

M. GIDE. — Mais pardon ! Il restera le profit national ! En régime collectiviste, chaque nation sera une société réalisant des profits.

M. LAGARDELLE. — J'entends par profit commercial ce qui reste dans la poche du commerçant. C'est pour l'augmentation de ce profit que les commerçants luttent entre eux. Dans une société où le producteur — or dans la société socialiste tout le monde est producteur — est maître de l'atelier, où les échanges se font seulement entre groupes, la question du profit est une question d'organisation entre groupes.

M. RAUH. — Je ne vois pas pourquoi la société rêvée par M. Lagardelle serait nécessairement pacifique. M. Gide disait avec raison tout à l'heure que dans la société socialiste on verrait peut-être renaître les antagonismes de groupes. Par exemple, si un groupe est menacé d'être envahi par une masse d'émigrants miséreux venus d'un pays non encore organisé au point de vue socialiste, il ne voudra pas les laisser entrer. Ou bien une nation pourra vouloir vivre plus richement qu'une autre, et il en résultera des conflits. Ce n'est pas là une objection que je fais aux idées

que vous avez exprimées. Mais que ces idées
soient vraies ou fausses, il faut en éliminer l'élément utopique, mythologique. Or, vous avez laissé
entrevoir une ère de paix qui ne me semble pas
être la conséquence nécessaire du triomphe de
ces idées.

M. LAGARDELLE. — Je suis persuadé qu'entre
des groupes de producteurs, s'il ne s'établit pas
d'emblée un équilibre parfait, du moins les antagonismes n'ont pas la même acuité que quand les
intérêts individuels heurtent d'autres intérêts
individuels.

Mais ce sont là des questions lointaines, inac-
tuelles. A l'heure actuelle, le socialisme n'est pas
un système, c'est un mouvement. Ce mouvement
se réduit à ceci : rompre les institutions capitalistes existantes, et créer des institutions nouvelles. C'est dans la mesure où la classe ouvrière
le fait, que le socialisme se réalise. Il est impossible d'imaginer de système socialiste réalisé. Il
n'y a que des lettrés, des universitaires, qui créent
des systèmes ; les ouvriers n'ont jamais lu leurs
livres. Le mouvement socialiste ouvrier crée ses
idées au cours de la lutte, au fur et à mesure de
ses fautes mêmes et de ses dispersions de force,
autant que de ses avantages. Nous ne pouvons
parler que du mouvement actuel, et non pas de
sa réalisation ultime.

M. Paul Bureau. — Je désirerais faire une objection à M. Lagardelle sur la question même de la lutte des classes. Un phénomène me frappe : On constate, je crois, que l'antagonisme d'une classe contre une autre classe est en raison inverse de l'éducation intellectuelle des individus, dans chaque pays. C'est en Russie que la lutte des classes est le plus forte. Nous savons tous quelle compression pèse sur le *moujik* russe ; mais supposez dans ce pays la liberté politique, l'instruction, la diffusion des journaux, vous verriez entre les classes un antagonisme terrible. En Allemagne, la lutte des classes est moins grande qu'en Russie ; en France, la lutte des classes est grande, mais moindre qu'en Allemagne ; en Angleterre, où le régime de la propriété foncière semblerait devoir la favoriser, elle est moins grande encore ; enfin, aux Etats-Unis, la lutte des classes n'existe pas du tout. Pourquoi ces différences ? J'invite à les méditer ceux qui veulent discipliner leur conscience aux faits, qui se refusent à penser dans l'abstrait. Aux Etats-Unis, il n'y a pas d'antagonisme de classe ; les sociétés arriérées sont celles où il y en a le plus, dans la société américaine, il n'y en a pas du tout. En présence du patron, d'un Carnegie, qui a pu amasser soixante-dix millions de revenu annuel, l'ouvrier américain n'a pas le sentiment

que cet homme est un adversaire; je dirai plus,
il a le sentiment que cet homme est un frère.
Nous pourrions facilement établir pourquoi il en
est ainsi, et pourquoi, au contraire, pour le *moujik*
russe, le noble est un adversaire.

M. Lagardelle. — M. Paul Bureau est de ceux
qui se réclament de la méthode d'observation. Je
m'appuierai aussi sur cette méthode et je demanderai aux faits seuls : Comment se sont créées les
classes au cours du xixe siècle, avec le développement de la grande industrie? Autour des usines
ont été attirés une foule de gens qui exerçaient
autrefois d'autres professions : paysans, petits
boutiquiers dont la boutique a été détruite par la
concurrence des grands magasins, tout un détritus
de classes moyennes. Il se forme ainsi une classe
nouvelle, une population économique nouvelle,
qui crée une terre nouvelle. Comment se constitue-
t-elle? Il y a dans son processus de formation
deux moments que je préciserai. Le premier
moment est celui où la classe ouvrière est une
classe seulement pour le propriétaire: les ouvriers
ne se connaissent pas ; venus de tous les points
de la terre et de toutes les professions, ils ont
besoin de la discipline, de la main de fer du patron,
qui joue parmi eux le rôle de chef d'orchestre.
C'est à ce moment qu'on peut dire que la classe
ouvrière n'existe pas pour elle, mais pour le patron ;

les ouvriers ne sont pas encore arrivés à la conscience que, subissant tous la même exploitation,
ils ont à s'aider les uns les autres. C'est quand
s'opère ce passage de l'inconscience à la conscience
que la classe ouvrière commence à exister pour
elle-même. Désormais les ouvriers se considèrent
comme un bloc isolé, comme un corps économique ayant les mêmes intérêts matériels et
moraux; des notions de droit économique nouvelles se fondent peu à peu, des conceptions
morales nouvelles surgissent. Il n'y a pas *classe*
quand les ouvriers en sont encore au premier
degré, comme vos ouvriers américains ; ils se font
concurrence entre eux pour des avantages immédiats. Pour qu'il y ait *classe*, il faut que les
ouvriers soient arrivés à la conscience de la solidarité des producteurs. En Amérique, la classe
ouvrière, qui a été ainsi groupée par un mouvement subit, en est encore à un stade d'incohérence
et d'insolidarité : le mouvement socialiste suppose
une communauté de sentiments et d'aspirations.
En Russie, je vous répondrai que vous inter-
prétez mal les faits : la lutte des classes n'est pas
forte; il y a lutte pour la liberté politique, mais
toutes les classes y sont intéressées, et la grande
bourgeoisie libérale peut marcher à côté du peuple.

En France, au contraire, la lutte de classes est
de plus en plus vive et nette, précisément parce

qu'en France la société politique est pleinement
fondée. Quand le citoyen a vu qu'il n'est pas
suffisant d'être citoyen, il va plus loin, il dépasse
ce stade, et il conçoit qu'il y a lieu d'organiser la
société économique.

M. Dor. — M. Bureau, dans la gradation qu'il
a montrée entre les différents pays au point de
vue de la lutte des classes, a placé l'Angleterre la
dernière, immédiatement avant les Etats-Unis.
Il est courant, parmi les économistes de l'école de
Le Play, de représenter l'Angleterre comme
réfractaire au socialisme. Cependant c'est là une
notion qui retarde : si l'on a suivi les dernières
élections en Angleterre, on a remarqué la naissance d'un puissant *Labour party*. Auparavant les
socialistes avaient cinq ou six membres au Parlement, maintenant ils en ont cinquante. Partout
où le *Labour Party* a présenté un candidat, ce
candidat a été élu ; là où les chances de succès ne
paraissaient pas suffisantes, le *Labour Party* s'est
uni aux libéraux et a fait voter pour le candidat
libéral. La question qui a donné naissance au
mouvement a été la question du *Taff Vale*. Je
crois qu'il y a là un antagonisme économique
dont les ouvriers ont pris conscience. Jusque là
les *Trade-Unions* n'avaient pas fait de politique ;
lorsque le procès du *Taff Vale* a été jugé par la
Chambre des Lords dans un sens contraire aux

intérêts des ouvriers, les *Trade-Unions* sont entrées
dans la bataille politique. Dans le *Labour party* il
n'y a pas d'éléments politiques au point de vue
de la politique des partis; ses membres se posent
seulement comme défenseurs des intérêts ouvriers.
Bref, je crois que l'Angleterre montre aujourd'hui
la naissance d'un parti ouvrier.

M. Arthur Fontaine. — Je voudrais demander
à M. Bureau s'il ne pense pas qu'il n'est pas légitime de comparer les Etats-Unis avec l'Europe :
Aux Etats-Unis il y a encore des terres inoccupées
et il est encore facile à un ouvrier de modifier sa
condition sociale. Mais la concentration industrielle se produit en Amérique comme en Europe.
De même qu'en France, cette concentration tend
à développer l'antagonisme entre les classes ; n'est-
ce pas votre avis ?

M. Bureau. — Je réponds tout de suite à
l'observation de M. Fontaine que je tiens très
bien compte de cette concentration. Précisément
ce qui me frappe aux Etats-Unis c'est que, bien
qu'il y ait une grande concentration industrielle,
il n'y a pas d'antagonisme de classes.

Pour les ouvriers de Chicago ou de Saint-Louis
la question des terres libres n'a que peu d'importance. L'année dernière, les États-Unis ont reçu un
million d'émigrants dénués de tout ; auraient-ils
pu recevoir un pareil flot d'émigrants, si les terres

libres n'existaient pas ? Précisément dans un pays
où la concentration industrielle est arrivée à un
point extraordinaire, il n'y a pas d'antagonismes
de classes aujourd'hui plus qu'il y a vingt ans.

Il n'y a pas d'antagonisme de classes non plus
en Angleterre. Aux dernières élections il s'est
passé autre chose. Puisque j'ai le bonheur d'avoir
entre les mains un document sur ce sujet, je vais
vous en donner lecture ; il exprime l'opinion d'un
homme considérable, M. Thomas Burt qui vient
de publier un article dans le *Daily Chronicle*.
Les membres ouvriers élus ne forment pas un
parti politique cohérent. « Beaucoup d'entre eux,
y compris ceux qui représentent les corps de
travailleurs organisés les plus nombreux, ne
croient pas qu'un parti puisse être fondé sur des
intérêts de classe. Ils refusent de s'engager d'a-
vance et sans condition sous la bannière d'aucun
parti...... » M. Burt croit qu'en pratique les
députés ouvriers resteront d'accord avec le gouvernement sur la plupart des questions. On craint
leur zèle pour les réformes radicales, mais s'ils
ont le besoin immédiat de réformes, ils ont aussi
le sens des difficultés. Ils sont déjà disciplinés et
habitués aux affaires et à l'administration par la
pratique des Trade-Unions (1).

(1) Extrait de *Demain*, n° du 9 mars 1906.

Vous le voyez, M. Burt ne partage pas l'opinion
qui a été exprimée tout à l'heure. Pour expliquer
ce qui s'est passé en Angleterre, je prendrai une
comparaison : je crois que les ouvriers anglais se
trouvent exactement dans le cas où ne se trouve-
ront pas, je l'espère, les catholiques de France.
Nous autres, catholiques de gauche, nous sommes
persuadés que le catholicisme n'a rien à voir avec
la politique ; mais si la loi de séparation n'était
pas libérale, ou si elle n'était pas appliquée dans
un esprit libéral, si les catholiques étaient contra-
riés dans leur organisation religieuse, immédiatement nous nous grouperions tous, aussi bien
ceux de gauche que ceux de droite, en parti politique et nous formerions un bloc, pour revendiquer,
sur le terrain politique, nos droits méconnus,
les catholiques de gauche ayant conscience
que ce parti devrait n'être que temporaire, alors
que les catholiques de droite chercheraient
sans doute à le faire durer le plus longtemps possible. Un fait semblable s'est produit chez les
ouvriers anglais : cet arrêt de la Chambre des
Lords sur le *Taff Vale case* était attentatoire aux
droits des ouvriers ; les ouvriers ont éprouvé —
et ils ont eu raison — le besoin de se défendre,
ils se sont formés en parti temporaire.

Maintenant je reviens à M. Lagardelle. On
nous a dit tout à l'heure que l'ouvrier américain

était moins conscient, moins organisé que l'ou -
vrier allemand. Vraiment, je crois rêver quand
j'entends des choses semblables. Je suis allé en
Amérique, j'ai causé très souvent avec les ouvriers
américains, ils ne m'ont pas du tout donné cette
impression. Je me souviens, par exemple, qu'un
jour, à propos de l'introduction d'une machine
nouvelle, la linotype, j'interrogeai M. Sullivan,
secrétaire d'un syndicat de Typographes à New-
York et lui demandai ce que les ouvriers comp-
taient faire. Il me répondit : « Nous savons que
quand une machine nouvelle très progressive
apparaît, elle produit des désastres en condam-
nant un grand nombre d'ouvriers au chômage,
mais nous savons aussi que contre l'adoption de
la machine nouvelle il n'y a rien à faire. Pour
éviter ces désastres, voici les mesures que nous
avons prises ». Et il me dit, en effet, les mesures
qu'ils avaient prises, et elles étaient merveilleuse-
ment pratiques. Cette éducation économique, cet
esprit de syndicalisme est bien plus avancé aux
États-Unis qu'en Allemagne ou en France. Pour
vous en convaincre il vous suffit de comparer
l'état des caisses syndicales en France et aux
États-Unis ; on ne paye pas les cotisations en
France, les syndicats végètent, tandis qu'ils ont
des ressources abondantes aux États-Unis. Les
ouvriers des États-Unis sont moins avancés dans

la conscience dont vous parlez, parce que cette
conscience est fausse, parce qu'elle regarde le
passé ; mais jamais vous ne trouverez des ouvriers
plus capables de s'associer pour la défense de
leurs intérêts communs, et, permettez-moi d'ajouter en toute sincérité, si au lieu d'avoir posé *a
priori* en principe qu'une collectivité ouvrière
devait être considérée comme plus avancée dans
la voie de l'éducation sociale, dans la mesure où
elle a pris mieux conscience de la nécessité de la
lutte des classes, vous étiez resté fidèle à la
méthode d'observation, vous ne seriez pas obligé
de nous dire, contre toute évidence, que les ouvriers américains ou anglais sont moins éduqués
que leurs camarades d'Allemagne ou de Pologne.

Quand des ouvriers de Manchester ou de
Nottingham vont trouver leur patron et lui disent:
« Monsieur, vous faites tel bénéfice ; nous trouvons que vous gagnez trop, vous allez nous donner tel salaire » ne croyez-vous pas qu'ils témoi-
gnent d'une singulière éducation sociale ? Je
rappelle, pour mémoire, la merveilleuse grève
des mécaniciens anglais, si disciplinée et si pacifique. Les mécaniciens purent emprunter plusieurs
millions pour soutenir la grève ; jamais une autre
collectivité ouvrière n'aurait pu trouver de semblables prêteurs, parce que jamais on ne se serait
trouvé en face d'une pareille concentration, d'une

telle conscience collective des intérêts communs.
Mais, encore une fois, ces ouvriers ne sont pas
partisans de la lutte des classes.

On pourrait se demander pourquoi la conscience de lutte de classes existe en France. C'est
qu'il y a la bourgeoisie et l'aristocratie de la
France. Je serais désolé d'avoir à parler de la
bourgeoisie et de l'aristocratie françaises, car je
n'en dirais pas tout le bien que certaines personnes pourraient attendre (*Rires*). Je comprends
que si j'étais ouvrier de Belleville, gagnant péni-
blement six ou sept francs par jour pour faire
vivre ma famille, je ne pourrais me défendre d'un
sentiment d'hostilité contre la bourgeoisie qui
rêve de faire de ses fils des fonctionnaires, qui
rêve de marier ses filles à des fonctionnaires, qui
voit dans les professions administratives, non le
travail et la responsabilité, mais le moyen le plus
simple de s'assurer — avec un minimum de risque
et d'effort, — une retraite, alors que nous savons ce
que nous coûtent les retraites des fonctionnaires !
Quand je vois que les retraites des fonctionnaires
n'ont pas baissé, alors que le taux de l'intérêt a
baissé de moitié, ce qui est une iniquité flagrante ;
quand je vois que la bourgeoisie place son patrimoine en rentes sur l'Etat ou en actions de chemins de fer garanties par l'Etat ; quand je vois que
la valeur des propriétés rurales est arbitrairement

maintenue à un niveau exagéré, grâce aux tarifs
de douane qui frappent les importations des
céréales et des viandes, je ne puis me défendre de
penser qu'il est injuste que les plus faibles supportent seuls les difficultés et les heurts, je comprends que la lutte de classes existe en France.
Mais aux Etats-Unis, non seulement l'ouvrier n'a
pas d'hostilité contre les riches, mais il veut qu'il
y ait des hommes qui disposent d'un revenu
annuel de cinquante millions. La plupart de ces
hommes emploient leur fortune au bien commun,
et, en tout cas, ils ne constituent pas une classe
héréditaire. N'est-ce pas l'un d'eux, Carnegie, qui
a prononcé cette phrase : « Le plus mauvais usage
que l'on puisse faire de son patrimoine, c'est de
le transmettre à ses enfants » ? Parce qu'il voit
dans la fortune, non la jouissance stérile, mais le
travail et la responsabilité, le riche est pour
l'ouvrier, non pas un adversaire, mais un frère et
un frère bienfaisant. Il faut qu'il y ait des riches,
et c'est dans les sociétés où il n'y a pas de riches
que les pauvres sont le plus malheureux.

M. Dor. — M. Bureau a dit que le *Labour party*
se bornerait à être temporaire...

M. Bureau. — Je n'ai rien dit de tel. D'autres
conditions peuvent survenir qui prolongeront
l'existence du parti ; mais l'origine du parti est dans
la *Taff Vale case* et non dans la lutte de classes.

M. Dor. — Le *Labour party* s'est donné un *leader*, ce qui distingue, en Angleterre, un parti bien défini, et a décidé de s'asseoir du côté de l'opposition et d'avoir une action indépendante, en tant que *Labour party*.

M. Durkheim. — Je me demande si, dans l'intérêt même de la méthode d'observation, il ne faut pas laisser de côté la question de savoir ce qu'est la lutte de classes dans les différents pays. Cette question, en effet, est complexe, elle a plusieurs aspects; sur chacun de ses aspects les différents interlocuteurs insisteront successivement, selon leurs préférences. Nous pouvons prendre pour accordé qu'il existe un antagonisme de la classe ouvrière contre les autres classes, au moins chez nous. Il s'agit de savoir si cet antagonisme doit entraîner l'antipatriotisme; il s'agit de savoir si actuellement nous pouvons conseiller à l'ouvrier d'adopter cette attitude.

M. Lagardelle. — Je crois que M. Bureau a été jusqu'à contester, comme fait observable, l'existence de la lutte de classes.

M. Durkheim. — La question, ici, dans ces *Entretiens*, est de savoir si la lutte de classes doit entraîner l'antipatriotisme.

M. Arthur Fontaine. — Ou plutôt il s'agit de préciser la nature et le degré d'internationalisme qu'entraîne la lutte de classes.

M. Lagardelle. — Je crois, en effet, que la
question que pose M. Durkheim est la question
essentielle du débat. Mais je dois répondre à
M. Bureau. M. Bureau tient compte seulement
du facteur économique. Mais il y a un autre facteur : la volonté consciente. Vous faites abstraction de l'histoire des classes : en Amérique ce
phénomène économique, qui est la concentration
industrielle, n'a pas encore déterminé des phénomènes de conscience. Tenons compte d'abord
du processus économique extérieur, puis du processus extérieur, puis du processus de l'éducation
ouvrière.

M. Bureau. — L'ouvrier américain est plus
éduqué que l'ouvrier d'Europe.

M. Lagardelle. — Qu'appelez-vous éduqué?
Que sont les faits que vous avez cités? Un mar-
chandage. Les syndicats américains luttent pour
des avantages immédiats, pour l'amélioration des
conditions du travail: il n'y a rien là que de très
normal. La grande grève dont vous avez parlé a
dépensé vingt-huit millions, et cependant elle a
échoué, elle a échoué parce qu'elle était un mouvement purement corporatif, parce que les mécaniciens n'avaient en rien conscience des intérêts
communs de la classe ouvrière, et en second lieu,
parce qu'ils ont voulu lutter par les moyens traditionnels, capitaux contre capitaux.

Vous critiquez la faiblesse des cotisations dans
les syndicats français, et vous avez raison. Mais
je dois rappeler qu'à côté des cotisations régu-
lières, il y a des cotisations éparses qui, lorsqu'il
se produit des grèves ou des accidents, sont
versées sous forme de secours aux malheureux,
de dons en nature, et qui atteignent un chiffre
bien plus élevé.

M. Paul Bureau. — Mais tout cela est inorga-
nique !

M. Lagardelle. — Je pense que c'est la force
morale et non l'argent, qui produit la résistance :
on n'ose se risquer dans la lutte quand on a trop
de capitaux. Je reproche à M. Bureau de ne pas
tenir compte de la conscience et de la volonté, du
processus historique et psychologique de la formation des classes.

M. Pouget. — M. Bureau parlait tout à l'heure
des unions ouvrières des Etats-Unis; il faut
remarquer que ces syndicats ont une mentalité
purement corporative et qui n'implique pas la
conscience de la lutte des classes.

M. Bureau. — C'est ce que j'ai dit.

M. Pouget. — Nous sommes d'accord sur ce
point. Actuellement, les ouvriers américains ne
poursuivent que des intérêts particuliers, des
améliorations individuelles qui ne mettent jamais
en cause le principe de la société capitaliste, qu'ils

acceptent sans critiques. Or, comme ils ne combattent pas le principe d'exploitation en soi, il leur
arrive de s'entendre avec leurs patrons pour obtenir une augmentation de salaires, et ils acquiescent
à ce qu'elle soit récupérée — et au-delà — sur
l'acheteur ou consommateur. Alors, que se pro-
duit-il ? Ce que l'ouvrier a acquis comme producteur, lui est repris comme consommateur, et sa
situation reste la même. Ainsi, à Chicago, lors de
la grande grève des charretiers de charbon, ceux-
ci ont repris le travail après accord avec les patrons
qui augmentèrent considérablement le prix du
charbon. Poursuivre ainsi un intérêt momentané,
c'est descendre au même niveau que le patron,
c'est être aussi égoïste. Toute une série de faits
éclairent cette mentalité des ouvriers américains
et montrent les unions ouvrières sous un jour
particulier. Par exemple, il y a deux ou trois ans,
à New-York, éclata une grande grève du bâtiment;
tous les entrepreneurs du bâtiment furent boy-
cottés, sauf un : les membres du bureau avaient
reçu des pots-de-vin pour mettre cet entrepreneur
en dehors de la mesure générale. On peut voir
dans ces opérations une habileté, quand on ne
tient compte que du point de vue étroitement
professionnel, mais cela est d'une moralité dou-
teuse. Il est bon de noter que le mouvement syn-
dical se développait, aux Etats-Unis comme ail-

leurs, nomme mouvement de Classe, il y a une
vingtaine d'années et il fut enrayé, en 1886, après
une action d'ensemble pour la journée de 8 heures
et les évènements de Chicago. Depuis lors, les
capitalistes ont su aiguiller les ouvriers vers les
préoccupations purement corporatives et incité
leurs unions, par les pactes qu'ils leur proposent,
à ne poursuivre que des intérêts momentanés. Un
particularisme étroit en est la conséquence ;
l'union ouvrière est une affaire, et, au lieu d'être
ouverte à tous, elle est un groupe fermé. A San-
Francisco, un ouvrier ne peut pas travailler s'il ne
fait pas partie d'une Union, et pour en faire partie
il doit payer un droit d'entrée élevé, souvent
plusieurs centaines de francs. Mais, il ne faut pas
conclure de ce que la conscience de Classe ne se
manifeste pas aux Etats-Unis, qu'il en sera toujours ainsi. Il y arrive beaucoup d'émigrants, mais
il faut voir ce que sont ces émigrants, la plupart
du temps ce sont des populations malheureuses
venant d'Europe.....

M. BUREAU. — Ce sont eux qui ont le plus le
sens de la lutte de classes.

M. POUGET. — Les immigrants viennent principalement d'Italie ou d'Allemagne, où existe le
sentiment de la lutte de Classes ; seulement,
débarquant dans un pays dont ils ignorent la
langue et les mœurs, ils se trouvent sans forces,

ballottés comme des fétus humains et, une fois
embrigadés dans les Unions, ils suivent le courant.
Mais, attendez quelques années et vous verrez se
développer aux Etats-Unis un mouvement de
Classe aussi puissant qu'en Europe. Déjà, dans
l'Ouest, en face de la vieille Fédération ouvrière
d'esprit corporatif se dresse une Fédération nouvelle qui groupe les unions imprégnées des conceptions syndicalistes de la lutte de Classes. Ce qui manque à l'ouvrier américain, ce n'est pas le tempérament révolutionnaire, il l'a ; ce qui lui manque,
c'est l'esprit philosophique, des idées générales,
— il est en passe de les acquérir, et, avant peu
il agira comme *Classe* ct non plus comme *Corporation*.

M. Bureau louait la grève des mécaniciens
anglais, qui a dépensé vingt huit millions et qui,
il a négligé de le dire, a échoué...

M. BUREAU. — Oui, je voudrais que toutes
les grèves fussent aussi pacifiques que celle-là,
sans une machine brisée !

M. POUGET. — Assurément, en France, nous
n'avons pas un tel respect de la propriété capitaliste. Les ouvriers ne se font pas scrupule de lui
porter atteinte. Et cela parce que le mouvement
syndicaliste a des préoccupations plus élevées, il
vise à frapper le Capitalisme au cœur, — au
coffre-fort. Et, à ce propos, laissez-moi vous dire

que nous ne concevons pas le triomphe de la Révolution par l'installation d'une guillotine perfec-
tionnée, capable de décapiter une douzaine de
personnes à la fois.

M. RAUH. — Pas de prophéties ! (*Rires*).

M. POUGET. — Les révolutions du passé s'en
sont prises aux individus ; la révolution que nous
désirons ne visera qu'à déposséder ceux-ci de leurs
privilèges et, l'expropriation capitaliste réalisée,
elle n'aura pas à persécuter l'individu ; celui-ci,
dénué de la richesse qui lui permettait de sou-
doyer des inconscients, obligé s'il veut vivre de
devenir producteur, sera incapable de faire œuvre
de réaction..... Mais, revenons à la grève des
mécaniciens anglais ; en cette circonstance, seuls
les mécaniciens marchèrent ; ils ne poursuivaient
que la satisfaction d'intérêts particuliers, et c'est
pourquoi le mouvement ne se généralisa pas et
c'est cette insolidarité qui fit leur échec.

M. PAUL DESJARDINS. — En effet, il y a dans
l'esprit corporatif une forme de solidarité moins
élevée, une part moindre d'idéalisme, une dignité
moindre que dans la conscience de classe, qui as-
sume les intérêts généraux de la classe ouvrière
tout entière. Sur ce point le moraliste donne
raison à M. Pouget et à la *Confédération générale
du Travail*. Je repousse, pour ma part, ce cliché
bourgeois souvent servi dans le *Temps* et d'autres

feuilles doctrinaires, que les syndicats ouvriers
sortent de leur rôle et trahissent gauchement
leur défaut d'éducation lorsqu'ils excèdent les
limites d'une corporation spéciale et luttent pour
autre chose que pour un intérêt professionnel
et matériel. C'est un spectacle admirable souvent
donné par des secrétaires de syndicats ouvriers,
que celui d'un homme supérieurement armé
pour gagner sa vie, et refusant d'user de
cette supériorité, afin de se vouer aux intérêts
corporatifs, dont il devient tuteur; et s'il est un
spectacle plus admirable, c'est celui d'une corporation entière plus vigoureuse, plus consciente,
plus affranchie économiquement que les autres,
et refusant de pousser à bout cet avantage par
souci fraternel de la défense des corporations
mains avantagées. C'est là un sentiment noble,
dont, à ma connaissance, les ouvriers sont plus
capables que les bourgeois, et les ouvriers français plus que ceux des autres pays. Sur ce point
je ne partage point du tout l'avis de M. Bureau,
qui veut que les Américains soient nos devanciers en civilisation; au contraire. Cependant il
est une objection que je ne peux me dispenser de
faire à M. Pouget. Il estime, — très justement à
mon sens — que l'éducation de l'ouvrier américain est moins avancée, parce qu'il ne prend pas
garde que, dans ses revendications, les intérêts

généraux des ouvriers, en tant que *consommateurs pauvres* ne soient pas lésés. En effet, l'ouvrier qui ne veut pas que l'on récupère sur le consommateur les élévations de salaire qu'il réclame, a une vue plus concrète des répercussions économiques, une sagesse plus grande. Mais le dogme marxiste de la *lutte de classes* exige justement que l'ouvrier n'ait pas cette vue concrète, et qu'il ne se regarde lui-même que comme *producteur,* abstraction faite de son rôle de consommateur, par lequel il se confond avec le reste du peuple. En particulier la *grève générale,* que la C. G. T. préconise, si je ne me trompe, aurait sa première répercussion sur le consommateur pauvre. Les socialistes révolutionnaires qui projettent cette grève générale sont des abstracteurs... Mais je ne veux pas aiguiller davantage la conversation sur la *Lutte de classes* et la *conscience de classe* prises en elles-mêmes. Revenons à notre sujet : l'incompatibilité de la *conscience de classe* et du patriotisme national. M. Durkheim, vous avez quelque chose à en dire ?

M. DURKHEIM. — M. Lagardelle a très bien posé la question. Il a dit que l'antipatriotisme est nécessaire à la lutte des classes. D'après l'exposé de M. Lagardelle, l'antipatriotisme n'est que la conséquence particulière d'une idée plus générale, de l'idée que la société ne pourrait se reconstituer

que par la destruction des nations actuelles : la
société actuelle forme deux blocs, il faut que l'un
détruise l'autre. C'est là une forme relativement
récente du socialisme. C'est cette notion qu'il
faut discuter ; il faut examiner si socialisme et
révolution destructive s'impliquent nécessairement ; c'est cette notion d'une destruction nécessaire qui me paraît fausse ; elle est contraire à
tout ce que je connais de faits.

D'abord, on a dit que c'était l'avènement de la
grande industrie qui condamnait à une destruction nécessaire les sociétés actuelles. Mais pour
cela il faudrait admettre que les sociétés modernes ne contenaient pas normalement dans leurs
flancs cette forme économique, qui serait le produit d'une véritable maladie du corps social.
Dans ce cas, il serait légitime de soutenir que nos
sociétés réalisent une contradiction, qu'elles ne
sauraient par elles-mêmes se mettre en harmonie
avec ce système industriel qui est étranger à leur
nature. Mais, en fait, il semble bien que la grande
industrie soit le produit d'un développement tout
à fait normal ; elle est due à l'extension progressive de l'industrie locale. On ne voit donc pas
pourquoi nos sociétés seraient foncièrement im-
puissantes à se mettre en harmonie relative avec
ce régime économique qui est sorti de leurs
entrailles et qui exprime leur nature, mais leur

nature parvenue à un certain degré de développement. Pourquoi un progrès des institutions juridiques et morales, parallèle à ce progrès économique, serait-il impossible, qui réaliserait cette
harmonie ?

En second lieu, comme M. Desjardins vient de le
faire remarquer, toute l'argumentation du syndicalisme révolutionnaire — et ici de M. Lagardelle — repose sur cette idée : l'ouvrier est exclusivement un producteur. Or l'ouvrier réduit au
producteur est un abstrait. Il existe une vie intellectuelle et morale, à laquelle l'ouvrier participe.
Il lui est aussi impossible de ne pas y prendre
part que de ne pas respirer l'air ambiant. Dire
que l'ouvrier n'est qu'un producteur, c'est faire la
faute des vieux économistes, c'est restaurer la
vieille notion de l'*homo œconomicus*.

La troisième objection est la plus grave : Comment est-il possible que demain l'homme, sachant
ce qu'est la vie de l'homme, veuille la destruction
de la société, c'est-à-dire la barbarie ? L'homme
est homme parce qu'il a une vie sociale. Peut-on
vouloir supprimer la société ? On a dit, avec raison, que si la guerre éclatait aujourd'hui entre la
France et l'Allemagne, ce serait la fin de tout. La
révolution destructive qu'on annonce serait un
mouvement destructeur pire que celui-là. Toutes
les fois qu'une société a disparu, une civilisation

a disparu en même temps ; détruire une société,
c'est détruire une civilisation. Sans doute, ces
catastrophes n'ont pas été rares dans le passé,
mais l'intelligence de l'homme doit avoir précisément pour mission d'enchaîner, de museler ces
forces aveugles, au lieu de leur laisser produire
leurs ravages. J'entends bien que quand on parle
de détruire les sociétés actuelles, on se réserve de
les reconstruire. Mais ce sont là rêveries d'enfants.
On ne refait pas ainsi la vie collective ; une fois
détruite notre organisation sociale, il faudra des
siècles d'histoire pour en refaire une autre. Dans
l'intervalle, il y aura un nouveau moyen-âge, une
période intermédiaire où l'ancienne civilisation
disparue ne sera remplacée par aucune autre, ou
du moins, ne sera remplacée que par une civilisation débutante, incertaine, en voie de se chercher. Ce n'est pas le soleil de la société nouvelle
qui se lèvera, tout resplendissant de lumière sur
les ruines de l'anciennne ; mais on entrera dans
une période de ténèbres. Au lieu de hâter cette
période, il faut employer toute notre intelligence
à la prévenir, ou, si c'est impossible, à l'abréger
et à la rendre moins sombre. Et pour cela il faut
empêcher les destructions qui suspendraient le
cours de la vie sociale et de la civilisation.

Certes, je ne conteste pas à l'individu le droit
de vouloir vivre dans une autre société que celle

où il est né. Mais ce n'est pas à telle société existante que l'antipatriotisme fait la guerre, c'est à toutes, puisque toutes sont capitalistes. On accepte donc la perspective de l'époque intermédiaire dont je viens de parler, et on l'accepte avec joie. Voilà ce qui me paraît constituer une véritable énormité.

M. Fabry. — Permettez-moi d'intercaler une remarque. Pour qui veut se rendre compte, si réellement il y a incompatibilité entre la conscience de la classe des ouvriers et le patriotisme national, il est intéressant d'étudier l'Australie. C'est la société la plus progressiste : les ouvriers ont là-bas un rôle prépondérant, ils ont obtenu la journée de huit heures, de hauts salaires, un grand nombre de réformes. Les ouvriers australiens ont un profond sentiment corporatif, et cependant ils sont nationalistes.

M. Durkheim. — Je résume ce que je viens de dire : 1º Pour vouloir détruire la société actuelle, il faut croire que la grande industrie représente un développement économique anormal. — 2º L'antagonisme des classes repose sur cette idée que l'ouvrier n'existe que comme producteur. Pourquoi ne considère-t-on en lui que ce côté? — 3º Je conçois qu'on puisse se demander : A quelle nationalité voulons-nous appartenir? Nous n'avons pas le droit d'empêcher un homme de se dénationaliser, — une fois acquittées ses dettes envers sa patrie natale. — Mais que nous voulions vivre sans société, dans l'intérim qui suivra la destruction de la société actuelle, c'est comme si l'on me disait que nous voulons vivre hors de l'atmosphère, car la société est l'atmosphère morale de l'homme, de l'ouvrier comme des autres.

M. Lagardelle. — Le socialisme ouvrier est un mouvement créé par la seule classe ouvrière. A ce mouvement aucun intellectuel n'a de part. Les ouvriers n'ont pas à se justifier devant un intellectuel tel que M. Durkheim. Un intellectuel ne saurait comprendre leurs raisons : il n'a pas à leur faire passer d'examens. D'autre part, M. Durkheim, sociologue, se trouve ici en présence d'un phénomène social qui est d'assez grande importance : le socialisme ouvrier, tel qu'il se crée dans la conscience des ouvriers. M. Durkheim, sociologue, n'a pas à le contester, mais à en rendre compte.

M. Durkheim. — Ce n'est pas la question.

M. Lagardelle. — Nous autres, socialistes, syndicalistes révolutionnaires, nous avons le choix entre deux attitudes, au point de vue du patriotisme : laquelle allons-nous choisir ? Les ouvriers conçoivent fort bien que les bourgeois défendent la patrie, mais eux-mêmes se regardent comme étant en dehors de la patrie. Cette conviction peut nous scandaliser, mais c'est un fait.

M. Durkheim. — Toutes les maladies sont des faits *(Rires)*.

M. Lagardelle. — Nous avons donc à choisir entre deux attitudes contraires...

M. Durkheim — Mais il faut choisir intelligemment.

M. Lagardelle. — Tel choix peut être bon pour vous et mauvais pour moi. Voici ce qu'écrivaient plusieurs syndicalistes ouvriers en réponse à l'enquête du *Mouvement socialiste :* « Je suis étranger à tout ce qui est le bénéfice de la patrie, à toute la réalité de la patrie. Je ne puis pas être patriote. » Ce sentiment est celui de la grande majorité des militants ouvriers.

M. Durkheim. — Vous n'avez pas justifié ce sentiment.

M. Lagardelle. — Je ne peux pas le justifier autrement qu'en le décrivant.

M. Durkheim. — Voyons, vous ne pouvez pas abdiquer votre raison ! Vous ne pouvez pas approuver un mouvement violent parce que violent. Je sais bien que l'on ne peut pas toujours juger méthodiquement et qu'il faut parfois un certain esprit de parti pour agir. Mais ici, dans cette salle nous sommes réunis pour juger nos sentiments, pour les réfléchir, et non pour nous y abandonner aveuglément.

M. Lagardelle. — Ma réponse tend à montrer

que les idées que j'expose sont des produits d'un
mouvement spontané des masses. C'est important.

M. DURKHEIM. — Nous le savons. Vous êtes
masse, vous êtes force. Et après ? Est-ce là toute
votre justification ?

M. LAGARDELLE. — Non. J'en viens à votre première objection : Vous ne voyez pas, dites-vous,
comment le développement du capitalisme, qui
est le résultat normal de l'évolution, conduit
nécessairement à la révolution. Qui vous dit qu'à
un moment donné le régime capitaliste n'engendre
pas en lui des forces contraires au principe capitaliste même, et qui aboutissent à la révolution ?

M. DURKHEIM. — Il faudrait montrer comment
le développement du capitalisme a produit tout
d'un coup cet antagonisme, devant nécessairement entraîner la destruction de la société actuelle.

M. ARTHUR FONTAINE. — Nous pouvons éclairer
la question par un exemple :

Lorsque l'outil était presque partout la propriété
de l'ouvrier, que celui-ci l'achetait, l'entretenait,
s'en servait à sa guise, l'ouvrier était considéré en
principe, par le sentiment général et par la loi,
comme devant supporter les conséquences des
accidents qui lui survenaient pendant le travail. Le
patron n'était responsable que si l'ouvrier établis-
sait que le patron ou ses préposés avaient commis

une faute lourde. Avec le développement du machinisme, la situation a changé. Dans un grand nombre de cas, l'ouvrier n'est ni propriétaire, ni maître de la machine, il la suit, il sert l'outillage dont ni la disposition ni la marche ne sont réglées par lui. Il ne saurait plus dès lors être considéré comme devant supporter les conséquences d'un accident ; la réparation de l'accident doit figurer aux frais généraux de l'industrie, le risque industriel forfaitaire se substitue, dans les faits, à la responsabilité individuelle. Et un jour, lorsque l'idée nouvelle s'est établie dans le sentiment public, il n'est plus possible de laisser subsister l'ancienne loi, elle disparaît, — bien qu'elle corresponde encore à la réalité dans un assez grand nombre de cas. L'évolution se termine par un à-coup brusque dans la législation.

On peut concevoir que, si la concentration industrielle se poursuit, une évolution se fasse de même dans la notion de propriété, qui aboutisse un jour, brusquement, à une modification profonde de la définition légale. Rien ne prouve d'ailleurs qu'une telle modification, si elle doit se produire, implique la destruction révolutionnaire de la société actuelle.

M. Durkheim. — C'est ce que je dis. Si la vie économique s'est développée naturellement, pourquoi les institutions morales et juridiques ne

pourraient-elles pas se développer parallèlement?
Pourquoi les institutions morales, juridiques,
politiques, solidaires de la vie économique du
moyen-âge ne pourraient-elles pas évoluer en
même temps que la vie économique, de manière
à s'y adapter et à la régler?

M. Lagardelle. — Parce que nous sommes en
présence de deux régimes économiques radicalement distincts. La production capitaliste porte en
elle des forces qui tendent à ruiner le régime
capitaliste et à transformer la société.

M. Durkheim. — Je crois qu'il y a eu plus de
changement relatif (je dis changement relatif)
entre le métier du moyen-âge et les manufactures
du xviiie siècle qu'entre le xviiie siècle et la grande
industrie de nos jours. Mais je n'ai pas le loisir
d'entrer dans cette démonstration.

Voici la clef de la difficulté : Vous oubliez ce
facteur de la conscience, que vous avez fait intervenir tout à l'heure contre M. Bureau. C'est sous
l'influence de la Révolution française que se sont
formées les aspirations nouvelles ; le commencement du socialisme est dans la Révolution française.

M. Lagardelle. — La société politique et la
société économique s'opposent ; la société politique doit disparaître, absorbée par la société
économique.

M. Durkheim. — Fait capital ; Le socialisme
Saint-Simonien, au lendemain de la Révolution,
ignore tout cela.

Si je crois que vous faites erreur, c'est que vous
ne tenez pas compte du facteur dont vous parlez
ailleurs, la Révolution française et les idées
morales dont elle a été la résultante et l'expression,
c'est que vous êtes prisonnier de la formule
marxiste matérialiste.

M. Lagardelle. — Le fait que le régime capitaliste se développe lentement et progressivement
ne prouve pas que ce régime ne puisse aboutir à
une révolution. Deuxièmement, le capitalisme est
un fait nouveau qui se différencie par sa masse.

Je passe à la seconde objection : C'est la qualité
de producteur qui prime tout pour l'ouvrier,
parce que toute la vie de l'ouvrier tourne autour
de cette qualité de producteur. Toutes les autres
qualités que l'ouvrier peut avoir — il peut être
citoyen, croyant, membre d'une association
morale ou intellectuelle — dépendent de celle-là.
C'est sur ce terrain de la production que repose
sa vie essentielle et primordiale. De plus, les conceptions juridiques et morales qu'il a ne ressemblent en rien aux conceptions juridiques et
morales des autres classes. Par exemple, le principe juridique de la propriété individuelle est nié
par les classes ouvrières. Parce qu'elles sont sans

propriété, elles arrivent à concevoir un régime ou ce seraient elles qui auraient la propriété indivise. Autre exemple : le droit patronal donne au capitaliste le droit d'organiser à son gré l'atelier, de traiter l'ouvrier comme sa chose. Le droit de l'ouvrier dit : « La production, c'est moi qui la fais, j'ai le droit de savoir comment elle sera organisée, quel sera mon camarade d'atelier, je ne veux pas qu'on me donne pour compagnon de travail un alcoolique (dans certaines industries où cela entraîne des conséquences), je ne veux pas non plus qu'à côté de moi un ouvrier soit renvoyé arbitrairement ». L'arbitraire patronal paraît à l'ouvrier aussi contraire au droit que l'arbitraire du roi de droit divin l'a pu paraître aux bourgeois de 1789. Ainsi s'affirme le droit de la classe travailleuse de réglementer elle-même son travail. Bref, de toutes parts dans la classe ouvrière des idées spécifiquement ouvrières, des idées nouvelles se forment.

M. Durkheim. — Ces idées ne sont pas nouvelles. La preuve, c'est que moi, qui ne suis pas un prolétaire, je suis arrivé sur bien des points aux mêmes idées dans mon cabinet, et bien d'autres sont dans mon cas. Sans doute, ces idées prennent une coloration différente suivant les classes. Le bourgeois peut nier le droit de propriété, mais il le fera avec sérénité, parce qu'il

peut attendre. Chez l'ouvrier ces idées prendront
facilement la forme de sentiments prompts à
s'exaspérer pour des raisons faciles à comprendre.
Mais ce sont bien les mêmes idées, avec des différences de nuances. C'est qu'en effet, bourgeois et
ouvriers vivent dans le même milieu, respirent la
même atmosphère morale, ils sont, quoi qu'ils en
aient, membres d'une même société, et, par conséquent, ne peuvent pas n'être pas imprégnés des
mêmes idées. Avec une sérénité admirable, vous
posez que cela ne peut pas être. Mais vous énon-
cez votre proposition comme un article de foi,
sans en donner aucune démonstration.

M. Paul Bureau. — La description d'un régime
despotique, oriental, de l'atelier que vient de faire
M. Lagardelle, n'a point de réalité en Angleterre
ni en Amérique.

M. de Marmande. — Pardon! la question à discuter était l'antimilitarisme ouvrier, c'est-à-dire
une forme toute nouvelle du mouvement socialiste ouvrier... Je ne veux pas dire que l'antimilitarisme n'ait pas existé autrefois : il y a une vingtaine d'années il était exprimé dans les œuvres
anarchistes philosophiques. Mais depuis quelques
années il se place sur le terrain concret. Il s'agit
de voir l'antimilitarisme ouvrier sous la forme
nouvelle qu'il a prise.

M. Durkheim. — Je n'ai pas contesté que l'anti-

militarisme bourgeois soit différent de l'antimilitarisme ouvrier : il y a des colorations différentes,
mais il y a aussi des ressemblances.

M. DE MARMANDE. — Non. Il n'y a pas de ressemblances.

M. DURKHEIM. — Quand on voit des similitudes
dans les esprits et une même vie morale, on ne
peut nier la ressemblance des idées.

M. DE MARMANDE. — Etablissez d'abord ce qu'est
la vie morale. Je suppose que vous appelez vie
morale la participation à la vie littéraire, intellectuelle. Si vous avez fréquenté des bourgeois et
des ouvriers, vous avez pu vous rendre compte
que la vie morale des uns et des autres n'est pas
la même. Le bourgeois, au point de vue moral, a
la possibilité de s'occuper d'autres choses que
l'ouvrier; il n'est pas même besoin d'aller chez
l'ouvrier pour s'en douter. Il y a l'antagonisme
philosophique du bourgeois et l'antagonisme pratique de l'ouvrier.

Vous avez connu des gens qui, n'ayant eux-
mêmes aucun sens religieux, disaient : « Il faut
une religion pour le peuple. » De même, aujourd-
'hui le bourgeois n'a plus de nationalisme pratique, mais il ne veut pas permettre qu'on prêche
l'internationalisme aux ouvriers. Cependant le
prolétariat s'aperçoit qu'on le mène à l'abattoir
pour des idées qui lui sont étrangères ; il ne veut

pas y aller ; il faut bien qu'il s'occupe de lui, rien
que de lui. Il voit que le militarisme est un obstacle à s on affranchissement, sous deux formes :
1º Le militarisme est mis à la disposition des
classes bourgeoises contre le prolétariat. La même
question se posait en 1790, le Tiers-Etat avait à
trancher le même problème. Les troupes du peuple
étaient commandées par des aristocrates. En 1790,
à tout instant, l'Assemblée nationale qui, vous le
savez, n'était pas bien révolutionnaire, avait à
discuter des faits comme celui-ci : Les soldats du
régiment de Lambesc venaient dire : « Nos officiers, nous les avons *plaqués* (passez le mot, c'est
celui qu'ils employaient). Nous leur avons dit :
Nous sommes du peuple, vous êtes des aristocrates, nous ne voulons pas vous obéir ; allez vous-
en, si vous ne voulez pas que nous vous fassions
votre affaire ». 2º L'antimilitarisme à l'extérieur
n'est pas non plus un but, mais un moyen...

M. Durkheim. — Nous le savons. La question
est de savoir si le moyen est bon.

J'ai dit tout à l'heure que l'antimilitarisme
ouvrier est une conséquence d'une idée plus générale. Cette idée est qu'il y a une destruction indispensable ; c'est cette notion que je ne puis comprendre.

Je conçois bien, encore une fois, qu'on puisse
se demander à quelle société on veut appartenir,

Mais si l'on s'insurge contre toutes, il n'y en a plus aucune à laquelle on puisse appartenir. Je n'arrive pas même à penser cela. Je n'insiste pas davantage : je ne pourrais que me répéter : l'heure est avancée, le mieux est d'écouter la réponse de M. Lagardelle.

M. LAGARDELLE. — Je rappelais à M. Durkheim les idées juridiques nouvelles qui se forment dans la classe ouvrière. M. Durkheim m'objectait que ces idées existaient ailleurs que chez les ouvriers. Il est possible que ces idées se rencontrent à quelque degré chez quelques bourgeois; mais ce ne sont pas des idées qui seraient les mêmes avec des colorations différentes : la forme emporte le fond. Prenons, par exemple, l'anti-étatisme : le socialisme actuel est anti-étatiste comme l'école économiste libérale; allez-vous dire qu'il l'est de la même façon. Je répète en deux mots : 1º pour l'ouvrier, ce qui importe, ce qui est essentiel, c'est sa qualité de producteur, et 2º l'ouvrier, au milieu de la société capitaliste est, dans sa vie morale, un isolé. Il est d'une société autre.

Je passe à la troisième objection : Quand je parle de la destruction des institutions actuelles, j'entends qu'elles sont peu à peu minées et qu'à un moment donné il se produira l'introduction d'un principe nouveau. Sous quelle forme précise cette introduction se produira-t-elle? Je n'en sais

rien. Sera-ce une destruction totale ? Je ne le crois
pas. On conservera sans doute ce qu'il y aura lieu
de conserver ; mais il y aura des conceptions de
droit et de morale et des institutions qui seront
substituées aux conceptions et aux institutions
actuelles. Il y aura enfin une société nouvelle.

M. Durkheim. — Il s'agit au total de savoir si
le socialisme est miraculeux comme il s'en flatte,
s'il est contraire à la nature de nos sociétés, ou
bien s'il est suivant la pente de leur évolution
naturelle, de sorte qu'il n'ait pas à les bouleverser
pour s'établir. C'est cette dernière conception que
me paraît démontrer l'histoire.

M. Paul Desjardins. — Messieurs, nous avons
agité avec véhémence cette grave question de la
Lutte de classes et du Patriotisme. Nous y avons
projeté une lumière, qui, pour moi, m'éclaire
suffisamment, mais qui ne frappe pas tous les
yeux. Je crois que nous ferons bien d'y revenir
dans notre prochaine conversation, pour conclure
avec rigueur, si nous en sommes capables.

On se sépare à 7 heures.

Conscience de Classe

et Patriotisme

Ont pris part à cet Entretien :

MM. A. FABRY,

Arthur FONTAINE,

Henri HAYEM,

Jean LECLERC de PULLIGNY,

Léon LETELLIER,

D. PARODI,

Pierre-Félix PÉCAUT,

& Paul DESJARDINS, *Secrétaire des Entretiens.*

M. Paul Desjardins. — Messieurs, j'avais demandé aux interlocuteurs du dernier Entretien de
se retrouver ici aujourd'hui pour aboutir à une
conclusion. Mais il parait qu'ils n'ont pas éprouvé
autant que nous le besoin de conclure (*Sourires*).

J'avais prié M. Pouget et M. Lagardelle de
revenir ; je ne les aperçois pas dans la salle. Y
a-t-il ici quelqu'un qui soit assez en conformité
d'opinions avec eux pour prendre la suite de leur
rôle ? Les doctrines de la *Confédération générale
du Travail* sont-elles représentées ici par quelqu'un ?

(Silence).

Je suis déçu par cette absence. La propagande
par la conversation critique n'est pas, semble-t-il,
un moyen sur lequel comptent beaucoup les
révolutionnaires antipatriotes (*Rires*).

Eh bien ! Tirons-nous d'affaire, vaille que
vaille, par nos propres moyens d'information et

de réflexion. Occupons toujours une heure à
raisonner entre amis sur la question.

Vous vous rappelez, Messieurs, que notre dernier entretien avait été signalé par une discussion
vive, entre M. Lagardelle et M. Durkheim principalement, au sujet de la lutte des classes et de
la Révolution intégrale. Malgré nos efforts, cette
discussion n'avait pu être ramenée à notre perspective générale sur l'Internationalisme. Il nous
restait à voir si le syndicalisme ouvrier révolutionnaire est forcément, logiquement antipatriote,
et pourquoi il doit l'être. La question de l'absurdité de la théorie révolutionnaire intégrale,
abordée intrépidement par M. Durkheim, a coupé
net notre recherche. Si nous voulons maintenant
pousser à bout celle-ci, il faut prendre à notre
compte, provisoirement, la théorie de la lutte de
classes et de la Révolution ouvrière. Il faut, provisoirement et sous réserves, accepter l'hypothèse
marxiste des classes sociales distinctes et réduites
à deux, producteurs prolétaires et capitalistes
parasites, bien que ce soit là une notion trop
simple et toute schématique — et accepter encore
la thèse marxiste, qu'entre les deux classes ainsi
posées, il existe un antagonisme nécessaire, dont
l'exacerbation constitue pour les prolétaires un
devoir de classe — bien que ce soit là un mot
d'ordre de tactique, plutôt qu'un principe qui

se dégage spontanément de la conscience des ouvriers — et tout cela accordé, il faut nous demander si la « conscience de classe » équivaudrait à l'ancien patriotisme national, comme stimulant des énergies de l'individu. Telle est, en effet, la prétention des socialistes révolutionnaires antipatriotes. Pour eux la substitution est exacte.

Là dessus, je vais vous citer le texte le plus net. Vous vous rappelez la conférence fameuse de Renan : *Qu'est-ce qu'une Nation ?* — faite en Sorbonne, le 11 mars 1882. Dans le journal *Le Citoyen*, trois semaines après, Jules Guesde apprécia les idées émises par Renan. De sa critique, je détache les lignes suivantes, admirablement propres à introduire notre conversation :

... Il n'y a pas de nations, aujourd'hui surtout, dix-huit ans après que s'est levée sur le monde la grande *Association internationale des Travailleurs.* Il n'y a que des classes, répondant à l'antagonisme croissant des intérêts sur lequel repose la société actuelle.

Il y a la classe des capitalistes, des possédants qui, par ses conventions postales et télégraphiques, par ses traités de commerce, etc...., internationalise de plus en plus son exploitation. Et il y a la classe des prolétaires, des non-possédants qui souffrant du même mal, assujettie au même joug, victime du même vol, fait table rase des frontières dans la communauté et l'unité de ses revendications.

Appliqué aux classes, ce que M. Renan dit des
nations est exact, d'une exactitude mathématique.

Réunis par les mêmes souffrances dans le présent,
par les mêmes deuils dans le passé, les travailleurs de
partout n'ont aujourd'hui, ne peuvent avoir qu'une
volonté, parce que leur affranchissement, qui ne peut
être ni local, ni national, mais international ou
humain, « commande l'effort en commun. » (1)

Voilà un texte autorisé, ce me semble, et tout
à fait explicite. J'ajoute que l'enquête instituée
par le *Mouvement socialiste,* l'année dernière,
auprès des « militants » ouvriers, a montré que
ces idées de Guesde éveillent dans la classe ouvrière, un immense écho. C'est bien un patriotisme de classe qui se lève contre le patriotisme
de nation.

M. Leclerc de Pulligny, — Je demande à
faire une observation d'ordre général, tout
d'abord : Les idées qu'on nous a présentées
comme celles des foules socialistes sont en réalité
les idées d'une élite intellectuelle. Dans leur
triste condition actuelle, les travailleurs n'ont pas
assez d'instruction, ni assez de temps pour réfléchir sur ces sujets. En dehors des ouvriers socia-

---

(1) Jules Guesde. *Le Citoyen,* 13 avril 1882, article recueilli dans *Etat, Politique et Morale de Classe* (Grard et
Brière 1901). p. 399.

listes des grandes villes, il n'y a que quelques
groupes, comme les bûcherons de la Nièvre ou
les vignerons du Midi, qui aient des idées systé-
matiques, Les opinions qu'on a dites sont celles
des militants socialistes : et ce sont celles que
les foules devraient avoir, si elles avaient une
claire conscience de leurs intérêts de classe. Mais
en gros, je ne crois pas que les travailleurs aient
ces idées compliquées et théoriques.

M. Paul Desjardins. — Nous ne pouvons
saisir les opinions que dans leurs manifestations,
et elles ne sont manifestées que par ceux qui sont
capables de les construire.

M. Leclerc de Pulligny. — Assurément ; et
je reconnais que ceux qui manifestent ces
opinions pensent comme la classe ouvrière devrait
penser.

M. Pécaut. — M. Jacques Bardoux disait que
ces idées n'existent pas encore chez les ouvriers
anglais. D'autre part, les arrondissements ouvriers, à Paris, sont ceux qui en 1883 ont donné
le plus de voix au boulangisme nationaliste. Le
phénomène dont nous parlons, l'antimilitarisme
ouvrier, est restreint et récent.

M. Paul Desjardins. — Je viens pourtant de
vous citer un texte qui date de 1882.

M. Pécaut. — Ce texte est de Jules Guesde,
un intellectuel ; il faudrait savoir s'il avait de

nombreuses troupes derrière lui. M. Lagardelle
disait la dernière fois que l'idée de lutte de classe
avait été élaborée par les ouvriers ; je ne le crois
pas : elle a été élaborée par des intellectuels.

M. HAYEM. — Ces idées-là, quels qu'en soient
les auteurs, ont répondu à des sentiments pro-
fonds et ont été applaudies par la classe ouvrière;
c'est un fait incontestable. Il y a ainsi une certaine collaboration des travailleurs et des intellectuels dans la formation de ces idées. Il est indubi-
table qu'elles ont, dans les milieux ouvriers, en
quelque sorte, une base sentimentale : les mineurs français, les mineurs de Courrières notamment, éprouvent une plus grande sympathie pour
les sauveteurs westphaliens (1) que pour les
capitalistes français propriétaires des actions de
la société de Courrières. A quelque parti qu'on
appartienne on doit reconnaître ce fait.

M. ARTHUR FONTAINE. — C'est, semble-t-il,
l'évolution industrielle et commerciale, la machine,
qui déterminent la forme actuelle des idées socialistes et internationalistes.

L'évolution actuelle a pour aboutissement un
changement de la notion de propriété, et poussant

---

(1) Allusion à un évènement récent : la venue d'une
équipe de mineurs westphaliens envoyés pour le sauvetage
des mineurs ensevelis dans la catastrophe de Courrières.

cette notion nouvelle à ses extrêmes conséquences logiques, le socialisme imagine une société future ayant pour objet principal l'organisation du travail.

A mesure que la grande industrie se développe, le nombre croît des ouvriers qui ne sont pas propriétaires de leurs outils de travail, qui, lorsqu'ils sont détachés de l'usine, sont hors d'état d'exercer un autre métier jusqu'à ce qu'ils soient embauchés par une autre usine. Ces ouvriers conçoivent tout naturellement l'idée que la notion actuelle de propriété n'offre pour eux aucune garantie de leur existence, Et d'instinct ils cherchent une autre forme de la propriété, qui leur garantisse le droit au travail. Quel est, dans l'assurance sociale déjà ébauchée, le sens des cotisations patronales ? Elles signifient que l'ouvrier a un certain droit, une part, indéterminée encore, dans le capital industriel ; — de sorte qu'il a droit, lorsqu'il est hors d'état de gagner sa vie par son travail, à vivre sur le capital qu'il a contribué à créer. Où cela nous mène-t-il ? Il est difficile de le dire ? Cela tend à assurer à l'ouvrier une vie moins incertaine, la sécurité du lendemain. Voilà le besoin qui est à la base de l'idée encore confuse de propriété sociale.

Ce besoin se trouvera accru, si la concentration industrielle s'accentue. Actuellement, non seule-

ment le nombre des *ouvriers*, dans notre population, croît à chaque recensement, mais le nombre
proportionnel de ceux d'entre eux qui travaillent
dans de grands établissements croît à chaque
recensement, et le nombre des très grands établissements, de plus de 5oo ouvriers, augmente avec
une rapidité marquée. Ce qui rend plus aigu le
besoin d'un droit modifié, d'un droit nouveau,
c'est le nombre de jour en jour croissant des
personnes soumises au régime de la grande
industrie.

Sans doute, les idées socialistes ont, en même
temps que cette base économique, une inspiration d'ordre purement sentimental qui est de tous
les temps. L'homme est un animal féru d'égalité,
et on a pu dire que la justice n'est autre chose
que la formule, à une époque donnée, de la plus
grande égalité possible entre les hommes. On voit
autour de soi des riches, on leur voit des satisfactions que l'on n'a pas soi-même. On éprouve un
sentiment d'envie ; — je le dis sans dénigrement,
car ce sentiment excite l'initiative et n'a pas que de
mauvais résultats. — Ce sentiment, qui se traduit
chez les meilleurs par un besoin de culture, ren-
force, d'ailleurs, l'évolution économique.

Si l'évolution actuelle se continue, si la concentration industrielle et commerciale s'accentue
notablement, le droit de propriété sera modifié,

vraisemblablement, d'une façon profonde. En
sera-t-il ainsi ? Nous ne savons pas ce qui arrivera.
Mais, forcément, les programmes s'élaborent en
supposant que l'évolution se poursuivra indéfiniment dans la même direction ; ils établissent la
société future sur cette hypothèse ; les idées des
intéressés, sur un grand nombre de questions, se
modifient dès aujourd'hui de manière à cadrer
avec l'idéal poursuivi.

Maintenant ce programme socialiste, qu'il soit
destiné ou non à se réaliser complètement, sup-
pose-t-il pour sa réalisation l'internationalisme et
la suppression des patries actuelles ? Telle est la
question que nous nous sommes posée au cours
de nos Entretiens.

Qu'une collaboration, une entente des divers
peuples, — nécessaire déjà pour des réformes
profondes dans la durée du travail, — soit jugée
indispensable pour une réforme du salariat et de
la propriété, cela a été admis sans difficulté. Des
accords seront conclus, il faudra en quelque
sorte une législation internationale. Il est inutile
de revenir sur ces constatations. Mais la suppression brusque ou violente des sociétés actuelles,
la destruction des nations constituées, l'abolition
des patries, sont-elles une condition nécessaire de
cette action socialiste ? C'est ce que contestait
formellement M. Durkheim il y a trois semaines.

Il est intéressant pourtant, dans notre analyse de la situation, de rappeler quelques-uns des faits et des sentiments qui ont fait adopter cette manière de voir dans une bonne partie des milieux socialistes.

C'est d'abord la division, trop simple sans doute, mais qui cependant synthétise dans les programmes la composition de la société civilisée, supposée à un stade plus avancé de l'évolution en cours. L'idée que les prolétaires, la classe ouvrière, ont les mêmes intérêts généraux à travers toutes les frontières, cette idée, non seulement est de nature à substituer dans les esprits le patriotisme de classe au patriotisme national, à rendre suspectes les guerres nationales, supposées dues au seul antagonisme des intérêts capitalistes, mais encore à développer chez les prolétaires l'idée qu'ils forment ensemble une société unique en voie d'organisation.

On a rapporté, au cours de précédents entretiens, que dans les forces de cohésion des patries actuelles les questions économiques jouent un rôle très important. Un Zollverein, une union douanière, est un moyen de réaliser une nation, de donner de la cohésion à ses éléments épars. Inversement des guerrres de tarif exaspèrent les animosités. Eh bien, cette solidarité économique, à l'abri d'un même tarif douanier national, lie les patrons beaucoup plus que les ouvriers. Dans le système protectionniste les patrons de l'industrie semblent trouver des avantages ; pour l'ouvrier, il en résulte peut-être une augmentation de salaire, mais aussi une augmentation plus sensible de la cherté de la vie. Jl n'est pas probable que l'ouvrier ait intérêt, il est probable que ce sont des capitalistes qui ont intérêt au maintien du système protectionniste, des luttes de tarif. Les nécessités économiques étant au premier plan dans les programmes ouvriers, on voit peu à peu les ouvriers, laissant à l'arrière plan les autres considérations, concevoir la lutte de classe à travers toutes les frontières contre les patrons de toutes les patries et négliger les considérations nationales.

Ce n'est pas tout. Les ouvriers estiment que pour arriver à leur but ils seront obligés, à un moment donné, de faire la grève générale. Or le principal adversaire de la grève générale, dans leur opinion, c'est le militarisme. Il est incontestable, en effet, que la grève universelle a peu de chances de réussir si les ouvriers doivent trouver devant eux des armées fortement organisées pour la défense du capital. De là un antimilitarisme ouvrier, dont l'origine est différente de celle de l'internationalisme humanitaire ou de l'internationalisme économique. C'est parce que les armées

sont le principal obstacle à la révolution que les
ouvriers sont antimilitaristes.

De la combinaison de ces deux idées, internationalisme et antimilitarisme, on tire assez naturellement l'antinationalisme.

M. PAUL DESJARDINS. — Vous nous faites, mon
cher ami, une analyse dont beaucoup de chefs du
mouvement ouvrier ne s'avisent pas eux-mêmes.
Nous sommes dans notre rôle en supposant aux
antipatriotes des motifs analysables qui offrent
prise à la critique. Toutefois j'observe, dans les
manifestations antimilitaristes, moins de raisons
que d'impulsions. Ces impulsions sont simplement égoïstes et antisociales. Ce qui domine tout,
il faut le dire nettement, c'est le *refus de servir.*
Les déclarations théoriques d'antipatriotisme
n'interviennent que pour enhardir à se produire
cet instinct antisocial sur lequel la société fait
peser une si lourde honte. J'en ai été frappé en
lisant les réponses à l'enquête du *Mouvement
socialiste.* Je viens de l'être encore plus nettement
en lisant un petit article de la *Voix du Peuple ;*
il était court ; plus court encore en était le
contenu : d'un mot, c'était l'*Anti-Criton,*
l'exacte contrepartie du *Criton* de Platon : nous
ne devons rien à la Cité, nous n'avons pas d'avantage matériel à la maintenir, nous serions sots de
nous dévouer à sa conservation. Mais si l'anti-

patriotisme n'a guère de raison (à ce qu'il me paraît), il a pourtant des causes. Je suis très persuadé qu'il n'est pas immédiat. Ce n'est, en quelque sorte, qu'un second ou un troisième mouvement. Laissons de côté un facteur qui n'est efficace, sans doute, que dans le cercle assez étroit des « intellectuels ». Je veux dire la réaction contre le fétichisme nationaliste, dont nous avons essuyé, ces dernières années, la tyrannie et la dégoûtante bêtise. Eclairés par notre expérience récente, nous avons compris que le nationalisme irréfléchi, démagogique, est toujours le fourrier du césarisme, c'est-à-dire du régime qui nous froisse le plus ; nous avons aperçu que ce nationalisme est justement comptable des brutalités de la Révolution française et de son avortement. Nous avons donc, naturellement, réagi contre lui. Quelques-uns ont réagi sans mesure. Toujours, dans l'histoire des idées religieuses, une impiété est la répercussion d'un fanatisme... Mais c'est là, encore une fois, un facteur qui n'atteint guère les ouvriers. Les maçons et les serruriers que je connais ne sont pas importunés par M. Millevoye... Ce qui agit fortement sur les ouvriers et sur le peuple entier, c'est la prolongation inusitée d'une période de paix européenne. En l'absence de luttes nationales, l'armée, formidablement entraî-née pour un objet qui reculait toujours, a seulement assumé le rôle nécessaire mais ingrat, de force de police. Elle est donc apparue comme l'obstacle à la révolution. Or, M. Arthur Fontaine vient de nous faire voir que les transformations économiques, renforcées par un levain sentimental, rendent l'ouvrier d'aujourd'hui révolutionnaire. Eh bien ! l'ouvrier étant révolutionnaire — et il est naturel qu'il le soit...

M. Arthur Fontaine. — L'ouvrier prolétaire...

M. Paul Desjardins. — Oui, l'ouvrier prolétaire, — il est naturel que tout ce qui lui apparait comme un rempart de ce qu'il veut à toute force détruire lui soit odieux. Sa pensée suit cette progression ; 1º la révolution sociale est suprêmement désirable ; 2º l'armée au service du privilège capitaliste...

M. Arthur Fontaine. — Au service du droit actuel...

M. Paul Desjardins. — ... est un cordon impassible qui barre la route à la Révolution ; et, de là, il arrive à cette idée, qui se présente à lui seulement la troisième. « Qu'est-ce qui maintient cette armée? Au nom de quoi maintient-on ce qui nous comprime ? Au nom de la sécurité nationale ». Et il ramène son attaque contre cette idée de la sécurité nationale, d'ailleurs affaiblie par une longue paix. Ainsi l'antinationalisme n'est pas immédiat, mais déduit, — que la déduction

soit inconsciente ou consciente. — Il s'établit un
dialogue passionné entre capitalistes et révolutionnaires, et ceux-ci veulent pousser ceux-là
dans leur dernier refuge, l'argument sacré du
salut de la patrie. Les idées d'une collectivité ne
sont jamais que les répliques d'un dialogue entre
antagonistes. Il faut reconstituer ce dialogue
pour les comprendre.

M. Leclerc de Pulligny. — Vous avez dit, et
vous avez raison, que les ouvriers pensent que le
nationalisme est un obstacle à la Révolution
sociale. On pourait ajouter une autre considération : Les ouvriers pensent que les guerres ne
sont jamais motivées par l'intérêt des peuples,
mais par l'ambition des souverains ou par l'intérêt des commerçants. Ils sont persuadés que
s'ils pouvaient s'entendre avec les autres peuples,
il n'y aurait plus de guerres ; tandis que, supposez qu'ils se trouvent en face d'une armée de
paysans, je ne dis pas nationalistes, mais simplement militarisés, si ces paysans sont encore
contenus par le dogme de l'obéissance passive,
l'avenir pacifique qu'ils désirent échouera toujours.

M. Pécaut. — Les ouvriers voient bien que les
frais de la paix armée tombent sur eux et em-
pêchent les réformes : L'incident de la conférence d'Algésiras a déjà coûté cent cinquante

millions au ministère de la guerre. Alors il faut dire adieu aux retraites ouvrières.

M. Hayem. — En effet, il y a cette notion, chez les ouvriers, que les guerres sont engagées pour des motifs qui ne les concernent pas, qui ne concernent qu'une aristocratie financière. A présent que le parlementarisme règne, le parlement leur apparaît comme l'unique arbitre de la guerre. Et il se dessine un mouvement ouvrier antiparlementaire, antipoliticien, qui se résume ainsi : le socialisme a deux ennemis, le capitalisme, d'une part, et les politiciens de l'autre. De là cette conséquence, que les raisons de déchaîner les guerres, formulées dans les parlements, n'intéressent pas le prolétaire, et ainsi il faut lutter contre les politiciens.

M. Arthur Fontaine. — Le prolétaire se figure à tort ou à raison (et il n'est pas prouvé que ce ne soit pas à raison) que toute personne qui quitte la classe ouvrière n'est plus rattachée à la classe ouvrière que par un lien très mince. De là, le discrédit qui frappe le socialisme parlementaire, dans les syndicats ouvriers.

M. Hayem. — C'est un fait très remarquable que, dans l'Yonne, les paysans sont aussi antimilitaristes que les ouvriers. A Sens, M. Briand a laissé un fort mauvais souvenir. Il avait défendu Hervé devant les Assises de l'Yonne ; il avait dit, en robe d'avocat, qn'il ne défendait pas un client, mais un ami, qui pensait comme lui. Lorsque nos paysans voient ensuite ces révolutionnaires violents entrer dans un ministère et faire œuvre de conservation, ils disent : « Nous sommes peut-être bien exploités par ces gens-là ».

M. Arthur Fontaine. — Les ouvriers sont fâcheusement frappés de la disproportion entre les programmes et les réformes.

M. Paul Desjardins. — Cette disproportion n'est pas un fait nouveau.

M. Arthur Fontaine. — Oui, mais depuis l'avènement de la démocratie, beaucoup d'ouvriers attendent de la loi ce que la loi seule ne peut pas leur donner; ils ont cette idée que l'Etat pourrait tout modifier très vite. Ceci, et le désappointement de voir qu'un texte de loi ne change pas immédiatement grand'chose, les met en défiance.

M. Hayem. — Ils veulent une évolution révolutionnaire.

M. Arthur Fontaine. — Et pourtant, dans le marxisme, la révolution apparaît comme le terme d'une évolution.

M. Paul Desjardins. — Permettez-moi de ramener ma question, introduite par le texte de Guesde : La *conscience de classe*, retrempée constamment par la lutte des classes, comme le patriotisme l'est

par les guerres nationales, peut-elle se substituer
exactement à celui-ci ? Présente-t-elle psychologiquement le même caractère, et peut-elle
obtenir de l'individu le même sacrifice qu'a obtenu
dans le passé le dévouement à la nation ? Peut-
elle être, dans la culture morale de l'humanité,
héritière du patriotisme ancien ? Il est évident
qu'il y a des analogies : le jugement porté sur la
trahison envers sa classe est tout-à-fait analogue
à celui qu'on porte sur la trahison, au point de
vue du patriotisme national. La solidarité ne
paraît pas moins étroite, la réciproque entente
des membres, le dévouement de l'individu au
groupe, etc... Cependant il faut faire attention à
deux grandes différences : 1º La « conscience de
classe » manque du support terrien que l'on nous
a signalé ici comme essentiel au patriotisme ;
2º Quand on se bat pour sa nation, on se bat
pour la conservation de ce qui existe, on se bat
pour maintenir, pour sauver ; on se bat pour
quelque chose que l'on veut croire éternel ; quand
on se bat pour sa classe, on se bat pour procurer dans l'avenir l'abolition des classes, — de
la sienne comme de la classe ennemie.

M. Leclerc de Pulligny. — On se bat pour la
victoire de sa classe, qui englobera les autres classes.

M. Paul Desjardins. — Je ne prétends pas faire
ici une analyse psychologique du patriotisme.

Mais vous voyez quelle différence est introduite
d'abord par l'absence de ce sentiment : l'attache
à une terre particulière.

M. ARTHUR FONTAINE. — Il me semble que
Barrès nous dit à cet égard quelque chose de
très sérieux et de très solide. Je laisse de côté
l'amour de la propriété qui est très fort chez les
paysans ; mais il y a une formation de l'individu
par la terre, une très forte réaction du lieu sur la
race ; on voit petit à petit les individus qui
vivent sur une même terre prendre le même
aspect. Quand on arrive en Chine, m'ont dit
plusieurs voyageurs, on ne peut pas distinguer
un Chinois d'un autre. Et sans aller si loin, quand
on arrive dans un pays qui n'est pas sillonné
d'étrangers, on est frappé par des similitudes
d'aspect physique.

M. PAUL DESJARDINS. — Ce qui me paraît, chez
Barrès, une idée d'amateur, c'est cette assertion,
que les paysages, les aspects du sol agissent
sur l'individu par la simple contemplation ; je
suis persuadé que la terre agit sur celui qui la
serre quotidiennement de son labeur acharné, et
qui ne la voit plus.

M. PÉCAUT. — Je ne crois pas du tout que
l'attache à la terre et le patriotisme soient syno-
nymes. C'est sûrement chez les paysans qu'il y a
le moins de patriotisme. Hervé dit que son anti-

nationalisme lui a été révélé par les paysans de
l'Yonne ; moi je me rappelle mes indignations
d'enfant lorsque les paysans de mon pays me
disaient leur indifférence à être Français ou
Espagnols ; ils trouvaient que l'annexion n'enlevait pas la terre, ne changeait rien au régime de
la terre. Autrefois, à la suite d'une annexion, on
enlevait la terre, on enlevait les femmes, on pre-
nait tout : dire que l'amour de la terre est le
support du patriotisme, c'est comme si l'on disait
que l'amour de sa femme est le support du patriotisme. *(Rires)*.

M. Paul Desjardins. — Le prochain entretien
sera consacré à cette question. Vous entendrez,
j'espère, quelques personnes d'au-delà des Vosges
Vous verrez la psychologie de l'homme partagé
entre le patriotisme réaliste terrien et le patriotisme idéaliste.

M. Pécaut. — Je voudrais vous demander quelque chose à ce propos : Ne pourriez-vous pas faire
venir quelqu'un à même de nous donner des renseignements sur l'internationalisme des syndicats
allemands ? Pratiquement, là est le point capital.
Nous ne voulons pas aller plus vite qu'eux. Les
déclarations de Bebel ne paraissent pas nettes.

M. Hayem. — Vous songez à la promenade
faite par Griffuelhes en Allemagne.

Une voix. — Il a été mal reçu.

M. Hayem. — Il a été mal reçu, mais il n'a pas frappé aux bonnes portes : Aller consulter Bebel et Singer c'est comme si un Allemand venait interviewer Jaurès ou Millerand pour s'informer du syndicalisme révolutionnaire.

M. Arthur Fontaine. — Pour avoir des renseignements sur le parti ouvrier français, il ne serait pas d'une bonne méthode de négliger Jaurès ou Millerand.

M. Hayem. — Il se produit en Allemagne un mouvement antinationaliste très fort, mais sous d'autres formes qu'en France ; on a de la circonspection. Voici un fait caractéristique : les brochures d'Hervé et de Gohier ont été traduites en allemand et cette traduction a eu un tirage double du tirage du texte français. Il existe donc, en Allemagne comme en France, à côté du socialisme parlementaire, c'est-à-dire réformiste, un socialisme révolutionnaire et antiparlementaire. C'est là que règne l'antimilitarisme.

M. Pécaut. — Au congrès d'Amsterdâm, Jaurès a parlé. mais les Allemands ont gardé un silence absolu, et pourtant on était au moment des négociations d'Algésiras. Il est donc plus prudent de dire que nous ne savons pas.

M. Paul Desjardins. — Je voudrais que la question fût prise aussi du point de vue pédagogique.

M. Leclerc de Pulligny. — Vous avez dit, si je
ne me trompe, que le patriotisme était un stimulant, une règle et une fin de l'activité de l'individu
Je crois que, dans les temps modernes, le patriotisme sert bien peu comme fin, règle, stimulant
des activités. Il joue ce rôle dans la guerre, mais
pas dans la paix. Où avez-vous pris qu'il soit la
fin de l'activité de qui que ce soit ?

M. Paul Desjardins. — Mais dans tous les
manuels civiques.

M. Leclerc de Pulligny. — J'entends bien ;
mais quels sont les résultats pratiques de cet enseignement?

M. Paul Desjardins. — Je puis alléguer mes
propres souvenirs. J'ai vu la guerre de 1870;
j'avais onze ans. Avant douze ans, j'ai traversé
l'Allemagne, j'ai vu les gares de chemins de fer
pavoisées pour célébrer Sedan. Toute mon ano-
lescence s'en est ressentie. Jamais je n'aurais
marchandé ma peine pour une corvée patriotique,
quelle qu'elle fût. A présent encore, je ne conçois
pas sans difficulté les marchandages de ce genre,
dont les nationalistes les plus bruyants ne rou-
gissent pas toujours. Je présume que tous mes
contemporains, ayant fait mêmes expériences,
sentent comme moi.

M. Letellier. — Je vois le patriotisme agir encore dans bien des circonstances journalières.

Par exemple j'ai vu des Anglais, des Allemands
ou des Français, ayant à choisir entre plusieurs
bateaux pour une traversée, choisir de préférence
un bateau de leur nationalité, car ils préféraient
donner leur argent à leurs compatriotes.

M. Pécaut. — La plupart d'entre nous répugneraient à prendre de la rente allemande.

M. Arthur Fontaine. — Nous nous plaçons ici
plus haut. La question que nous avons à envisager est celle-ci : Quelles sont les vertus qui ont
leur source dans l'idée de patrie?

M. Letellier. — Ne pensez-vous pas, monsieur
Desjardins, que l'idée de classe est plus large,
moins particulière, et, en fait, plus désintéressée
que l'idée de patrie?

M. Paul Desjardins. — C'est la question que je
vous pose.

M. Arthur Fontaine. — Il me semble que la
question se ramène à cette autre. Est-ce que l'attachement est plus fort pour un groupe plus restreint? L'amour s'évapore à mesure qu'il s'étend
à un plus grand nombre de personnes : l'amour
que l'on a pour une personne est beaucoup plus
fort que l'amour de la famille, l'amour de la famille est plus fort que l'amour de la patrie, enfin
l'amour de l'humanité n'est plus que quelque
chose d'extrêmement vague.

M. Paul Desjardins. — Tout de même la cons-

cience d'une solidarité de classe est fort précise.
Partout où deux ouvriers se rencontrent à bord
d'un paquebot, ils ont quelque chose à se dire,
parce que l'organisation du travail est la même
dans chacun de leurs pays, parce qu'ils ont la
même expérience de choses faites et souffertes.

M. ARTHUR FONTAINE. — Deux ouvriers sont
plus semblables que deux personnes de classes
différentes habitant la même localité. Cela est
vrai,— et cela n'est pas complètement vrai. Cela est
vrai pour l'ouvrier français et l'ouvrier allemand ;
moins vrai pour l'ouvrier français et l'ouvrier
russe, cela n'est pas du tout vrai pour l'ouvrier
français et l'ouvrier chinois. Au fond, notre
humanitarisme se limite à l'Europe centrale et à
l'Amérique.

M. PAUL DESJARDINS. — Dans la conscience de
classe, il y a autre chose qu'une affinité sentimentale ; il y a le besoin, simultanément ressenti,
d'un droit nouveau. Chez le travailleur il y a une
certaine notion de la justice concrétisée de son
expérience originale, et qui ne correspond pas à
la justice du code bourgeois, — j'en demande
pardon aux jurisconsultes ici présents. — Voilà
ce que l'on peut dire en faveur de la conscience
de classe, comme principe d'éducation généreuse.
Dans l'autre sens, à l'avantage du patriotisme national, il y a une considération qui me frappe

beaucoup : La patrie n'est pas seulement la *société des pères*, mais aussi celle des enfants ; elle plonge dans l'avenir comme dans le passé. Nous subordonnons notre intérêt actuel à la beauté de la vie de nos descendants. On peut, au contraire, se demander si l'ouvrier veut maintenir pour ses enfants l'intégralité des conditions de sa classe.

M. FABRY. — Il semble qu'il veut les détruire.

M. HAYEM. — J'entrevois encore la question suivante : Il y a, je le crois comme vous, un droit de classe en formation. Est-ce que ce droit, avec l'ensemble de relations morales qu'il représente, est stable ou non ? La patrie est née d'un sentiment de lutte, mais elle a eu des siècles d'existence, elle présente un caractère de continuité indéniable. La nouvelle notion de justice, résultant de l'idée de classe, très vive en ce moment parce qu'on traverse une période de luttes, ne se trouverait-elle pas affaiblie au lendemain de la victoire ? Je reconnais qu'on ne peut trancher absolument la question. On peut prévoir néanmoins que le jour où la classe ouvrière serait partout dominante et ferait disparaître complètement la classe bourgeoise, la morale et le droit subiraient une véritable crise. Le besoin de luttes contre la classe adverse cesserait de constituer un stimulant. Il faudrait alors, pour maintenir l'état social nouveau, un règne général des sentiments

humanitaires, altruistes et désintéressés. Je ne
dis point que cela soit impossible. Mais il faut bien
constater que, pour y arriver, une éducation toute
nouvelle est nécessaire. C'est une transformation
morale, qui ne saurait s'opérer du jour au lendemain. La révolution sociale peut se faire en un
instant, tandis que cette révolution morale ne
peut qu'être lente et exiger des efforts beaucoup
plus considérables. Il faut même dire plus. Si
cette révolution morale ne se trouve pas effectuée
antérieurement à la révolution sociale, il est certain que celle-ci ne saurait aboutir à un régime
stable, et, par conséquent, les institutions juridiques qui constitueraient la charpente de la
société socialiste ne sauraient rester debout.
Nous arrivons ainsi à conditionner la possibilité,
pour ce droit nouveau, d'être stable. Il faudra
pour cela une révolution morale *préalable*.

M. Arthur Fontaine. — Il est très vrai qu'on
n'a conscience de soi que quand on résiste à
quelque chose. Mais soyez tranquille, la diversité
des groupes n'est pas près de disparaître. Si la
Révolution sociale s'accomplit quelque part, elle
ne saurait englober tout de suite la terre entière :
vous aurez encore pendant quelque temps des
antagonismes et par suite une conscience énergique du groupe,

S'il faut quelque chose à haïr en commun pour

s'entraimer, le monde n'est pas près de manquer d'objets de haine ni d'amour (*Sourires*).

M. Paul Desjardins. — Au total nous apercevons une grande différence entre le patriotisme ancien et la moderne *conscience de classe* ; c'est que dans le premier cas il s'agit d'une différenciation qui est aimée, et dans le second cas d'une différenciation qu'on veut détruire.

M. Arthur Fontaine. — Il y a encore une différence à signaler entre le patriotisme et la solidarité de classe. On ne vit pas en contact journalier avec les individus des autres nations comme on vit avec les individus d'une autre classe habitant le même territoire que soi. Le voisinage entretient l'amour, et aussi le contraire de l'amour.

M. Parodi. — La substitution du sentiment de classe au sentiment du patriotisme n'est pas très concevable. Il y a une marque proprement française, on vient de le dire, jusque dans notre manière de concevoir la lutte de classe ou l'internationalisme, qui n'est pas du tout celle des ouvriers allemands par exemple ; il y a un passage d'idées et de sentiments qui vont d'une génération à l'autre et constituent le tempérament national. La patrie repose sur la géographie et l'histoire ; il semble que ces deux séries de causes peuvent bien se trouver en contradiction avec des intérêts conscients ; mais qu'elles ne cesseront pas pour

cela d'agir. Ne faut-il pas prévoir une combinaison et une fusion des sentiments de classe et des
sentiments nationaux, plutôt qu'une disparition
totale de ceux-ci au profit de ceux-là ?

M. ARTHUR FONTAINE. — Il y a des individus à
l'intérieur desquels les deux sentiments sont en
lutte, des cœurs auxquels les deux forces sont
appliquées.

M. PARODI. — Oui, mais peut-on concevoir que
des influences qui tiennent au territoire, au milieu et à la race, puissent jamais cesser de se
faire sentir ?

M. ABTHUR FONTAINE, — Peut-être le patriotisme
de classe, comme le patriotisme israélite, peut-il
coexister avec le patriotisme national.

M. PARODI. — Il ne faut pas oublier que dans
le patriotisme national, l'élément essentiel est
spontané, inconscient, presque instinctif : c'est
avant tout une tradition.

M. ARTHUR FONTAINE. — Jl y a aussi une tradition dans le patriotisme de classe.

M. PAUL DESJARDINS. — Par exemple, Blanqui
(lequel était d'ailleurs un patriote français), a
créé une tradition qui se transmet d'une généra-
ration de révolutionnaires à l'autre. Des prolétaires donnent à leurs fils des noms de 'révolutionnaires anciens, et affirment ainsi leur solidarité avec eux.

M. Hayem. — Il y a encore quelques vieux ouvriers ayant pris part à la révolution de 1848, je suis frappé du respect dont on les entoure dans les milieux populaires.

M. Paul Desjardins. — Oui, ceux qui ont lutté pour la cause, en juin 48 ou en mars 71, constituent une sorte de patriciat révolutionnaire. Ils incarnent une tradition. C'est donc que la conscience révolutionnaire de classe en admet une.

M. Fabry, *se levant*. — Il me semble enfin qu'il n'y a pas incompatibilité entre le sentiment national et ce qu'on appelle la conscience de classe, même en ceux où elle existe le plus vivement. La conscience de classe est riche de substance morale nouvelle, mais elle ne doit pas périmer la tradition antérieure.

M. Paul Desjardins, *se levant aussi*. — Elle ne doit pas, et elle ne peut pas.

On se sépare à 6 heures.

29 Avril 1906

———

Résistance des Nationalités

Ont pris part à cet Entretien :

MM. Du BREUIL DE SAINT-GERMAIN (1),
Léon BRUNSCHVICG,
Jules DIETZ,
A. FABRY,
Léon LETELLIER,
Henri LICHTENBERGER (2),
Christian PFISTER (3),

& Paul DESJARDINS, *Secrétaire des Entretiens.*

---

(1) Officier démissionnaire.

(2) Maître de Conférences à l'Université de Paris, ancien Professeur à l'Université de Nancy, auteur de l'*Évolution de l'Allemagne contemporaine,* etc.

(3) Professeur d'Histoire du Moyen-âge à l'Université de Paris, Historien de l'Alsace et de la Lorraine.

Pour la profession des autres interlocuteurs, voyez les comptes rendus précédents.

M. Paul Desjardins. — Messieurs, parmi les
emballements et les paniques dont nous sommes
depuis une semaine les témoins, dans cette conta-
gion de déraison, c'est un soulagement de nous
retrouver ici entre personnes maîtresses d'elles-
mêmes. Cette possession de soi, qui est la marque
de notre *Union*, vient de ce que nous avons
contracté l'habitude de serrer de près, critique-
ment, les réalités, nous tenant toujours disponi-
bles pour nous défaire d'un préjugé et rendre les
armes aux vérités démontrées. Ainsi nous exorci-
sons les fantômes, et n'attendons pas que quelque
accident nous réveille. Notre volonté de voir clair
est aguerrie aux plus surprenantes clartés. C'est
dans cet esprit pleinement libre que nous avons
commencé notre recherche sur l'*Internationalisme*, dans le même esprit nous l'allons continuer.

Jusqu'ici nous avons étudié les faits récents qui

paraissent tendre à effacer la différenciation des
nations, à pacifier leur antagonisme, à y substituer un antagonisme nouveau, — non moins
barbare il est vrai, — celui des classes sociales.
La conclusion de cette enquête a été double, me
semble-t-il ; d'une part, une superstructure internationale est en voie de formation, et ce devenir est
dans le sens de la civilisation ; il faut en prendre
conscience et le seconder, en nous faisant une
conception, non sentimentale et mystique, mais
rationnelle de la fraternité humaine, telle que
celle qu'a proposée le néo-stoïcisme des francs-
maçons de jadis ; mais d'autre part, la thèse anti-
patriotique est purement verbale : elle n'a nul
fondement dans l'histoire, dans la sociologie, dans
les faits, — encore que les faits de l'histoire politique et sociale expliquent très bien comment elle
s'est affirmée et exaspérée en France dans ce
temps-ci. Voilà la conclusion, partiellement nova-
trice, en tant qu'internationaliste, partiellement
conservatrice, en tant que patriote, à laquelle, de
très bonne foi, nous sommes conduits. Du moins
c'est ce qui me paraît.

Il reste à examiner, dans nos deux derniers
Entretiens, quels *faits récents* semblent témoigner
en sens inverse de l'internationalisme, c'est-à-dire
font voir la différenciation des nations encore
renforcée et leur antagonisme de plus en plus aigu.

Un de ces faits est capital et mérite un examen attentif. C'est celui de la résistance à l'assimilation, en dépit de la conquête et de l'annexion. Autrefois l'annexion d'une province, à la suite d'un traité ou du mariage d'un prince, s'accomplissait normalement, sans provoquer une résistance irréductible, ni bouleverser la conscience. Les peuples avaient une indifférence comparable à celle de M. Gustave Hervé, qui se déclare prêt, dans son dernier livre, à accepter la domination de l'empereur d'Allemagne. Une telle indifférence, aujourd'hui, a quelque chose d'archaïque. C'est un anachronisme. Au contraire, nous voyons surgir vingt difficultés nouvelles pour qui veut s'assimiler un peuple annexé. Il y a là un je ne sais quoi qui résiste, comme une personnalité plus consciente et rétive, dont l'analyse s'impose à nous. Il semble donc que les groupements nationaux vivent aujourd'hui d'une vie moins élémentaire, plus différenciée, plus organique, puisqu'ils ne supportent pas leur mutilation. Et ce refus de s'assimiler, remarquons-le, ne va pas s'effaçant, mais plutôt se précisant, car, à mesure que le *sujet* fait place au *citoyen*, celui-ci devient pour les conquérants une matière moins plastique. L'évolution historique semblerait donc être dans le sens de la différenciation, et pousser les peuples à être plus tenaces et plus nerveux dans la défense de leur

individualité. J'ajoute que, plus la civilisation se
développe, plus la conscience juridique devient
exigeante, et plus un groupement national devient
jaloux de son autonomie. Il semble donc que
nous marchions, non pas vers une fusion des
nations ramenées à l'uniformité, mais plutôt
vers une fédération libre de nations de plus en
plus différenciées.

C'est ce phénomène contemporain de la résistance à l'annexion que nous voudrions examiner
aujourd'hui.

Deux faits européens attirent principalement
notre attention : la résistance de l'Alsace à la
germanisation, que nous pouvons étudier de près,
au jour le jour, puis l'attitude prise par la Bosnie
et l'Herzégovine, qui ont été rattachées à
l'Autriche-Hongrie par le traité de Berlin (1878),
postérieur de sept ans à celui de Francfort. La
comparaison de ces deux faits serait instructive.
Si la nationalité bosniaque, sensiblement moins
avancée dans la civilisation occidentale que le
sont les Alsaciens, se montre plus souple à l'assimilation, il y a quelque probabilité que le progrès
de cette civilisation rendra les groupes nationaux
plus conscients de leur personnalité, plus jaloux de
la circonscrire et de la défendre. C'est ce qu'il est,
pour notre débat sur l'*Internationalisme,* urgent
d'éclaircir.

Sur le premier fait : la résistance de l'Alsace à l'assimilation germanique, M. Maurice Barrès, il y a deux mois, m'avait promis de nous apporter quelques observations précieuses, m'assurant que dans son livre : *Au service de l'Allemagne*, il n'avait utilisé qu'une partie de son dossier. Malheureusement, des servitudes d'ordre électoral (auxquelles je ne puis, pour moi, m'associer sympathiquement, même par des vœux), le retiennent ailleurs aujourd'hui.

Sur le second fait, résistance ou non-résistance de la Bosnie et de l'Herzégovine. Je me suis adressé à M. Ernest Denis, professeur à l'Université de Paris, qui a pour spécialité d'études l'ethnographie de l'Europe centrale. Lui non plus n'a pas pu venir, mais voici la réponse que j'ai reçue de lui :

« Il y a certainement des résistances en Bosnie, mais il n'est pas facile d'avoir des renseignements précis : vous savez que l'Empereur a fait de l'assimilation son œuvre propre, et par une convention tacite, tout le monde fait le silence sur les difficultés qu'il rencontre. J'ai en ce moment quelques élèves croates ; je les interrogerai, et s'ils me donnent des faits précis, je vous les communiquerai. Leurs témoignages devront d'ailleurs être sévèrement contrôlés, et d'après ce que je sais jusqu'à présent, l'opposition me parait singulièrement affaiblie : 1° par l'ignorance de la grande majorité de la nation ; 2° par les rivalités

religieuses, et surtout par les avantages matériels
incontestables qu'a amenés l'occupation autrichienne.
*Il est parfaitement possible que ce progrès même
soit la condition et, plus tard, la cause d'un réveil
national.* Il se produirait là un phénomène analogue
à celui que la Prusse constate dans la Pologne prussienne, où les paysans ont accepté, sans colère, la
domination allemande, ont été envahis, — relativement, — par elle, et sont maintenant beaucoup plus
rebelles à la germanisation qu'il y a un siècle.

Cette petite mais importante lettre de M. Ernest
Denis pourra éclairer notre recherche sur la
marche que suit le réveil d'une nationalité. Mais
revenons à l'exemple de l'Alsace: c'est de l'Alsace
que nous voudrions surtout parler; c'est la question d'Alsace que nous avons le plus à cœur. Aussi
demanderai-je d'abord à un témoin très autorisé,
à M, Henri Lichtenberger, de vouloir bien nous
renseigner sur la façon dont la question d'Alsace
se présente aujourd'hui.

M. Henri Lichtenberger. — Il est évidemment
regrettable que ce ne soit pas un Alsacien d'Alsace
qui puisse venir vous dire si réellement il y a
encore en Alsace une résistance à la germanisation, sur quoi se fonde cette résistance, si elle
paraît devoir disparaître dans un avenir prochain
ou si elle a au contraire des chances de durée.

Mais vous comprendrez, sans que j'aie besoin
d'insister, les raisons de prudence et de conve-
nance qui rendent difficile à un Alsacien de parler
de la question d'Alsace devant un auditoire français; et ces raisons sont d'autant plus fortes que
l'attitude prise aujourd'hui par les Alsaciens fidèles
au souvenir français leur commande impérieuse-
ment d'éviter toute manifestation qui les rendrait
suspects de se livrer à des menées antinationales.
Il était donc impossible à un Alsacien d'Alsace de
parler librement devant vous. Et c'est pourquoi je
vais essayer, moi, en l'absence de quelqu'un de
plus autorisé, de vous dire, en utilisant mes impressions personnelles recueillies ces derniers
temps en Alsace et en me servant des lettres reçues
de mes amis d'Alsace, comment se pose aujour-
d'hui la question alsacienne.

Voyons tout d'abord, si vous le voulez bien,
comment les Allemands l'envisagent.

Au lendemain de la guerre de 1870, les Allemands, comme vous le savez, considéraient
l'annexion de l'Alsace, non comme une *conquête*,
mais comme une *restitution*. L'Alsace était, pour
eux, un pays essentiellement germanique. Séparée
pendant deux siècles du reste de la nation par la
conquête française, elle s'est, petit à petit « déger-
manisée » ; pas beaucoup d'ailleurs; car elle reste,
malgré tout, profondément allemande de langue

et de mœurs : c'est à peine si, dans les années qui
précédèrent la guerre, les couches supérieures de
la bourgeoisie riche et intellectuelle se sont quelque peu imprégnées de culture française. Maintenant que l'Alsace a fait retour à l'Allemagne, il
s'agit de la « regermaniser ». Et cette tâche promet
ne pas être bien malaisée. Le jour où l'Alsace sera
soustraite à la domination politique de la France,
elle éliminera aisément les influences romanes
qui s'y étaient infiltrées à la faveur de la conquête.
Il sera évidemment indispensable d'user au début
d'une certaine fermeté. La reconstitution de l'unité
allemande ne s'est nulle part accomplie sans
obstacles. La Prusse s'est heurtée à toutes sortes
de résistances avant la victoire finale. Elle a dû
surmonter les méfiances et les préventions anti-
prussiennes des populations rhénanes, triompher
des répugnances qu'opposait partout le particularisme saxon ou bavarois, wurtembergeois ou ba-
dois, rhénan ou hanovrien, à l'hégémonie prussienne. Pour unifier l'Allemagne, la Prusse a dû
déployer une persévérance obstinée, une inlassable
énergie ; finalement la force des armes seule a pu
briser les dernières résistances de l'Autriche et de
la plupart des Etats du Sud. Il n'y a donc pas lieu
de s'étonner si, après deux siècles de domination
française, les Alsaciens ne se montrent pas très
ravis, au premier moment, de rentrer dans la

patrie allemande. Les Saxons, au début du siècle,
les Hanovriens ou les Francfortois, après la guerre
de 1866, ont été forts navrés, aux aussi, de tomber
sous la domination prussienne. Mais ce sont là
des résistances passagères destinées à se calmer
rapidement. Et il n'y a pas lieu de s'arrêter aux
protestations des annexés. Si la Prusse avait toujours reculé, au cours du xixᵉ siècle, devant la
nécessité de froisser passagèrement les sentiments
des populations qu'elle s'annexait, si elle s'était
crue tenue de consulter par plébiscite le peuple
chaque fois qu'elle s'incorporait quelque coin de
terre, elle ne serait jamais venue à bout de la
grande œuvre de l'unité allemande, Or, cette
œuvre est belle, nécessaire; elle a conduit l'Allemagne à une ère d'incomparable puissance politique et économique. Cette fin justifie les moyens
employés pour la réaliser. Tel est, à peu près, le
point de vue allemand dans la question alsacienne.

On ne peut faire un crime aux ouvriers de l'unification germanique d'avoir quelquefois fait le
bonheur de ceux qu'ils « unifiaient » sans trop consulter leurs préférences et malgré eux. On ne peut
pas davantage s'indigner de ce qu'ils aient voulu
hâter la germanisation en isolant le plus possible
l'Alsace de la France, en mettant les Alsaciens qui
refusaient d'adopter la nationalité allemande en
demeure de quitter le pays, en faisant la guerre à

la langue française, en diminuant ou supprimant l'enseignement du français dans les écoles, en proscrivant les affiches et les enseignes françaises, etc. Tout cela est évidemment logique, dès que l'on se place au point de vue allemand. On ne peut s'étonner qu'ils se soient efforcés d'éliminer les irréconciliables et de ramener ainsi rapidement la masse de la population au germanisme.

Et les Allemands estiment qu'à l'heure présente la germanisation de l'Alsace est, à peu de chose près, achevée. C'est l'opinion qu'exprimait il y a peu de temps l'un des premiers historiens d'aujourd'hui, M. Lamprecht, dans son *Histoire d'Al- lemagne*. A l'en croire, l'Alsace est redevenue allemande. Sous le vernis français qui se ternit et s'écaille peu à peu, on voit reparaître parmi la bourgeoisie cette culture allemande qui fleurissait à Strasbourg au temps où Goethe étudiait à l'Université. Dans la masse du peuple on voit reparaître le caractère primitif de l'Alsacien d'autrefois, tel que nous le montre le *Rollwagenbüchlein* de Jorg Wickram, avec son humour sain et vigoureux et sa spontanéité d'impressions. Une nouvelle culture alsacienne surgit, après de longues années de stérilité. On voit naître une littérature dramatique en dialecte écrite par des Alsaciens pour les Alsaciens. Bien mieux : des Alsaciens commencent à participer au développement de la littérature allemande contemporaine. Dans ces conditions, conclut M. Lamprecht, l'Allemagne peut tolérer sans crainte et considérer avec un humour nuancé d'ironie l'existence d'une mince couche superficielle d'Alsaciens francisés — quelques milliers en tout — qui diminuent sans cesse, qui sont voués à une inévitable disparition, et qui, en attendant, s'en vont, au grand scandale du bon peuple d'Alsace, dépenser joyeusement à Paris leur argent gagné en terre alsacienne. Ces réfractaires ne comptent plus, ni numériquement ni moralement. L'Alsace est redevenue allemande. La seule chose à redouter — notons cet aveu — c'est que, dans cette Alsace reconquise au germanisme, on ne voie éclore un particularisme provincial trop intransigeant et d'un fâcheux exclusivisme.

Je ne vous étonnerai pas en vous disant que je suis peu convaincu de l'exactitude objective de cette thèse et que je comprends d'une façon très différente l'évolution indéniable qui s'est faite dans l'attitude de l'Alsace vis-à-vis de l'Allemagne.

Au lendemain de la guerre, l'Alsace tout entière, vous vous en souvenez tous, a *protesté*. Elle a hautement affirmé son attachement persistant pour la France, ses répugnances et son antipathie pour l'envahisseur. Par l'émigration, par la désertion

au moment du service militaire, par l'affiliation
à des sociétés françaises, par l'élection de députés
protestataires, par mille petites manifestations de
la vie de tous les jours la population a signifié
qu'elle ne se croyait tenue à aucun loyalisme vis-
à-vis des vainqueurs et qu'elle entendait réduire
au minimum son contact avec eux. Cette phase
de résistance était naturelle, prévue par les Allemands eux-mêmes. Elle s'est prolongée pendant
des années. Mais elle est close aujourd'hui. Sans
doute les Alsaciens n'ont pas encore oublié qu'on
a disposé d'eux sans les consulter, qu'on les a
traités comme des *choses*, non comme des personnes libres. Mais ils ont renoncé à la protestation intransigeante. Et nul ne peut s'en étonner.
Un pays ne peut pas, à la longue, se buter dans
une résistance impossible et stérile. Il ne peut pas
vivre indéfiniment dans un état de révolte latente,
d'insurrection sournoise. Inévitablement un
moment devait venir où l'Alsace cesserait de se
confiner dans la protestation, où elle voudrait de
nouveau prendre en main ses affaires, tirer le
meilleur parti possible d'une situation à laquelle
elle ne pouvait rien changer et dont rien ne pouvait faire prévoir la fin. Quelle allait être, dans ces
conditions, l'attitude de l'Alsace ?

Dès l'instant où ils entendaient se remettre à
vivre, s'occuper de nouveau des affaires publiques,

les Alsaciens ne pouvaient pas faire autrement
que d'accepter les faits accomplis. Ils l'ont fait.
Ils ont déclaré qu'ils prenaient leur parti de la
situation faite à l'Alsace par le traité de Francfort,
qu'ils seraient désormais de loyaux sujets de
l'Empire, qu'ils se soumettraient correctement au
service militaire allemand, qu'ils renonceraient à
toute opposition sur le terrain politique et national, qu'ils entendaient, en un mot, prendre rang
parmi les citoyens de l'Allemagne. Et ils ont pu
le faire sans hypocrisie. Car non seulement on ne
voit pour l'instant aucune perspective pour
l'Alsace d'un retour à la France, mais cette perspective n'est plus pour les Alsaciens ce qu'elle était
autrefois. Jadis le retour à la France eut été pour
eux purement et simplement la délivrance. En
serait-il de même aujourd'hui ? Je n'oserais plus
l'affirmer. Ce serait dans tous les cas pour eux
une grave et redoutable aventure. L'industrie et
le commerce alsaciens ont beaucoup souffert au
lendemain de la guerre lorsque, par suite du dépla-
cement de la frontière, il leur a fallu changer leurs
habitudes, faire face à des concurrents nouveaux,
se créer de nouveaux débouchés. Ils se sont,
aujourd'hui, adaptés aux conditions que leur faisait l'annexion. Un nouveau changement de
régime serait pour eux, à n'en pas douter, une
crise probablement pénible et difficile. Il leur fau-

drait recommencer en sens inverse ce qu'on avait
fait au lendemain de la guerre. Nous ne pouvons
nous dissimuler qu'aujourd'hui le retour à la
France serait pour l'Alsace un saut dans l'inconnu.
Et il n'est pas sûr que, dans son ensemble, le pays
ait aujourd'hui encore un très vif désir de courir
cette aventure.

Est-ce à dire que, comme les Allemands le
disent et voudraient bien le croire, la germanisation soit un fait accompli ? Je ne le crois pas.
L'opposition de l'Alsace s'est déplacée, elle a
changé de caractère. Mais elle subsiste. L'Alsace
cesse de déclarer qu'elle ne veut pas être allemande. Mais en même temps elle ajoute que, ne
pouvant plus être française, elle entend du moins
rester *alsacienne*. Et vous voyez, dès lors, le point
sur lequel je me sépare de la thèse allemande. Les
Allemands considèrent le particularisme alsacien
qui se révèle aujourd'hui, comme une manifestation de l'Alsace *germanisée*, rattachée de cœur à
l'Empire. J'y vois, moi, le réduit dans lequel se
retranche l'Alsace pour résister à l'invasion du
germanisme victorieux, pour mettre à l'abri le
trésor que lui a légué l'ancienne génération, les
souvenirs qui lui restent de son passé français.

Les Alsaciens se placent donc sur le terrain de
l'acceptation des faits accomplis. Ils disent aux
Allemands : Nous ne protestons plus, nous ne

nous livrons plus à aucune manœuvre antinatio
nale, nous sommes fidèles sujets de l'Empire.
Mais nous entendons, en retour, être libres de
conserver notre individualité propre. Or, qu'est-ce
qui constitue l'originalité de l'Alsacien dans la
famille germanique? C'est précisément qu'il a
toujours vécu au confluent de deux civilisations,
qu'il n'est pas une race de pure culture germanique, mais de culture mixte. L'Alsacien est
imprégné de culture française. Par ses idées, par
ses lectures, par ses mœurs, par ses coutumes,
par sa façon de marcher, de s'habiller, de manger,
par ses instincts, par toute sa manière d'être, de
sentir, de vivre, il tend à se rapprocher du type
français. Et il n'entend pas changer. Il tient qu'au
point de vue de la culture, de la « culture des
sens » notamment, la supériorité n'est pas du côté
de l'Allemagne. Dans la mesure, précisément, où
il participe de la culture française, l'Alsacien ne
se sent pas seulement *différent* de l'Allemand,
mais *supérieur* à lui. — Vous prétendez, disent-
ils aux Allemands, nous germaniser, vous vous
acharnez à combattre chez nous le souvenir
français, vous vous efforcez de nous soustraire
aux influences françaises. Or, faites bien attention
qu'en agissant de la sorte vous travaillez à détruire
ce qui constitue l'originalité de notre race et de
notre caractère, vous nous diminuez à nos propres

33

yeux, vous tentez de supprimer ce qui est notre
raison d'être, de créer entre nous et la France
une barrière artificielle qui n'a jamais existé, qui
ne peut et ne doit pas exister. — Contre cet isolement nous protestons de toutes nos forces. Dès
l'instant où nous cessons de vous faire de l'opposition sur le terrain politique, cessez à votre tour
de nous empêcher de vivre à notre guise, laissez-
nous cultiver en paix notre individualité alsacienne. Vous pouvez le faire sans danger aujour-
d'hui. Permettez-nous d'organiser à notre gré et
selon nos traditions la vie spirituelle et la culture
de l'Alsace.

Ne nous méprenons pas sur ce que veut et souhaite ce groupe d'Alsaciens chez qui l'attachement aux souvenirs français est demeuré conscient. Ils savent fort bien qu'ils n'ont pas et
n'auront jamais le pouvoir matériel, que les destinées politiques de l'Alsace ne sont pas entre leurs
mains. Et ils ne sont pas non plus constitués en
parti politique; ils ne veulent pas l'être; ils ne
sollicitent pas les suffrages des électeurs ; ils
ne cherchent pas à avoir des représentants au
Reichstag ou au Landesausschuss. Ce ne sont pas
des révoltés; leur objectif n'est pas le moins
du monde d'engager la France à tenter une
aventure périlleuse. «Nous tenons simplement —
et égoïstement — m'écrit un correspondant, à

sauvegarder en nous et autour de nous une façon de sentir et de juger, une langue, une atmosphère, une culture dont nous avons goûté la supériorité. » — Ce ne sont pas davantage des hommes de parti. Leur sympathie ne va pas à une France de telle façon ou de telle autre, mais à *la France*. Ils admettent la France d'ancien régime comme la France révolutionnaire, la France catholique comme la France de la libre pensée; ils acceptent la totalité de notre évolution historique. Ils ne subordonnent pas leur sympathie au triomphe, chez nous, de telle ou telle opinion politique, sociale, philosophique, religieuse. Ils aiment la France, l'esprit français, la culture matérielle et spirituelle de notre nation.

En dehors et indépendamment de ce groupe alsacien se sont formés en Alsace des partis politiques — les mêmes que dans l'Empire, les mêmes que dans tous les pays d'Europe. C'était là une conséquence naturelle et nouvelle du fait que l'Alsace entendait de nouveau s'occuper des affaires publiques. On trouve donc aujourd'hui en Alsace des groupements politiques, parmi lesquels deux, notamment, ont une importance particulière, les socialistes et les catholiques. Quelle est l'attitude de ces partis en présence de la question alsacienne? En tant que groupements politiques, ils sont plutôt germanophiles. Et cela est tout naturel. Le parti socialiste alsacien est d'origine et d'organisation allemande. Son centre est à Berlin. Il est teinté de nationalisme allemand. Et comme il est très hostile aux guerres nationales, il est logiquement porté à souhaiter une entente franco-allemande basée sur le statu quo, ce qui est la solution la plus simple. Dans ces conditions, et comme les questions de nationalité et de culture sont pour lui d'un intérêt secondaire, il est peu favorable aux manifestations francophiles en Alsace : il redoute en effet tout ce qui pourrait amener des complications inutiles ou provoquer des mesures restrictives de la liberté de la parole, de la presse, d'association etc,. Le parti catholique est dans la même situation. Il marche avec le Centre allemand. L'Eglise est, en outre, protégée actuellement, comme vous savez, par le gouvernement et tire de cette faveur des avantages importants.

Si les partis politiques se distinguent de ce que j'ai appelé le groupe alsacien par leurs tendances plutôt germanophiles, ils s'en distinguent aussi par la façon dont ils considèrent la France. Alors que celui-ci aime et admire la culture française, ils observent, eux, les choses de France en hommes de partis. Les socialistes s'intéressent à la France révolutionnaire, le parti du Centre à la France catholique. Si la

France se donnait un régime collectiviste ordonné et solide, elle deviendrait aussitôt le paradis rêvé des socialistes allemands qui comprendraient du coup la nécessité de répandre en Alsace les idées françaises; tandis qu'inversement les catholiques se détacheraient graduellement de nous. — Si au contraire un régime clérical et réactionnaire venait à s'installer chez nous, le parti catholique retrouverait aussitôt pour la France toutes ses sympathies d'antan; ceci surtout si en Allemagne une réaction anticléricale venait à triompher. Or, l'espoir d'une restauration catholique en France reste très vivace dans l'Alsace catholique, en sorte que la propagande francophile qui ne rencontre pour l'instant qu'indifférence auprès des socialistes, demeure, au fond, sympathique à un assez grand nombre de catholiques.

Vous voyez donc à peu près les forces que peut réunir le groupe alsacien. Il comprend une élite d'esprits cultivés qui font passer les questions de culture avant les questions politiques, et auxquels se joignent, à titre individuel, quelques socialistes clairvoyants et un assez grand nombre de catholiques. Cette élite entraîne à sa suite la masse du peuple, qui reste profondément attachée à ses traditions particularistes et demeure très consciente des différences qui séparent l'Alsacien de l'Allemand.

Et ce n'est pas du tout. Non seulement l'Alsace se montre réfractaire à la germanisation for-
cée, mais elle exerce une influence indéniable sur
les immigrés allemands eux-mêmes. L'Alsace
commence aujourd'hui à s'assimiler ses conquérants. En bas, dans les rangs du peuple, les immigrés renient le plus vite qu'ils peuvent leur qualité
de Germains pour se confondre avec les indigènes;
ils se pressent en foule à toutes les institutions où
l'on peut apprendre le français; car le français est
la langue « distinguée », la langue qu'il faut savoir comprendre et parler pour trouver une bonne
place de domestique ou une situation dans un des
bons magasins de la ville. Et en haut, parmi les
intellectuels et les artistes, grandit aussi et se
développe l'idée que l'Alsace est et doit rester un
pays de culture mixte, qu'elle doit continuer à
remplir son rôle d'intermédiaire entre l'Allemagne
et la France. Ils ne sont plus partisans de la germanisation systématique et oppressive à coups de
règlements de police et de prohibitions. Ils admettent volontiers qu'il faut faire au français et à la
culture française sa place légitime dans la vie alsacienne. Et l'appui qu'ils prêtent à cet égard au
groupe alsacien est d'autant plus précieux que ces
immigrés ne sauraient à aucun degré être suspects
de sympathies politiques pour la France.

Devant ces témoignages si curieux de la vitalité

de leur race, il semble que les Alsaciens aient
repris un nouveau courage et un nouvel espoir. Ils
ne craignent plus d'être submergés par le flot de
l'invasion germanique, de s'absorber, en y perdant
leur individualité propre, dans la masse immense
de l'Empire. Ils ont plus que jamais la volonté et
l'espoir de durer en restant eux-mêmes. Ils travaillent à se créer une vie spirituelle autonome,
indépendante. Ils ont aujourd'hui un mouvement
littéraire, une comédie alsacienne vivante et flo-
rissante. Ils ont un mouvement artistique original
qui s'est constitué en dehors de tout encourage-
ment officiel et de toute influence allemande. Ils
ont une Revue alsacienne qui sert d'organe à leurs
idées en matière de culture. Ils ont un musée alsacien qui reconstitue des milieux alsaciens, des
scènes de la vie populaire et cherche à présenter
un tableau aussi fidèle, aussi complet que possible des coutumes indigènes. Bref, ils ont l'impression que leurs idées progressent et se développent à mesure que se forme une jeunesse alsacienne plus consciente. Bien plus : Il semble,
m'écrit-on, que, dans l'élite alsacienne, ce soit la
nuance alsacienne *française* qui gagne du terrain,
et non la nuance alsacienne *dialectale*. Ceux qui
s'efforcent de maintenir le contact de l'Alsace
avec la culture française trouveraient ainsi plus
d'écho dans la jeunesse que ceux chez qui le sou-

venir du passé français de l'Alsace est moins
vivant et le sentiment de la mission de l'Alsace
au point de vue de la culture moins net et moins
conscient...

Et maintenant, que signifie ce mouvement alsacien dont j'ai essayé de vous indiquer les caractères essentiels, au point de vue du problème que
nous étudions dans ces *Entretiens* ? Est-ce qu'il
tend à augmenter la différenciation entre les
peuples? à accroître et à aggraver les antagonismes
nationaux? Je ne le crois pas. La mission de
l'Alsace me paraît essentiellement une mission de
conciliation, de pacification. Elle ne peut pas faire
que les antagonismes nationaux n'existent pas,
elle ne peut pas effacer les différences de culture
qui subsistent entre les peuples. Mais elle ne
cherche pas à les augmenter, à les aggraver; bien
au contraire. L'Alsace défend aujourd'hui son
individualité propre en face du germanisme,
comme elle a sauvegardé jadis cette même individualité vis-à-vis de la culture française. Mais cette
volonté de maintenir son autonomie n'implique
à aucun degré le désir de voir se creuser davantage le fossé qui sépare les peuples. Bien au contraire! Je ne crois pas que l'Alsace puisse jamais
être un terrain favorable pour l'éclosion d'un
nationalisme étroit, soit français, soit allemand.
Elle a trop souffert des haines de peuple pour

pouvoir souhaiter de les perpétuer. Et si l'Alsacien
est profondément attaché à sa terre natale, je crois
aussi qu'il est peu de peuples chez qui l'effort
vers une civilisation « occidentale », où se synthé-
tiseraient les meilleurs éléments des civilisations
germaniques et latines, soit plus conscient, chez
qui l'idéal du « bon Européen » rêvé par Nietzsche
soit plus près de devenir une réalité.

Je serais reconnaissant si les Alsaciens ici présents voulaient bien compléter, corriger, rectifier
ces impressions, si, en particulier, les historiens
et les juristes voulaient bien nous aider à préciser
cette notion du patriotisme et du particularisme
que nous cherchons à définir en ce moment.

M. Paul Desjardins. — L'expérience de l'Alsace
est très précieuse pour la recherche que nous
avons entreprise. Nous vous remercions, cher
monsieur, de l'exposé lumineux que vous nous
avez fait du résultat de vos enquêtes personnelles.

Ce que vous avez dit, de bonne source, est très
utile à faire entendre en France. Quant à l'objet
de nos *Entretiens*, il bénéficiera de vos observations. La résistance de l'Alsace à l'absorption
allemande nous montre qu'il y a dans une nationalité quelque chose qui n'est pas d'ordre politique, mais qui ressortit à la « culture ». C'est
ainsi que les Alsaciens acceptent de faire partie
intégrante de l'empire allemand, mais revendi-

quent l'indépendance au point de vue de la culture.
La culture, voilà un élément subtil, mais essentiel, de toute nationalité, et qu'il faut isoler d'abord.

Sur les faits d'ordre juridique, qui m'intéressent fort, vous seriez d'accord avec Maurice Barrès, à ce qu'il me semble. Dans son admirable livre *Au service de l'Allemagne*, il écrit : « *Les Alsaciens subissent des institutions mal appropriées à leur degré de civilisation. Excellente peut-être au delà du Rhin, telle volonté du nouveau Code sera corruptrice en deçà* (1).

M. FABRY. — Dans son livre : « Au service de l'Allemagne », M. Maurice Barrès parle du froissement que les populations annexées ont subi dans leurs habitudes juridiques par suite de la substitution des institutions allemandes aux institutions françaises. Mais c'est une idée fausse que d'opposer la mentalité juridique romane à la mentalité juridique germanique, comme si elles étaient radicalement différentes et inconciliables. Il tend de plus en plus à se créer, entre les diverses nations de l'Europe centrale et occidentale une conscience juridique commune.

Parmi les codes européens le plus récent est le code civil allemand. C'est celui qui paraît le

---

(1) Maurice BARRÈS, *Au service de l'Allemagne*, 1ᵉ éd. (illustrée), p. 118.

mieux réfléter les tendances juridiques actuellement prédominantes dans toute l'Europe. On ne
peut le considérer comme un instrument barbare.
Une seule chose me semble pouvoir être retenue
dans l'observation de M. Barrès. Tout changement social lèse des intérêts particuliers qui
étaient adaptés à l'état de choses antérieur et qui
en tiraient profit. En introduisant, en matière de
régime hypothécaire et de liquidation des droits
successoraux, un système perfectionné qui dimi-
nue le nombre et le coût des procédures, les
Allemands ont pu troubler dans ses habitudes une
certaine classe d'officiers ministériels. En attri-
buant à ce fait une portée générale, Barrès en a
tiré (dans son livre très remarquable et très vrai à
beaucoup d'autres égards), une induction d'effet
littéraire, mais qui ne correspond pas à la réalité
des choses.

M. PAUL DESJARDINS. — Je voudrais demander à
M. Pfister, l'historien de l'Alsace, s'il pourrait fixer
par quelques faits les étapes du patriotisme alsacien? Peut-on faire l'histoire de ce patriotisme
particulier? Présente-t-il une certaine continuité?

M. PFISTER. — On peut dire que oui. Mais si
vous le permettez, j'ajouterai d'abord quelques
mots à ce qu'a dit M. Henri Lichtenberger.

Si, il y a quelque vingt ans, on avait entendu

l'exposé qu'il nous a fait tout à l'heure, on l'aurait trouvé très pessimiste au point de vue français. Entre l'Allemagne et l'Alsace, en effet, il est indéniable qu'il y a eu après la guerre une antipathie profonde. L'Alsace a été froissée par l'Allemagne. L'annexion a été brutale et violente. L'Alsacien a été traité comme une chose. Et il nourrit encore aujourd'hui au fond du cœur un sentiment d'opposition qui est la conséquence de ce fait initial. Ce sentiment s'adoucit sans doute, s'atténue, mais il subsiste encore. Voilà ce qu'il importe de bien mettre en lumière d'abord. C'est seulement une fois ce sentiment bien reconnu, que nous pourrions y apporter les restrictions ou atténuations que nous impose l'histoire véridique.

J'ai été, pour ma part, très frappé par la lettre de M. Ernest Denis, que notre ami Paul Desjardins nous a lue tout à l'heure. M. Denis y exposait les motifs qui lui paraissent avoir facilité le rattachement et l'assimilation de la Bosnie et de l'Herzégovine à l'Autriche. Peut-être les mêmes motifs ont-ils diminué la résistance, d'abord si vive, des Alsaciens à l'égard de l'Allemagne.

Tout d'abord, M. Denis nous a dit que l'opposition avait été considérablement réduite en Bosnie par le seul fait de l'ignorance des populations. Or, il me semble qu'il en est de même en Alsace. Pour étudier les sentiments des Alsaciens, on s'est toujours placé, à peu près exclusivement, au point de vue des classes élevées. Il faudrait voir pourtant ce qui se passe dans les campagnes. Pour l'amour propre français, le tableau est peut-être moins agréable encore. Là, en effet, — je l'ai constaté moi-même, puisque c'est là que j'ai long-temps vécu, — la germanisation a fait beaucoup de progrès. Les paysans ne parlent plus notre langue, et pour ma part, je ne l'ai apprise que fort mal dans mon village (1). Il est vrai, un peu avant la guerre, vers 1867 ou 1868, les enfants devaient parler français dans les écoles, dans les rues. Mais peu après la catastrophe, ce qui était obli-gatoire fut défendu : le français fut interdit. L'ins-tituteur qu'un inspecteur surprenait à ne pas parler allemand dans sa classe, était puni avec une extrême sévérité. En aucun cas il n'avait la liberté de donner des leçons de français dans les familles. Qu'en résulte-t-il ? c'est que les hommes faits d'aujourd'hui, qui étaient les enfants d'alors, ne connaissent à peu près rien de notre langue. Ils la connaissent d'autant moins qu'après l'école, la caserne les accueille. Là, vous pensez bien que la culture allemande continue. Non seulement ils n'apprennent pas à connaître la France, mais ils apprennent plutôt à la mal connaître : on leur

---

(1) M. Pfister est originaire de Beblenheim, près de Colmar.

enseigne des chansons où la France est calomniée,
bafouée, et ces chansons, apprises au régiment,
ils les rapportent au village où leurs amis ne
manquent pas de les apprendre à leur tour. Pour
toutes ces raisons, la germanisation a fait de
grands progrès dans les campagnes.

M. Denis a fait ensuite allusion dans sa lettre
à la question religieuse. Elle est grave en Alsace.
Le pays, avant la Révolution, était loin d'être
uni : il se composait de petits états, protestants
ou catholiques, souvent ennemis les uns des
autres. Et aujourd'hui encore, l'antagonisme est
assez grand entre les adeptes des deux cultes. On
a accusé parfois les protestants de s'être jetés,
après la guerre, dans les bras du vainqueur ; il y
eut sans doute des défaillances individuelles ;
mais l'ensemble des luthériens et des calvi-
nistes garda une attitude très réservée. Je ne
cacherai point qu'aujourd'hui on peut surtout
avoir des inquiétudes du côté catholique. Sans
doute les prêtres furent pendant quelques années,
dans le village, les représentants les plus authentiques de la tradition française. Après la guerre,
en effet, c'étaient encore d'anciens élèves des
séminaires français qui détenaient les cures. Depuis, les choses ont changé. De nouveaux curés
sont venus, formés dans des séminaires d'esprit
allemand ; il arrivera bientôt que les représentants

du culte catholique ne sauront plus un seul mot
de français, et on leur dit beaucoup de mal de
cette France où a été votée la loi de la Séparation.

Enfin, il faut bien dire aussi que l'Allemagne,
dans l'espoir que la tâche de la germanisation lui
serait plus facile, a augmenté le bien-être matériel
des Alsaciens. Elle a créé des chemins de fer, elle
a construit des routes, elle a favorisé l'industrie,
et ses espérances n'ont pas été entièrement
trompées : toutes ces améliorations ont déterminé
dans les esprits un recul du sentiment français, et
par conséquent diminué la résistance.

Pourtant est-il bien exact de dire que l'Alsace
devient allemande? En aucune façon; l'Alsace
se replie sur elle-même. Elle veut s'appartenir à
elle-même. Il existe, il se développe un esprit
alsacien, qui est une combinaison de l'esprit allemand et de l'esprit français et qui est en même
temps original. L'Alsacien a aujourd'hui un
théâtre propre, où l'on se moque des personnes
qui affectent de parler un français distingué avec
l'accent que vous savez, comme aussi de celles qui
ont apporté de l'Allemagne des locutions germaniques qui sentent la littérature : on y célèbre la
langue du terroir, qui a sa saveur : on y vante
l'homme de pays qui garde intact l'héritage national de ses ancêtres, qui reste un pur Alsacien.

Au point de vue politique, l'Alsacien n'a pas de

constitution : or, il en veut une, et il veut une
constitution libérale. C'est que l'Alsace a connu
deux événements qui laissent une marque sur les
peuples : la Réforme et la Révolution française.
C'est la Révolution qui a rattaché l'Alsace à la
France.

Avant 1789, la France s'était peu préoccupée
de sa province : elle avait d'autres soucis, et notamment aux alentours de 1648, en pleine
Fronde. Le premier gouverneur français, pour
faire pièce à Mazarin, voulait livrer Brisach aux
Autrichiens. Plus tard, si la France a ramené
dans le pays quelque prospérité matérielle, si la
politique des intendants fut en général sage, le
gouvernement central ne s'est point préoccupé
de conquérir l'âme des Alsaciens; il ne s'est
point soucié des écoles primaires, qui sont restées
sous l'unique contrôle des autorités locales et où
l'on n'enseignait que l'allemand; si l'Alsacien
s'enrôle, il fait son service dans des régiments
qui sont des régiments allemands : Royal-Alle-
mand, Royal-Deux-Ponts, etc.; les produits alsaciens n'entrent pas librement en France et
l'Alsace ne reçoit pas librement les produits de la
France; elle est, au point de vue douanier, une
province effectivement étrangère. Contrairement
à ce qu'on lit d'ordinaire dans les manuels, la
France a suscité mille tracasseries aux protestants

d'Alsace dans les pays qui leur appartenaient. Pourtant, déjà sous l'ancien Régime, il y eut rapprochement entre la France et l'Alsace; il commençait à naître un patriotisme français de l'Alsacien. Celui-ci était fier d'appartenir à la grande nation; il sut gré au gouvernement français de prendre souvent sa défense contre les exigences des seigneurs locaux, dont la plupart étaient d'Outre-Rhin. Puis survient la Révolution; la France a aboli la dîme et les autres redevances féodales; elle a donné la liberté; et l'Alsacien se donne pleinement, librement à la France: ses enfants, Kléber, Kellermann, Rapp, Lefebvre, se couvrent de gloire sur les champs de bataille.

La Révolution a fait de l'Alsacien un français, L'Alsacien a connu les idées libérales, — et ces idées sont dans le monde une grande force. Voilà pourquoi, aujourd'hui encore, il réclame une constitution libérale.

Sans doute, l'Alsace est représentée au Reichstag, mais ses représentants sont perdus dans la masse de l'assemblée. Aussi réclame-t-elle de toutes ses forces une diète nationale, recrutée par un suffrage national. Elle veut un gouverneur choisi par elle, et à un gouverneur, elle préférerait un Président de la République alsacienne.

Voilà, en quelques mots, quelles me semblent

34

être les tendances de l'Alsace. Il est probable
qu'elle ne redeviendra plus française ; si grands
que soient nos regrets, nous ne pouvons n ous
dissimuler la vérité. Pour qu'elle redevienne
française, il faudrait une guerre, et une guerre
n'est pas à souhaiter. Je dois même dire que les
Alsaciens ne la souhaitent pas. Songez que beaucoup de familles auraient un de leurs membres
dans l'armée française, un autre dans l'armée
allemande. Une guerre qui surviendrait actuellement serait pour le grand nombre une guerre
fratricide. Que faut-il donc souhaiter pour l'avenir
de l'Alsace ? Il faut souhaiter, ce me semble, le développement du parti alsacien, celui qui aspire
au mélange des deux cultures, et qui peut jouer
par cela même un rôle de conciliateur. Comme
vous voyez, ma conclusion ne diffère guère de
celle de M. Henri Lichtenberger. Je n'ai voulu
que confirmer ses observations.

M. Brunschvicg. — Je désirerais demander à
M. Pfister un complément d'informations sur un
point qu'il a abordé, et qui m'a paru très important. M. Pfister pourrait-il nous donner quelques
détails de plus sur l'enseignement du français en
Alsace ?

M. Pfister. — Le français, vous le savez, est
encore aujourd'hui la langue distinguée du pays,
celle que parle la bonne société, dans les villes.

Mais, dans les écoles primaires, l'enseignement de l'allemand est obligatoire et celui du français interdit, à quelques exceptions près, naturellement : aux environs de Metz, et dans quelques vallées reculées des Vosges, la langue correcte est la langue française et l'instituteur est obligé de dire le mot en français d'abord, pour apprendre à ses élèves l'équivalent allemand. Partout ailleurs, l'interdiction est formelle. Dans les écoles normales, des élèves-maîtres voudraient bien apprendre le français. Récemment même, un Congrès l'a demandé, et l'Allemagne, je crois, fera sur ce point quelques concessions. Quant aux Gymnases et aux Universités, le français est enseigné d'une manière assez suivie, mais il est enseigné comme langue étrangère. Le français reste pourtant la langue de la haute société qui l'a apprise en France ou au foyer domestique ; dans certaines villes, des conférences françaises sont organisées, où l'on voit des auditeurs français très nombreux.

M. Paul Desjardins. — ... Et même des auditeurs allemands. M. André Michel me racontait un jour qu'il avait été vivement félicité, à la sortie d'une conférence qu'il avait faite à Metz, en français, par des officiers allemands en uniforme.

M. Henri Lichtenberger. — Aux écoles officielles où l'on enseigne le français, il convient d'ajouter les écoles privées. Elles ne sont ni reconnues ni tolérées par le gouvernement impérial. Mais elles se dissimulent, tant bien que mal, sous le nom de fondations charitables.

M. Paul Desjardins. — Pourrais-je maintenant, Monsieur Lichtenberger, vous qui avez été écolier en Alsace, qui avez suivi quelque temps les cours d'un gymnase, pourrais-je vous demander l'impression que vous avez éprouvée, en entrant en contact avec de jeunes Allemands ? Vous êtes-vous senti dépaysé, comme plongé dans un milieu nouveau ?

M. Henri Lichtenberger. — Sans aucun doute. J'ai été révolté, à mon entrée au gymnase, par la rudesse, je dirai même la brutalité de la discipline scolaire, acceptée d'ailleurs comme quelque chose de tout à fait naturel par les petits Allemands ; j'ai été froissé par la lourde insistance de la propagande germanique faite par les professeurs ; frappé aussi des mille petites différences qui me séparaient de mes camarades Allemands, par exemple, dans la façon d'entendre et de pratiquer la solidarité entre écoliers. Bref j'eus alors, et définitivement, l'impression que je me trouvais en face d'étrangers : je me sentis dépaysé et tout à fait inassimilable. Mais cela tenait évidemment, pour une large part, à l'éducation toute française que j'avais reçue et à l'ignorance où j'étais de la langue allemande. Mon cas est donc très vraisemblablement exceptionnel ; il serait imprudent de généraliser, et de s'imaginer que la masse des Alsaciens ait dû sentir comme moi au lendemain de la guerre.

M. Letellier. — C'est mon avis. D'autant plus que les impressions que vous nous rapportez ne sont pas particulières à un Français contraint d'entrer dans un gymnase allemand. Un élève d'un de nos lycées qui entre dans un autre peut les ressentir aussi bien. Il n'y a pas là une question de nationalité, mais une question d'éducation, d'habitudes froissées.

M. Paul Desjardins. — Ces habitudes même nous intéressent pourtant; elles peuvent nous aider à préciser ce qu'il faut entendre par la « culture », où nous avons vu un élément irréductible de la nationalité. Quels sont donc ces froissements qui créent ainsi à la longue, entre un Alsacien et un Allemand, des incompatibilités ?

M. Henri Lichtenberger. — Ce sont des choses si menues, si imperceptibles qu'il est bien difficile de les préciser. Cela se sent, mais ne se définit guère. Je sentais que j'avais de la peine, étant Alsacien, à frayer avec un Allemand. Quant à dire pourquoi...

M. Paul Desjardins. — Ne pouvez-vous pas cependant nous citer quelques faits caractéristiques? M. Pfister peut-être...

M. Pfister. — On serait obligé, pour vous répondre, de vous citer une multitude de détails infimes, vulgaires, une foule d'incidents insignifiants de la vie quotidienne.

M. Paul Desjardins. — Ce sont ces petits faits justement que nous vous serions très reconnaissants de nous citer.

M. Pfister. — Je vous avoue mon embarras... En voici un par exemple : une dame alsacienne, qui met du sucre dans son café, se trouve un peu dépaysée dans une société de dames allemandes qui en mettent dans la salade... (Rires).

M. du Breuil de Saint-Germain. — Jusqu'ici on n'a guère parlé que de l'Alsace, pour étudier le phénomène de l'annexion. Il faut remarquer pourtant que le cas de l'Alsace est assez spécial : les Alsaciens ont été contraints, comme on l'a déjà fait observer, de troquer une civilisation contre une autre, qui était sensiblement équivalente. Leur situation a donc été assez ambiguë et le cas n'est pas très topique.

Prenez au contraire le Transvaal. Les Boërs ont commencé par résister aux Anglais. Mais en raison de leur peu d'instruction, en raison aussi de l'amélioration de leur état économique, ils commencent à accepter la civilisation britannique : elle s'implantera chez eux, en très peu de temps.

M. Dietz. — De l'observation qui vient d'être faite, on pourrait conclure, semble-t-il, que l'annexion d'un peuple est plus facile, que son assimilation est plus rapide et plus sûre quand la civilisation qu'il possède est inférieure à celle que lui donnera son vainqueur. Voyez, cependant, le spectacle qu'a offert la Pologne. Malgré la différence de civilisation qui existait, sinon entre elle et la Russie, du moins entre elle et la Prusse, et quoique tout vestige de la Pologne comme Etat indépendant, pouvant exercer une attraction sur ses parties détachées, ait disparu depuis longtemps, le patriotisme polonais existe encore, et c'est peut-être dans la Pologne prussienne qu'il est le plus vivace. Il y a là un phénomène frappant.

M. Pfister. — Oui, mais il faut tenir compte ici de la différence de race et de la différence de langue. Les Alsaciens ont un dialecte germanique et sont de race germanique. S'ils luttent contre la germanisation, c'est pour ne pas perdre la *culture* française à laquelle ils tiennent et dont ils ont reconnu le caractère noble et élevé.

M. Fabry. — La conquête de l'Herzégovine par l'Autriche-Hongrie, dont il a été question au commencement de cet Entretien, diffère profondément de l'annexion de l'Alsace à l'Allemagne. Elle ressemble plutôt à l'établissement du protec-

torat de la France en Tunisie. En effet, depuis la
Révolution, l'Alsace faisait, par la volonté de ses
habitants, partie de la nation française : c'était un
membre de cette personnalité vivante dont elle a
été violemment séparée. Au contraire, ni l'Herzégovine ni la Tunisie ne formaient une nation
ou n'en constituaient une partie intégrante. L'Herzégovine était placée sous la domination de la
Turquie, et elle a eu avantage à voir substituer à
cette domination celle plus éclairée et plus douce
de l'Autriche. Ses habitants, comme ceux de la
Tunisie, avaient comme principale force de cohésion, non pas un lien national, mais des liens
religieux. Dans ces conditions, le vainqueur fait
accepter assez facilement sa domination en évi-
tant de froisser dans leurs croyances et dans leurs
habitudes les populations conquises ; et il peut se
les rendre favorables en leur procurant en même
temps plus de bien être. Telle est la politique que
la France s'efforce de suivre envers les indigènes
d'Algérie et de Tunisie. Mais, comme le faisait
observer très justement M. Denis dans la lettre
qui nous a été lue, cette augmentation de bien
être qui élève leur condition matérielle et morale,
peut susciter chez ces populations l'idée nationale,
en éveillant le sentiment de la solidarité entre les
habitants d'un même territoire et en leur rendant
plus intolérable le joug étranger, si léger qu'il soit.

Des causes analogues ont amené, au XVIIIe siècle, les Etats-Unis d'Amérique à se séparer de l'Angleterre, et cette puissance n'a pu conserver ses autres colonies qu'en augmentant leur indépendance et en ne les retenant plus que par un lien fédératif. C'est le même phénomène qui a produit chez les ouvriers français et allemands cet état d'esprit qu'on a appelé, d'un nom impropre, selon moi, la *conscience de classe*, et qui n'est pas autre chose que le sentiment de leur individualité personnelle et de leurs intérêts communs. Autrefois le moujik ignorant acceptait sans se plaindre la domination du seigneur russe. Chez nous, l'ouvrier, qui tend de plus en plus à devenir, par l'instruction, l'égal d'un bourgeois, se révolte lorsque son patron veut l'empêcher de se syndiquer. C'est ainsi que la civilisation paraît pousser à la lutte entre les classes sociales, en attendant le moment où ses progrès mêmes amèneront leur fusion, par une évolution scientifique, et non pas, sans doute, par une révolution agissant comme un miracle. — M. Lichtenberger nous disait qu'il se forme en ce moment une sorte de nationalité alsacienne, qu'elle exerce une attraction sur les Allemands immigrés, et que parfois, lorsque ces derniers sont fixés dans le pays depuis un certain nombre d'années, ils se disent Alsaciens. Il se crée de même sous nos yeux, dans notre colonie

du nord de l'Afrique, une nationalité algérienne,
qui est un mélange et qui sera un trait d'union
entre les trois peuples latins baignés par le bassin
occidental de la Méditerranée. Un Français, un
Italien, un Espagnol, né ou établi depuis longtemps dans cette colonie, se dit algérien. Il n'en
résultera aucun mouvement séparatiste, parce que
la France qui a déjà marqué fortement ce pays
de l'empreinte de sa civilisation, a eu la sagesse
de lui donner des institutions autonomes.

M. Paul Desjardins. — Pourrions-nous conclure de ces diverses observations, comme M. Ernest Denis nous le suggère dans sa lettre, qu'à
mesure qu'un peuple acquiert économiquement,
intellectuellement, socialement, de la robustesse,
il oppose une résistance plus énergique à l'assimilation, il acquiert une différenciation plus
irréductible, une plus grande personnalité?

M. Henri Lichtenberger. — Je ne le crois pas.
Voyez en effet les Allemands qui émigrent en Amérique : ils sont immédiatement assimilés. Pourtant la civilisation allemande n'est pas inférieure
à la civilisation américaine.

M. Paul Desjardins. — Sans doute, mais ces
émigrés sont chaque fois en si petit nombre qu'ils
sont comme perdus au milieu des populations
américaines. Leur absorption est affaire d'arith-
métique.

M. BRUNCHVICG. — Du reste, le seul fait d'émigrer suppose, dans une certaine mesure, la volonté de s'assimiler.

M. DU BREUIL DE SAINT-GERMAIN. — Il faut tenir compte aussi, dans notre conclusion, de ce fait qu'il y a des races plus ou moins assimilables. Il semble bien, par exemple, que les Anglais et les Français se pénètrent difficilement. Voyez les Français de la Nouvelle-Orléans.

M. PAUL DESJARDINS. — C'est qu'il y a peut-être là deux civilisations équivalentes en contact.

M, DU BREUIL DE SAINT-GERMAIN. — Cependant ces mêmes Français, si difficilement assimilables dans l'Amérique du Nord, s'assimilent très bien aux populations de l'Amérique du Sud.

M. JULES DIETZ. — Il faut se garder, je crois, de trop généraliser. Peut-on dire, pour employer une formule mathématique, que la facilité avec laquelle un peuple se laisse assimiler est en raison inverse de sa culture ? Je ne le crois pas. Souvenons-nous de la résistance du Tyrol, quand, il y a près d'un siècle, on a essayé de l'annexer à la Bavière. C'était une province autrichienne, extrêmement ignorante, extrêmement arriérée. On voulait la réunir à un pays dont la population était de même race, de même religion, de dialecte analogue et de civilisation plus avancée. Comment a-t-elle accueilli la tentative d'annexion ? par une violente et héroïque résistance.

M. Henri Lichtenberger. — On peut citer aussi les Basques qui, tout arriérés qu'ils sont, conservent encore aujourd'hui leur individualité.

M. Paul Desjardins. — Oui, mais le cas des Basques n'est pas identique à celui du Tyrol. Il y a une différence profonde de race, qui explique la résistance des Basques à l'assimilation.

M. Pfister. — Tout ceci nous montre bien qu'il faut se garder de généraliser et de formuler légèrement des lois historiques,

M. du Breuil de Saint-Germain. — On peut dire pourtant, semble-t-il, que les populations de plaines sont plus faciles à annexer que les populations de montagnes.

M. Letellier. — Il faut tenir compte aussi des caractères ethniques. Certains peuples sont plus tenaces de caractère, plus rétifs et résistants.

M. Paul Desjardins. — Je m'aperçois que nous arrivons à cette conclusion très modeste, que l'humanité est une mosaïque beaucoup plus complexe qu'on ne s'imagine, et qu'elle est encore infiniment loin de l'unification.

On se sépare vers 6 heures 3/4,

DIXIÈME ENTRETIEN

20 Mai 1906

———

Concurrence des Nations

Ont pris part à cet Entretien :

MM. Jacques BARDOUX,
    Léon BRUNSCHVICG,
    Paul BUREAU,
    Paul ERRERA,
    A. FABRY,
    Arthur FONTAINE,
    Charles GIDE,
    L'Abbé Félix KLEIN,
    Albert MÉTIN,
    D. PARODI,
    Le Dr Edouard RIST (1),
    & Paul DESJARDINS, *secrétaire des Entretiens.*

---

(1) Médecin des Hôpitaux de Paris.

Pour la profession des autres interlocuteurs, voyez les comptes rendus précédents.

M. Paul Desjardins. — Un bon *Entretien* est un entretien riche d'idées, bien ordonné sans doute, mais si libre, si rebondissant qu'il conduise, doucement et invinciblement, à une conclusion autre que celle qu'on préjugeait. Tel fut le dernier. Nous avons dû abandonner nos anticipations par docilité aux faits : gain excellent. L'objet principal de cet Entretien, vous vous en souvenez, était la question actuelle et troublante de la résistance à l'assimilation chez les peuples annexés. Il nous avait semblé que ce fait, que la conquête rencontre aujourd'hui plus de difficultés à se faire accepter de la conscience des peuples, est un symptôme très instructif. S'il est vrai en effet que cette résistance est plus nette, plus vive, plus têtue aujourd'hui qu'autrefois, c'est, peut-être, que l'individuation des groupes nationaux devient plus consciente et

plus énergique, à mesure que la civilisation
façonne et individualise les hommes modernes.
Cependant, il nous a paru, au terme de notre
dernier Entretien, qu'il en va un peu autrement.
Ce que l'on constate plutôt, ce n'est pas une
résistance d'ordre politique ou juridique, coïnci-
dant avec les contours d'un groupe national et
cimentant ce groupe, mais une hétérogénéité,
ressentie instinctivement dans les classes cultivées,
entre une « culture » et une autre « culture », un
tel ressentiment étant circonscrit à un sous-
groupe, régional ou provincial. Ainsi l'Europe
civilisée irait plutôt se fractionnant en petites
sociétés dont l'individuation serait d'ordre non
politique, mais éthique, déterminée à la fois par les
conditions géographiques et économiques, par
les traditions historiques, par l'éducation, et
surtout par la conscience d'une fonction distincte
dans la coopération des divers groupes à la
commune civilisation.

Vous avez été, comme moi, frappés des témoignages que MM. Henri Lichtenberger et Pfister
nous ont apportés sur les dispositions actuelles
de l'Alsace et la position actuelle de la question
alsacienne. S'il ne tenait qu'à notre *Union*, ces
témoignages seraient répandus, par milliers, dans
toutes les communes de la république française.

La pacification ultérieure de l'Europe aurait

fait ainsi un progrès sensible dans les consciences de nos compatriotes. Ils comprendraient qu'ils doivent modifier leurs vœux. L'impasse où nous sommes engagés, entre l'impossibilité de refaire, nôtres les provinces perdues, et l'impossibilité non moindre, de renoncer à la revendication du droit de nos anciens concitoyens des provinces de l'Est contre la brutale conquête allemande, — car y renoncer serait, pour la France, se suicider exactement, — cette impasse, dis-je, où nous piétinons, nous paraît enfin s'ouvrir vers une issue. Non seulement il faut que nous comprenions, mais il faut signifier à l'Europe que nous avons compris, qu'il ne s'agit plus pour nous de *reprendre*, que nous ne poursuivons rien de tel, que nous ne le voudrions point, même si nous le pouvions sans risque d'y tout perdre, et qu'il s'agit pour nous de *libérer*, entendez nous bien, de *libérer*... un point, c'est tout. D'où cette conclusion se tire, que l'autonomie (et la neutralisation sans doute) d'une république Alsacienne-Lorraine serait la condition nécessaire et suffisante d'une réconciliation de l'Allemagne et de nous. Répétons-le, chers amis, à haute et intelligible voix.

Au demeurant, la conclusion à laquelle l'Entretien a paru aboutir a été tout à fait contraire à l'idée de l'uniformisation par la conquête, idée

35

qui, d'ailleurs, devient de plus en plus irréalisable.
La discussion me semble avoir été, au contraire,
très favorable à l'idée fédéraliste. Ce ne serait
donc pas l'unification graduelle de l'humanité
qui serait la formule de l'internationalisme futur,
mais la différenciation nette, l'autonomie des
groupes et même des sous-groupes, avec, en
revanche, une coopération spontanée, mais
organisée progressivement, de tous ces groupes
et sous-groupes. Voilà à quelle perspective notre
dernier Entretien nous avait lentement ache-
minés.

Aujourd'hui, nous avons à examiner les faits
récents qui tendent à maintenir, voire à exaspérer
l'antagonisme des nations.
Il y en a. Ce sont des faits qui paraissent aller
en sens inverse de ceux que nous avons étudiés
dans les cinq Entretiens précédents.
Le plus éclatant de ces faits est l'exacerbation
actuelle de la concurrence économique entre les
nations, la lutte pour les débouchés commerciaux,
pour la prépondérance sur le marché mondial.
Un mot nouveau vous monte aux lèvres en même
temps qu'à moi : *l'Impérialisme*. L'impérialisme
est un phénomène contemporain qu'il faut
examiner encore, car c'est celui que l'on objecte
en général à ceux qui croient au progrès de

l'internationalisation. Ce phénomène, que l'on
observe dans tant d'Etats, en Angleterre, en
Allemagne, en Amérique, d'où vient-il ? A quoi
tient-il ? Que présage-t-il ? Peut-on l'interpréter
comme produit par des facteurs économiques ?
Est-il nécessité par la forme actuelle de la production et des échanges, en sorte que les nations
luttent aujourd'hui, non plus pour conquérir
un coin de terre, non plus pour défendre un
symbole religieux, mais pour s'arracher le champ
d'exploitation de la planète ? Je pose ici cette
question. Je la pose à ceux qui l'ont étudiée et
qui peuvent nous apporter quelques faits exacts
pour l'éclairer. M. Métin, qui s'est fait une spécialité de la Géographie économique contemporaine, voudrait-il nous dire s'il pense que
l'*impérialisme* est produit nécessairement par
la concurrence économique, qui entretient et
qui exaspérera de plus en plus l'antagonisme des
nations.

M. Albert Métin. — J'aurais préféré que sur
ce point vous entendissiez une parole plus
autorisée, celle de M. d'Estournelles de Constant,
par exemple, mais, puisque vous le voulez, je
vous dirai mon sentiment propre.

Disons d'abord un mot des conflits économiques. L'aggravation de ces conflits se manifeste
au xixe siècle avec une acuité extraordinaire. Au

commencement de ce siècle, les classes bourgeoises, les classes capitalistes sont favorables à la liberté commerciale ; en se fondant sur la doctrine des économistes « tant mieux », on enseigne que le développement économique est un acheminement vers la paix. Nous avons vu ensuite, après 1870, un renouveau du protectionnisme. Ce renouveau vient de ce que les nations agricoles sont devenues industrielles et qu'elles ont voulu écouler leurs produits. L'idée dominante a été dès lors la suivante : « Pour écouler nos produits, nous fermerons notre marché aux producteurs du dehors. » Cette nouvelle attitude a coïncidé avec le progrès de la paix armée. A cause des armements sans cesse accrus, on s'est habitué à regarder la guerre comme possible, comme probable, comme prochaine. On se voit, chaque jour, à la veille d'être bloqué. On a eu par suite le désir d'être capable de fabriquer chez soi tout, absolument tout, depuis les plaques pour les tourelles des vaisseaux, jusqu'aux biscuits pour nourrir les soldats.

Du protectionnisme, on est passé facilement à l'idée de l'expansion coloniale, et par suite à l'impérialisme. Les commerçants, les industriels ont demandé des débouchés pour le surplus de leurs marchandises. Pour les leur assurer, on a eu l'idée de conquérir, en dehors de l'Europe, des colonies et d'y créer des comptoirs pour la vente des produits européens. De là à la conception impérialiste, il n'y avait qu'un pas à faire, et certaines nations l'ont fait.

Le mot « impérialisme » est né à l'époque où le parti conservateur a repris en Angleterre le pouvoir que détenaient auparavant les libéraux. On désignait sous le nom d'*empire* l'ensemble des possessions britanniques, et, en 1875, Disraëli restaura le titre d' « Empereur ou Impératrice des Indes » qui était tombé en désuétude, et on l'offrit à la reine Victoria, laquelle se montra fort sensible à cet hommage. De plus, le parti conservateur chercha à se rendre populaire en faisant appel au désir d'expansion des marchands anglais ; le mot impérialisme devint ainsi l'équivalent d' « expansion coloniale ». De la Grande-Bretagne le mot est passé ensuite en Amérique et a fait fortune.

Aujourd'hui, l'expansion coloniale est un fait universel. Elle est réclamée à la fois par les politiques et par les militaires, pour des raisons très diverses, avouées ou non. Il y a dans tous les États beaucoup de soldats et par conséquent beaucoup d'officiers. D'où le désir naturel qu'ont eu les généraux de se faire employer, et le désir qu'ont eu les politiques de les employer.

Un des effets de l'expansion coloniale a été de

faire renaître des chances de conflits dans l'Europe même. Depuis un siècle, toutes les guerres ont été suscitées par des rivalités industrielles ou commerciales. Ces rivalités ont causé la renaissance du patriotisme national. L'impérialisme est sous un nom nouveau chose ancienne. Le président Roosevelt déclare aujourd'hui que sa maxime, c'est l'Amérique en tout, l'Amérique par dessus tout, qu'elle ait tort ou qu'elle ait raison. Ce n'est ni plus ni moins que la mise en pratique de la doctrine de l'Etat prépondérant, telle qu'on la concevait sous Louis XIV ou sous Napoléon. C'est toujours au même point de vue qu'on se place : on veut que l'État que l'on habite soit le premier en tout, on veut que l'État dont on a la charge soit le plus puissant de tous et qu'il occupe le premier rang.

Qu'est-ce qui s'oppose à ce développement? Le sentiment national, l'opinion publique. En Angleterre, les conservateurs reprochent aux libéraux de ne pas s'occuper de politique extérieure, et de consacrer au contraire tout leur temps aux questions intéressant le seul pays d'Angleterre. Il en est de même en France. En sorte qu'on pourrait dire que les pays où aujourd'hui on va le plus à l'internationalisation, les pays qui sont les plus enclins à pratiquer l'amitié entre les peuples, sont justement les pays où on fait le plus de politique intérieure.

M. Jacques Bardoux. — Il est certain que, dans l'histoire anglaise, les poussées impérialistes ont, d'une manière générale, coïncidé avec des réactions conservatrices. Je ne crois pas cependant qu'on puisse considérer l'expansion impérialiste comme un simple accident politique, comme la création artificielle d'un parti désireux de faire une diversion. A mon sens, il faut donner beaucoup d'importance aux facteurs économiques. Si on cherche les origines de l'impérialisme, on voit qu'il coïncide avec un fait notable : la prépondérance des intérêts industriels et la crise agraire. L'Angleterre, à un moment donné, n'a plus été en état de nourrir tous ses habitants ; elle a alors acheté au dehors les denrées qui lui étaient nécessaires. Qu'est-il arrivé ? Elle a dû vendre à son tour ce qu'elle avait elle-même en trop grande quantité, pour pouvoir acheter ce dont elle n'avait pas assez. De là pour elle l'obligation de se créer des débouchés coloniaux. La deuxième origine économique de l'impérialisme anglais est la réaction protectionniste qui s'est manifestée à une certaine époque dans une partie de l'Europe et ailleurs. Quand des concurrents industriels, l'Allemagne, les États-Unis ont élevé des barrières douanières, bien des portes se sont trouvées fermées pour les produits anglais. Où les écouler, alors, sinon dans les colonies ?

M. Métin. — Peut-on dire cependant que sa
situation économique oblige l'Angleterre à l'impérialisme? Je ne le crois pas.

M. Jacques Bardoux. — L'Angleterre est, quoi
que vous pensiez, dans une situation spéciale.
Les achats de denrées agricoles, pour la période
1895-1899, représentaient 27, 30 et 34 pour
cent des commandes françaises, américaines
et allemandes, 43 pour cent des importations
anglaises. La moyenne annuelle des achats de
produits agricoles s'élève en France, pour la
même période 1895-1899, à 44, aux Etats-Unis
à 45, en Allemagne à 80, en Angleterre à 195
millions de livres sterling.

M. Arthur Fontaine. — Il semble bien que
l'impérialisme britannique se soit exaspéré à mesure que l'industrie allemande en progrès a pris
des débouchés à l'industrie anglaise. Une rivalité
s'est produite entre les deux concurrentes dans
un grand nombre de pays, et l'Angleterre a parfaitement senti que ses marchés extérieurs étaient
compromis. Aussi a-t-elle cherché à écouler ses
produits ailleurs, à accroître son expansion coloniale et à former avec ses colonies une espèce de
Zollverein. C'est la conception même de Cham-
berlain, — conception qui vient d'échouer d'ailleurs, avec les dernières élections, qui ont été libérales.

M. Albert Métin. — Sans doute; mais il faut bien remarquer que la crainte de la concurrence de l'industrie allemande n'a fait qu' « exaspérer », comme vous dites, un impéralisme qui existait auparavant en Angleterre. Au surplus, c'est à la rivalité de la France surtout que l'Angleterre a cru; c'est de nous qu'elle a pris ombrage d'abord. Et pourquoi? A cause de notre expansion depuis Jules Ferry.

M. Arthur Fontaine. — Depuis longtemps, l'Angleterre, formidable sur mer, s'était faite à l'idée que le monde en dehors de l'Europe et de l'Amérique, était sous son hégémonie; tendait à réserver à son influence tout ce qui n'était pas encore sous la dépendance d'un peuple européen. Cet état d'esprit existait à coup sûr avant qu'eût commencé la rivalité avec l'industrie allemande. Mais l'impérialisme s'est trouvé renforcé considérablement du seul fait de cette rivalité.

M. Paul Desjardins. — Monsieur Charles Gide, comment interpréteriez-vous les faits qui viennent de nous être rapportés? L'impérialisme vous apparaît-il comme une nécessité commandée par l'évolution économique?

M. Charles Gide. — Il est bien difficile de le dire. Ce qui est sûr, c'est qu'il y a deux facteurs distincts qui peuvent modifier les rapports entre les peuples : l'un nous mène à la guerre écono-

mique ; l'autre nous conduit à un rapprochement :
l'un veut que chaque peuple se suffise à lui-même ;
l'autre veut que chaque peuple vende aussi à
l'étranger. Il y a là deux tendances contradictoires :
en suivant l'une, on marche vers l'expansion ; en
suivant l'autre, on est conduit à fermer le pays.
Laquelle l'emportera ? Je ne sais. Dans un cas, on
aboutira à un individualisme féroce ; on aura
pour doctrine celle qui se résume en ces mots :
« Chacun pour soi ». Dans l'autre cas, en cherchant des débouchés, on se rendra à coup sûr
dépendant de l'étranger. Remarquez en effet que
lorsqu'on a beaucoup d'acheteurs, on dépend de
ses clients. Par exemple, ce qui, dans ces derniers
temps, a retenu l'Allemagne dans ses velléités
belliqueuses, ç'a été la peur de perdre ses débouchés français. Il y a donc deux facteurs en présence : un qui est décourageant, un autre qui est
encourageant au contraire. Quel est celui qui
l'emportera ? Je le répète, nul ne saurait le dire.
Pour mon compte, je voudrais que ce fût le
second : en se vendant les uns aux autres, les
peuples se créent des dépendances sans doute,
mais aussi des relations. Mais, encore une fois,
c'est là un souhait que j'exprime, ce n'est pas un
fait, ce n'est pas même une hypothèse.

M. RIST. — Ne peut-on pas dire que, dans certains pays, c'est l'impérialisme qui a créé l'in-

dustrialisme, par exemple en Allemagne et en
Russie ? Si cela est vrai, l'impérialisme préexis-
tait naturellement au conflit économique.

M. ARTHUR FONTAINE. — L'Allemagne a créé
sur son territoire une industrie qui est prospère,
parce qu'elle avait une population vaillante, un
pays fertile ; parce qu'elle était armée, en un mot,
pour jeter des produits sur le monde.

Pour ce qui est du mode de transmission de
ces produits, on peut dire d'une manière générale
qu'à la naissance de tout régime industriel, il y a
forcément une période plus ou moins longue de
protectionnisme. La raison en est simple. Les
entreprises nouvelles ne pourraient lutter que difficilement contre l'invasion des produits étrangers, à moins de posséder des capitaux énormes
pour faire face à toutes les dépenses de premier
établissement et de recherche de débouchés. Ce
phénomène peut se constater dans tous les pays...

M. PAUL DESJARDINS. — Mais il n'est pas simul-
tané, synchronique, comme paraît l'être la manifestation de l'*impérialisme*...

M. ARTHUR FONTAINE. — Cette période passée, la protection n'apparaît plus aussi nécessaire.
Sans doute, à mesure que le machinisme se
développe, la production augmente et devient
plus difficile à écouler. Mais deux moyens
s'offrent aux industriels : ou de se faire réserver

complètement le marché national, ou d'affronter la concurrence sur les marchés étrangers. La première de ces deux méthodes est aristocratique, elle vise le profit de l'entrepreneur ; la seconde est démocratique, elle tend au bon marché des produits. Laquelle des deux triomphera?... Je ne suis pas prophète.

M. Paul Desjardins. — Et vous, monsieur Paul Bureau, que pensez-vous des relations entre l'impérialisme et l'évolution économique?

M. Paul Bureau. — Je suis de l'avis de M. Charles Gide : la question est des plus obscures et des plus difficiles. Ce qui me frappe, en tout cas, c'est qu'en somme ni les Etats-Unis, ni l'Angleterre ne sont impérialistes, au vrai sens du mot, parce que le protectionnisme n'est, dans ces pays là, qu'accidentel. Evidemment, quand on exporte des marchandises en toute confiance et quand on se voit la marche coupée par des douanes, on trouve la situation peu tenable. Mais qui a commencé? Pour ma part, je ne crois pas que l'Angleterre et les États-Unis tendent à s'assurer des débouchés par la conquête de colonies. Voyez par exemple ce qui se passe en Égypte : le pays n'est pas fermé.

M. Jacques Bardoux. — Oui, mais l'Egypte est dans une situation bien spéciale...

M. Paul Bureau. — Eh bien! je prends un

autre exemple, et en dehors de l'Angleterre. Voyez ce qui se passa à Cuba, depuis que Cuba est rattachée aux Etats-Unis; c'est le système de la porte ouverte qui s'y trouve appliqué. Je crois bien que si une autre puissance, n'importe laquelle, s'était emparée de cette île, elle en aurait fermé consciencieusement les débouchés. Il me semble donc que les Américains, comme les Anglais, ont confiance dans la libre concurrence. Quant à l'attitude de la France, de l'Espagne, de la Russie, de l'Allemagne, elle a beaucoup fait pour développer les antagonismes économiques.

Maintenant, pour ce qui est de savoir laquelle des deux tendances, la tendance protectionniste ou la tendance libre-échangiste, réussira, je suis dans l'incertitude, comme tout le monde. J'ai entendu M. Arthur Fontaine, tout à l'heure, annoncer comme plus probable le succès du libre-échange dans la démocratie française, parce que le libre-échange est démocratique de nature. Ce succès me paraît fort difficile. En fait, la France n'est-elle pas obligée, par sa situation même, à un certain protectionnisme?

M. Charles Gide. — On l'affirme, mais on n'en sait rien.

M. Paul Bureau. — Pourtant, enlevez le droit sur les blés, enlevez le droit sur les cotons, et vous verrez du jour au lendemain péricliter un grand nombre d'usines françaises.

M. Arthur Fontaine. — La question est délicate. Mais enfin, peut-on dire qu'un pays de climat tempéré, qui a des débouchés à la fois sur l'Océan et sur la Méditerranée, qui a une population industrieuse, peut-on dire qu'un tel pays est destiné à succomber dans la lutte économique, dans un régime général de libre-échange? Je crois que cela n'est pas possible à soutenir.

M. Paul Bureau. — Supposons un instant la mise en pratique du libre échange: la France pourra-t-elle continuer à produire du froment?

M. Arthur Fontaine. — Si la Russie et les Etats-Unis font encore une sérieuse concurrence à nos blés, c'est qu'ils cultivent des terrains neufs et par conséquent plus fertiles à moindres frais. Mais cette période de concurrence redoutable prendra fin, et rapidement peut-être..... Quoi qu'il en soit, il m'a semblé que nous allions dans le sens du libre-échange et que c'était le sens vrai, le sens désirable de l'évolution économique. Je ne nie pas qu'il y ait peut-être, actuellement, des nécessités qui nous imposent des tarifs protecteurs, mais il me semble tout de même probable qu'après des fluctuations, la France aboutira au libre échange.

M. Jacques Bardoux. — Je voudrais revenir à

la question que posait tout à l'heure M. Paul
Bureau. Quel peuple a inauguré la politique de
protectionnisme impérialiste ? Parce que l'Angleterre a inauguré au xixᵉ siècle, en 1846, le libre-
échange, on oublie que pendant deux siècles elle
a connu le régime des tarifs protecteurs, des
primes à l'exportation, des droits différentiels.
On pourrait presque dire que le libre échangisme
humanitaire et pacifique n'a été qu'un accident
passager dans son histoire. De par ses traditions
mêmes, le peuple Anglais est porté à l'impérialisme.

Quant à l'avenir, il me semble bien improbable
que l'évolution Économique se fasse dans le sens
du libre-échange. Songez donc à la concurrence
terrible et pour ainsi dire insoutenable que nous
feront les pays d'Orient, si on abolit les tarifs
protecteurs : au Japon, un ouvrier se contente
d'une paye de vingt-cinq centimes à peu près
pour un travail de douze à quinze heures : et chez
nous on va arriver à la journée de huit heures et
à des salaires de dix à douze francs. Dans ces
conditions comment l'industrie européenne pourrait-elle lutter ?

M. Arthur Fontaine. — Je reconnais toutes les
difficultés qu'elle éprouverait. Mais aussi, je ne
prétends pas que la réalisation du libre-échange
soit immédiate, soit même prochaine.

M. Albert Métin. — Il ne me paraît pas qu'il faille se borner à parler du libre-échange et du protectionnisme. Nous avons pratiqué pendant longtemps le système du libre-échange, sans avoir, en politique, de libéralisme. C'est que, à côté des faits économiques, il y a la formation de l'opinion publique, qui n'est pas directement et uniquement causée par les faits économiques. Le libre échange à lui tout seul serait impuissant à produire le libéralisme.

On dit quelquefois que l'opinion obéit à deux tendances : celle des industriels et des agriculteurs qui ne peuvent que gagner à voir se restreindre les rapports entre les peuples; celle des commerçants qui, au contraire, ont intérêt à les étendre Les faits, en réalité, sont beaucoup moins simples : par exemple, en Allemagne et en Angleterre, les industriels ont été tantôt protectionnistes, tantôt libre-échangistes; d'un autre côté, les viticulteurs français sont libre-échangistes, non pas par un noble désir de rapprocher les nations, mais uniquement par intérêt, les vins français ne craignant nulle concurrence dans le marché du monde.

M. Brunschvicg. — Il est tout de même à noter que la propagande internationale dont M. d'Estournelles de Constant a été l'initiateur, a été dès le principe fondée sur les faits économiques.

M, Albert Métin — Les ouvriers d'Australasie sont protectionnistes, tandis que ceux d'Europe sont libre-échangistes.

M. Arthur Fontaine. — Les ouvriers de Nouvelle-Zélande sont aussi protectionnistes,.. On peut dire que les différences de prix de revient maintiendront encore quelque temps le protectionnisme. Mais ces différences se nivellent petit à petit, au fur et à mesure, que nous avançons. C'est bien là le sens de l'évolution.

M. Charles Gide. — Il faut remarquer cependant qu'il y a plus de libre-échangistes parmi les industriels que parmi les agriculteurs.

M. Fabry. — On a parlé tout à l'heure de l'expansion coloniale comme d'un facteur essentiel de l'impérialisme. Si elle n'est pas accompagnée de violence, elle est utile non seulement pour les capitalistes, mais aussi pour les ouvriers et pour l'ensemble des consommateurs, en mettant en circulation des richesses qui auparavant n'étaient pas exploitées. Elle peut même, si elle est conduite avec justice, améliorer la situation matérielle et morale des indigènes, comme on le voit depuis quelques années en Algérie.

M. Arthur Fontaine. — Je crois comme vous que l'expansion coloniale n'est pas un mal en soi. Quant les colonies restent ouvertes, elles ne sont pas funestes à la paix. Ce qui lui est funeste, c'est le « pacte colonial » et le parti-pris de fermer les débouchés. Cela mis à part, le développement des colonies n'a rien de malsain.

M. CHARLES GIDE. — Sauf parfois pour les indigènes. (*Rires*).

M. ARTHUR FONTAINE. — Évidemment. Encore peut-on dire que le développement industriel leur procure une vie plus aisée.

M. CHARLES GIDE. — Sans doute, ils peuvent, de cette façon, devenir plus riches; mais la question est de savoir s'ils se considèrent comme plus heureux.

M. PAUL BUREAU. — Je voudrais retenir quelques moments votre attention sur cette question des colonies. La question est plus complexe qu'elle n'en a l'air. Il ne suffit pas, pour que tout aille pour le mieux, qu'il n'y ait pas de tarifs douaniers, comme le dit M. Fontaine. Sous forme de concessions de travaux publics, de concessions de banques, etc..., un État peut arriver à maintenir avec exclusivisme sa prépondérance dans une colonie. Il évince ses concurrents par des moyens détournés.

Voici notamment un exemple qui montrera bien à quels moyens le nationalisme a recours quelquefois. Vous savez qu'en Allemagne des milliers de gens émigrent chaque année aux États-Unis. Il en vient beaucoup en particulier des provinces orientales, qui traversent une large partie de l'Europe pour rejoindre les Compagnies de navigation de Brême. Eh bien ! toutes les personnes qui montrent un passe-port pour une ligne allemande ont toujours leurs papiers en règle; mais on ne les trouve jamais en règle à celles qui ont un passe-port pour une ligne hollandaise,

M. ARTHUR FONTAINE. — Il est certain, en effet que, même avec le système de la porte ouverte, le peuple occupant se garde jalousement des privilèges effectifs. Seulement, ces privilèges, ces monopoles sont destinés à s'éteindre petit à petit.

M. FÉLIX KLEIN. — Il n'en est pas moins vrai qu'à cette heure les colonies fermées sont la source la plus certaine des conflits.

M. PAUL DESJARDINS. — Il resterait, Messieurs, à nous poser une question, pour conclure.

De ce qu'a dit M. Métin, il ressort que, si le développement de la grande industrie a produit cet état d'antagonisme entre les nations industrielles, — qui sont des confédérations d'usines, protégées par une armée — cela tient au renforcement de la politique protectionniste. Mais cette politique protectionniste même nous a paru commandée par des circonstances économiques impérieuses, agissant mécaniquement, en dehors de la volonté des gouvernements et des peuples.

Donc, si l'on essayait d'agir sur l'opinion dans le sens d'un rapprochement entre les peuples, on se heurterait, semble-t-il, à un mur d'airain, puisqu'on ne peut rien sur l'évolution économique. La conclusion vous paraît-elle correcte ?

M. Albert Métin. — Dans un pays d'opinion, les faits économiques peuvent être plus ou moins influencés par l'application des lois. La volonté de l'homme peut donc avoir une certaine influence sur eux. En Angleterre, par exemple, l'opinion a fait échec au projet de tarif protectionniste.

M. Paul Desjardins. — Ainsi, selon vous, on ne perdrait pas infailliblement son temps, si l'on entreprenait une propagande populaire pour faire échec à l'Impérialisme des grandes nations industrielles, — où, d'ailleurs, l'opinion publique fait la loi.

M. Albert Métin. — Non, assurément, on ne perdrait pas son temps. Mais apprécier d'avance dans quelle mesure on réussirait à surmonter l'impérialisme, personne ne le peut. Je ne le crois pas insurmontable, voilà tout ce que je puis dire.

M. Paul Desjardins. — Prévoyez-vous quelque possibilité qu'une connaissance expérimentale et comparée des diverses régions productrices amène les nations industrielles à se rendre compte que chacune d'elles pourrait se spécialiser et qu'elles sont complémentaires l'une de l'autre ? En d'autres termes, peut-on prévoir une division du travail industriel, entre ces diverses équipes de travailleurs, rivées à tel ou tel sol, que sont les nations modernes?

M. Albert Métin. — Il est certain que cette division du travail industriel, dont vous parlez, serait un état de choses extrêmement souhaitable, au point de vue de la paix entre nations...

M. Bardoux. — Les adversaires anglais de l'impérialisme ne comptent pas beaucoup sur cette division mondiale du travail pour assurer la paix. Ils comptent plutôt sur une modification dans la répartition des richesses. Ils montrent les inégalités qui caractérisent la répartition du capital mobilier et immobilier et ils déclarent qu'en modifiant cet état de choses, on pourrait enrayer l'impérialisme anglais.

M. Paul Desjardins. — Comment l'expliquent-ils?

M. Bardoux. — Vers 1886, il y a eu pléthore de capitaux en Angleterre, et on a vu là des causes de l'expansion impériale et des conflits économiques. Or, cette pléthore n'eût pas existé, si les richesses n'avaient point été concentrées en un petit nombre de mains. Le développement de la consommation eût suffi pour absorber les plus-values. Tel est du moins le raisonnement des Radicaux anglais.

M. Parodi. — Il faut remarquer encore que
certains pays, de par les conditions mêmes de
leur sol, de par leur infertilité, sont destinés à
rester toujours des pays inférieurs. Or, cette
infériorité irrémédiable ne semble-t-elle pas devoir
perpétuer indéfiniment des possibilités de conflits?

M. Paul Desjardins. — Eh bien, au défaut de
cette lointaine et peut-être chimérique *division du
travail mondial*, rabattons-nous sur l'idée d'une
union douanière européenne : pensez-vous, monsieur Métin, qu'on puisse l'envisager comme une
possibilité assez prochaine et comme une possibilité désirable ?

M. Albert Métin. — J'accepte volontiers l'idée
de cette union, mais le mot *européen* me gêne. Je
n'admettrais pas une union douanière *européenne ;*
car notre intérêt, matériellement et moralement,
est de ne pas être contre les États-Unis d'Amérique.

M. Paul Desjardins. — Soit ! Et alors, cette
conception d'une *union européo-américaine,*
pourrait-elle ne pas être utopique?

M. Albert Métin. — Assurément, elle ne l'est
pas. Nous sommes sur le chemin, puisque nous
sommes obligés de faire, de toutes parts, des
traités de commerce.

M. Brunschvicg. — Il y aurait ici à insister sur
la *convention des sucres.*

M. Albert Métin. — Parfaitement, cette convention est un fait important.

M. Charles Gide. — En résumé, dans l'ordre économique, il y a trois régimes de rapports possibles entre les peuples : le système du protectionnisme, celui du libre échange, celui des contrats, sous forme de traités de commerce. Le premier est par excellence le système de l'égoïsme ; il se réclame, ou, du moins, il procède de l'axiome « chacun pour soi ». Le second, le libre-échange, n'est qu'une forme de la lutte pour la vie. Le troisième, le système des traités de commerce, qui peut seul nouer des liens entre les peuples tout en sauvegardant les intérêts de chaque peuple, est certainement l'idéal.

M. Arthur Fontaine. — Il en va de même au point de vue politique : les peuples peuvent, dans leurs relations, s'inspirer de l'idée *nationaliste* ou de l'idée *internationaliste*. Ce sont là deux excès contraires. Il semble bien que le meilleur système soit un troisième, celui des alliances.

M. Charles Gide. — Parfaitement. Les deux évolutions, l'économique et la politique, suivent même marche. Elles se confirment.

M. Errera. — Il y a, dans les *Political Institutions* de Spencer, deux chapitres qui contiennent des indications précieuses sur tout ce qui a été dit ici. L'auteur y parle du fédéralisme (il se sert

du mot *coalescence*), et il déclare que c'est par le
fédéralisme que se réalise le progrès de l'entente
entre les nations, de la paix enfin. Sans doute, il
ne demande pas qu'on annihile les éléments
primitifs, les unités nationales. Il faut, selon lui,
que l'harmonie se réalise par un groupement des
peuples et par une fédération de leurs intérêts.

M. Paul Desjardins. — Sur cette parole,
Messieurs, se terminent nos *Entretiens* relatifs à
l'*Internationalisme*. Elle n'est pas trop mal venue
pour les conclure. Si la perspective ouverte aux
nations civilisées, dans leurs rapports réciproques
est en effet le fédéralisme, vous voyez quel enseignement intelligent du vieux et toujours cher
patriotisme on pourrait concevoir aujourd'hui,
orienté dans le sens de l'évolution. Un enseignement conservateur certainement, car enfin l'antipatriotisme échoue, comme nous l'avons vu ici,
dans son essai de justification, mais un enseignement conservateur mis au point et vivifié par
deux considérations neuves. D'abord, celle de la
superstructure juridique des nations civilisées,
qui s'accuse à la fois par les conventions internationales, les traités de commerce ou *de travail*,
par l'unification du droit privé, et qui organise la
solidarité des nations; — sur ce premier point, il
serait essentiel qu'on se gardât des leurres de

l'humanitarisme sentimental, et qu'on se main-
tînt rigoureusement dans la sphère du droit, dans
les méthodes rationnelles. — La seconde considération à introduire est celle de la vie des sous-
groupes, qu'il ne faut pas craindre de rendre
aussi concrète, intense et originale qu'il se peut,
en encourageant aussi bien le régionalisme, voire
le communalisme; en étant bien sûrs que là où
trois personnes s'associent pour coopérer, la vie
du plus large groupe s'en active d'autant. Bref,
Messieurs, ne nous prêtons à aucun plan qui ne
viserait qu'à détruire, j'entends, à détruire un
groupement quelconque, une ébauche quelconque de vie sociale (*Approbation*).

On se sépare à 6 heures 1/2.

Table des Entretiens